D0610661

TEXTES LITTERAIRES

Collection dirigée par Keith Cameron

LXXI

CIRCÉ

CIRCÉ,

TRAGEDIE.

ORNEE DE MACHINES,
de Changemens de Théatre,
& de Musique.

Par T. CORNEILLE.

BIBLIOTEQUE NATIONALE

A PARIS,

Chez PIERRE PROMÉ, fur le Quay des
Grands Auguftins, à la Charité.

M. DC. LXXV.

AVEC PRIVILEGE DV ROY.

Thomas CORNEILLE

CIRCÉ

Edition critique
par
Janet L. Clarke

University of Exeter
1989

BIRKBECK LIBRARY COLLEGE

Je tiens à remercier le Dr K. C. Cameron qui consulta pour moi le Ms 60 aux Archives de la Comédie-Française et le Dr Naaman Kessous pour ses encouragements et ses conseils précieux lors de la lecture de mon manuscrit.

First published 1989
by the University of Exeter

Exeter University Publications
Reed Hall
Streatham Drive
Exeter EX4 4QR
England

©J. Clarke 1989

ISSN 0309 – 6998
ISBN 0 85989 301 4

June 1989

Printed in Great Britain by BPCC Wheatons Ltd, Exeter

INTRODUCTION

Circé de Thomas Corneille est une pièce qui nous intéresse pour deux raisons pariculières: d'abord à cause du rôle qu'elle joua dans le renversement de la situation apparemment désespérée de la troupe qui la commanda et la créa, et aussi en tant que l'un des derniers exemples d'un genre extrêment populaire condamné à un déclin subit par les actions du compositeur Lully.

La première représentation de *Circé* eut lieu le 17 mars 1675 au Théâtre Guénégaud, rue Mazarine. La compagnie qui y opérait n'avait pris possession de ces lieux que deux ans auparavant, et avait ouvert ses portes pour la première fois le 9 juillet 1673. Cette troupe avait été formée sur ce qui restait de deux troupes jadis importantes: celle de Molière et celle du Marais. Cependant, en dépit de leur glorieux passé, ces deux compagnies avaient rencontré, en 1673, beaucoup de difficultés pour survivre.

LA TROUPE DE MOLIERE

La mort de Molière le 17 février 1673, après tout juste quatre représentations du *Malade imaginaire*, jeta sa compagnie, qui occupait alors le théâtre du Palais-Royal, dans une confusion totale, confusion aggravée par le fait que celle-ci devait des sommes considérables pour la préparation de cette dernière pièce, et son seul espoir de s'en acquitter était de continuer à la jouer (1). La troupe remonta donc sur scène le 24 février 1673, et y ramena *Le Malade imaginaire* le 3 mars de la même année, avec l'acteur La Thorillière remplaçant Molière dans le rôle principal.

Malgré cela, la troupe n'avait pas encore réussi à s'acquitter de toutes ses dettes à la fin de la saison théâtrale à Pâques, moment de l'année où traditionnellement les acteurs étaient libres de changer de compagnie. En 1673, quatre acteurs saisirent l'occasion de quitter le Palais-Royal pour passer à l'Hôtel de Bourgogne: La Thorillière, Baron, et M. et Mlle Beauval (2). L'explication de ces départs la plus fréquemment suggérée est la querelle qui aurait opposé La Thorillière à La Grange à propos de la succession de Molière comme chef de troupe; quand La Grange l'emporta, La Thorillière partit emmenant avec lui ceux qui le soutenaient (3). Il semblerait qu'une certaine animosité ait existé entre les deux hommes (4), mais le départ des quatre acteurs aurait pu, tout aussi bien, être motivé par un simple

---

(1) La Grange, Charles Varlet, dit, *Registre (1658–1685)*, éd. B. E. et G. P. Young, 2 vols, Paris, 1947, I, 144.

(2) *Ibid.*, p. 147.

(3) Voir, par exemple, S. Wilma Deierkauf-Holsboer, *Le Théâtre du Marais*, 2 vols, Paris, 1954–8, II, 185.

(4) En 1680, La Grange écrivit dans son Registre la remarque suivante à propos de la

besoin de sécurité. Toutefois, l'attitude de l'Hôtel de Bourgogne n'était pas dénuée d'intérêt. Depuis sa création cette troupe avait eu un nombre fixe de sociétaires en fonction du montant de sa subvention royale. Soudain, en 1673, ce nombre augmenta de quatre nouveaux venus, événement sans précédent, motivé, sans aucun doute, par le désir d'empêcher ses concurrents de ne plus jamais monter sur scène (5). D'ailleurs l'Hôtel de Bourgogne n'était pas seul à essayer de mettre fin à cette fâcheuse concurrence. En effet, selon le commentateur de l'époque, Samuel Chappuzeau: 'le Marais se remuoit de son costé et, comme Estat voisin, songeoit à profiter de cette rupture, le bruit courant alors, que les deux anciennes troupes travailloient à abattre entièrement la troisième qui vouloit se relever' (6).

Un autre coup fut porté aux membres restants de la troupe de Molière quand, le 28 avril 1673, la 'jouissance gratuite' de leurs locaux du Palais-Royal fut accordée au compositeur de cour, de naissance italienne, Jean-Baptiste Lully, pour la représentation de ses opéras (7). Et c'est ainsi que la compagnie, déjà privée de son chef et de quatre de ses membres, se trouva soudain sans théâtre. Il semblerait qu'il y ait eu une intention délibérée de la part des autorités de l'époque de réduire le nombre des compagnies qui opéraient alors à Paris, car, comme le rapporte Chappuzeau:

... le roy ordonna que les comédiens n'occuperoient plus la salle du Palais-Royal et qu'il n'y auroit plus que deux troupes françoises dans Paris. Les premiers gentilshommes de la chambre eurent ordre de ménager les choses dans l'équité, et de faire en sorte qu'une partie de la troupe du Palais-Royal s'estant unie de son chef à l'hostel de Bourgogne, l'autre fust jointe au Marais de l'aveu du roy (8).

Nul doute que cette décision s'inscrivait dans la politique de centralisation des arts

---

mort de La Thorillière, laissant entendre que ce dernier avait été l'obstacle principal à l'union des compagnies du Guénégaud et de l'Hôtel de Bourgogne pour former la Comédie-Française: 'M. de la Torilliere est mort a lhostel de bourgogne ce qui a donné lieu a la jonction des deux troupes au mois d'aoust cy apres' (I, 237).

(5) Deierkauf-Holsboer, *Marais*, II, 185–6.

(6) Samuel Chappuzeau, *Le Théâtre françois*, Lyon, 1674, éd. Georges Monval, Paris, 1876, p. 127. Cette situation fait beaucoup penser à celle qui existait en 1660, quand la troupe de Molière, rendue vulnérable par la démolition du théâtre du Petit-Bourbon, 'eust', selon les termes de La Grange, 'encor a se parer de la division que les autres Comediens de l'hostel de bourgogne et Du Marais voulurent semer entreux leur faisant diverses propositions pour en attirer les uns dans leur party et les autres dans le leur' (*Registre*, I, 27).

(7) Deierkauf-Holsboer, *Marais*, II, 187.

(8) *Théâtre françois*, p. 127.

qui avait donné lieu à la création des académies de danse (1661), des inscriptions (1663), de peinture et de sculpture (1664), de musique (1670), et d'architecture (1671) (9). Cependant cette affaire ne fut pas réglée aussi facilement, et les négociations furent rompues.

L'ACADEMIE ROYALE DE MUSIQUE

En fait, la première salle d'opéra parisienne fut une salle de jeu de paume aménagée, le Jeu de Paume de la Bouteille, rue Mazarine, face à la rue Guénégaud, d'où le nom de Théâtre ou Hôtel de Guénégaud qui lui fut plus tard attribué. En 1673, ce théâtre était entre les mains du Marquis de Sourdéac et du Sieur de Champeron, deux aventuriers de très mauvaise réputation qui avaient été les associés de l'Abbé Perrin, poète et librettiste, à qui avait été accordé le 28 juin 1670, un privilège donnant le droit de fonder une Académie de Musique avec le monopole sur la production d'opéras en France(10). Sourdéac et Champeron avaient loué le Jeu de Paume de la Bouteille, et l'avaient aménagé en salle d'opéra(11). C'est là qu'eut lieu la première représentation publique d'un opéra en français avec la création de *Pomone* de Perrin et de Robert Cambert(12). Cette production remporta un grand succès, mais la situation financière de Perrin était précaire depuis un certain temps, et à l'Académie, Sourdéac et Champeron s'assurèrent que la plus grande partie de la recette allât dans leurs poches, ce qui valut à Perrin de se retrouver en prison pour dettes en juin 1671. Cependant, la production d'un deuxième opéra eut lieu au Jeu de Paume de la Bouteille, *Les Peines et les Plaisirs de l'Amour* de Cambert et de Gabriel Gilbert. Cet opéra connut un succès aussi grand que son prédécesseur(13).

Lully qui, à l'époque, travaillait à la production de ballets pour la Cour de France, était apparemment intéressé par le succès de ces deux œuvres. En effet, il rendit visite à Perrin en prison et le persuada de lui vendre son privilège(14). Et c'est ainsi que le 13 mars 1672, une ordonnance fut publiée transférant à Lully le privilège de l'Académie de Musique, dorénavant connue sous le nom d'Académie Royale de Musique(15). Le 12 août 1672, Lully loua le Jeu de Paume de Becquet, quelquefois connu sous le nom de Jeu de Paume de Bel-Air, rue de Vaugirard,

---

(9) Robert M. Isherwood, 'The Centralization of Music in the Reign of Louis XIV', *French Historical Studies*, 6, 1969–70, pp. 157–71 (pp. 157–8).

(10) Charles Nuitter et Ernest Thoinan, *Les Origines de l'Opéra français*, Paris, 1886, pp. 97–199.

(11) Ibid., pp. 141–3.

(12) Robert M. Isherwood, *Music in the Service of the King: France in the Seventeenth Century*, Ithaca, 1973, p. 176.

(13) Nuitter et Thoinan, *Origines*, pp. 210–11.

(14) Ibid., p. 225.

(15) Ariane Ducrot, 'Lully créateur de troupe', *XVIIᵉ Siècle*, 98–9, 1973, pp. 91–107 (p. 91).

avec l'intention de l'aménager en salle d'opéra(16). Le même jour fut publiée une
ordonnance fermant l'opéra de Sourdéac et de Champeron, rue Mazarine, et leur
interdisant de le louer à toute compagnie d'acteurs opérant alors à Paris(17).

La nouvelle Académie Royale de Musique ouvrit le 15 novembre 1672 avec *Les
Fêtes de l'Amour et de Bacchus*, spectacle composé presque entièrement d'extraits
d'anciens divertissements de cour(18). Le 27 avril 1673, ce fut *Cadmus et Hermione*
avec un livret de Quinault(19). Le fait que le Roi et d'autres membres de la famille
royale assistèrent à la première de cet opéra témoigne de la faveur dont jouissait
Lully. Et le lendemain, le 28 avril 1673, le Roi donna la permission au compositeur
d'utiliser le Palais-Royal(20).

LE PALAIS-ROYAL ET 'LA PASSION DU SPECTACLE'

Le Théâtre du Palais-Royal, anciennement connu sous le nom de Palais-Cardinal,
avait été construit par Richelieu dans son palais pour servir à la représentation de
ballets et d'autres divertissements de cour(21). Cependant, dès 1661, quand Molière
et sa troupe reçurent l'autorisation d'y jouer, ce théâtre était tombé dans un tel
état de délabrement qu''il y avoit trois poutres de la Charpante pouries et estayées
et la moitié de la salle descouverte et en Ruine'(22), et la compagnie se trouva dans
l'obligation de jouer sous 'une grande toile bleue suspendue avec des cordages'(23).

Une des tendances les plus importantes du dix-septième siècle, c'était la diffu-
sion parmi le public de théâtre de ce que Jacques Scherer a défini comme 'la passion
du spectacle'(24). Le spectacle était une des principales attractions des ballets de
cour, et c'est en grande partie grâce à l'attrait du spectacle que l'opéra fut introduit
avec succès en France. Son influence se répandit très tôt jusqu'à marquer les pièces
jouées dans les théâtres publics, et donna lieu ainsi à la création de ce qui était, en
fait, un genre populaire nouveau: la tragédie à machines(25).

---

(16) Nuitter et Thoinan, *Origines*, p. 272.

(17) Ibid., p. 274.

(18) Isherwood, *Music*, p. 186.

(19) Ibid., p. 189.

(20) Nuitter et Thoinan, *Origines*, p. 291.

(21) S. Wilma Deierkauf-Holsboer, *L'Histoire de la mise en scène dans le théâtre français
de 1600 à 1673*, Paris, 1960, p. 29.

(22) La Grange, *Registre*, I, 26.

(23) Ibid., I, 124–5.

(24) *La Dramaturgie classique en France*, Paris, 1950, pp. 160–71. Voir Etienne Gros, 'Les
Origines de la tragédie lyrique et la place des tragédies en machines dans l'évolution
du théâtre vers l'opéra', *Revue d'histoire littéraire de la France*, 35, 1928, pp. 161–93
(pp. 163–76).

(25) Deierkauf-Holsboer, *Marais*, II, 125.

Si la pièce à machines fut un divertissement spectaculaire à usage populaire, à l'exception de quelques opéras italiens ou français, le ballet constitua la source principale de spectacle à la Cour. Et c'est en contribuant aux divertissements de cour que Molière combina le ballet avec sa propre spécialité pour créer le genre nouveau de comédie-ballet. Ne pouvant guère s'offrir le luxe de produire des ouvrages uniquement pour sa clientèle aristocratique, il reprit ses comédies-ballets, à une échelle quelque peu réduite, sur son théâtre du Palais-Royal. L'accueil favorable qu'elles reçurent, ainsi que le succès récent de *Pomone* et la popularité des pièces à machines au Théâtre du Marais, l'encouragèrent, sans aucun doute, à développer encore plus les éléments spectaculaires dans ses pièces. Et c'est ainsi qu'en 1671, sa troupe et lui décidèrent de rénover totalement le Palais-Royal pour la représentation publique de *Psyché*. Ces travaux de rénovation durèrent du 18 mars au 15 avril 1671, et s'élevèrent à 1.989 livres 10 sols(26). Donc, quand Lully déposséda le restant des membres de la troupe de Molière, il acquit non seulement un théâtre qui avait été spécialement construit en vue de représentations à spectacle, mais aussi un théâtre qui, à peine deux ans auparavant, avait été complètement remis à neuf et équipé pour la sorte même de productions pour lesquelles l'Académie Royale de Musique avait été établie(27).

MOLIERE, LULLY ET LA MUSIQUE AU THEATRE

La rivalité entre Lully et la troupe de Molière était d'autant plus acerbe que le compositeur et le dramaturge avaient travaillé ensemble pour le plaisir du Roi(28). Cette collaboration aurait bien pu continuer avec Molière dans le rôle de librettiste de Lully à l'Académie Royale de Musique s'il n'y avait pas eu, apparemment, la traîtrise de Lully. Dans une satire contre Lully publiée en 1688, Bauderan de Sénecé fait affirmer par Molière que l'idée d'obtenir le privilège pour la production d'opéras avait été la sienne, mais qu'ayant besoin d'un compositeur, il avait fait part de cette proposition à Lully, qui le trahit en allant voir, lui seul, le Roi, et parvint à obtenir le privilège pour lui-même(29).

La musique faisait à la fois partie intégrante de la pièce à machines et de la comédie-ballet. En effet, dès 1670, la musique semble avoir joué un rôle grandissant dans toutes sortes de représentations théâtrales, avec des morceaux joués aussi bien

---

(26) La Grange, *Registre*, I, 125.

(27) Néanmoins, Lully et son associé, Vigarani, se trouvèrent obligés encore de faire réparer le théâtre et d'y apporter des modifications. Voir Jean Cordey, 'Lully installe l'Opéra dans le théâtre de Molière', *Bulletin de la Société de l'Histoire de l'art français*, 1950, pp. 137–42.

(28) Georges Mongrédien, 'Molière et Lulli', *XVIIe Siècle*, 98–9, 1973, pp. 3–17 (pp. 6–8).

(29) Antoine Bauderan de Sénecé, *Lettre de Clément Marot à M. de S.**** *touchant ce qui s'est passé à l'arrivée de Jean Baptiste de Lulli aux Champs-Elysées*, Cologne, 1688, dans Mongrédien, 'Molière et Lulli', pp. 9–10.

pendant les entractes que dans les pièces elles-mêmes. Donc, tout en rapportant la décision de la compagnie de réparer et de modifier son théâtre, La Grange note dans son Registre que la troupe de Molière avait aussi décidé 'davoir dorenavant a touttes sortes de representations tant simples que de machines un concer de douze Violons' (I, 125). Lully était, de toute évidence, conscient des avantages de cet emploi de la musique. En effet, la popularité de cet emploi était sans aucun doute un des facteurs qui le poussèrent dans sa décision d'acheter le privilège de Perrin. Une fois ce privilège acquis, une telle musique de scène devenait une menace pour ses intérêts qu'il essaya de sauvegarder en la faisant supprimer. A cet égard, la première version de son privilège comportait: 'des défenses contre toutes personnes non-seulement de faire chanter aucune pièce entière en musique, mais mesmes de faire aucunes représentations accompagnées de plus de deux airs et de deux instruments sans sa permission par écrit'(30). Cependant cette clause ne fut pas incluse dans la version finale du privilège de Lully du 14 mars 1672, car Molière avait fait appel au nom des trois troupes d'acteurs français et avait réussi à la faire supprimer(31). Et pendant un certain temps il n'y eut aucune limitation sur le nombre de chanteurs et d'instrumentalistes pouvant être employés dans une production théâtrale.

Cette heureuse situation ne devait pas durer longtemps. Quand Lully loua le Becquet en août 1672, et qu'une nouvelle ordonnance fut publiée interdisant à toute troupe d'acteurs de louer le Jeu de Paume de la Bouteille, il leur fut interdit en même temps: 'de se servir dans leurs représentations de musiciens au delà du nombre de six et de violons et de joueurs d'instruments de musique au delà du nombre de douze'(32). De plus, le 30 avril 1673, quelques jours seulement après la mort de Molière, une nouvelle ordonnance fut publiée interdisant aux compagnies d'employer plus de deux chanteurs et de six musiciens par production(33). Cette mesure, qui frappa la compagnie du Marais aussi durement que celle du Palais-Royal, montre clairement jusqu'à quel point Lully et l'opéra avaient réussi à détourner la faveur royale des autres genres dramatiques.

LA MUSIQUE ET LA PIECE A MACHINES

Si l'opéra et la comédie-ballet étaient deux réponses à 'la passion du spectacle' du public de théâtre au dix-septième siècle, un autre genre, et peut-être même le plus populaire, la tragédie à machines l'était aussi. Selon Christian Delmas, la tragédie à machines prit naissance en France par réaction aux opéras italiens introduits en France par Mazarin dans les années 1640 et 1650, les deux premiers exemples du genre étant *Andromède* de Pierre Corneille (écrite en 1648, jouée en 1650), et

---

(30) Nuitter et Thoinan, pp. 234–5.
(31) Ibid., pp. 234–6.
(32) Ibid., pp. 274–5.
(33) Ibid., p. 292.

Ulysse dans l'Isle de Circé de Claude Boyer (1648)(34). La troupe du Marais s'était spécialisée dans le genre, produisant treize pièces à machines entre 1647 et 1672. Parmi celles-ci, *La Toison d'or* de Pierre Corneille (1660), fut jouée pour la première fois à la maison de Normandie du Marquis de Sourdéac, qui conçut les machines et participa à leur construction(35). Notons aussi, parmi d'autres premières du genre, *Les Amours de Diane et d'Endimion* de Gabriel Gilbert (1657), *Les Amours de Jupiter et de Sémelé* et *La Fête de Vénus* de Boyer (1666 et 1669), et *Les Amours de Vénus et d'Adonis*, *Les Amours du Soleil* et *Le Mariage de Bacchus et d'Ariane* de Jean Donneau De Visé (1670, 1671 et 1672)(36).

Toutes ces pièces à machines avaient certaines caractéristiques communes, de même que la plupart des œuvres dont l'attrait la plus importante était le spectacle. Elles traitaient en général de sujets mythologiques, permettant l'apparition sur scène de divinités dans des palais célestes, des chariots volants, des nuages et autres machines de ce genre, ainsi que des vols de personnages seuls ou en groupes. Elles nécessitaient de fréquents changements de décor, avec souvent un décor se métamorphosant en un autre pour créer l'effet si apprécié à l'époque de 'changement à vue', et avec des châssis employés pour créer des perspectives grandioses. Souvent, et de plus en plus, ces pièces avaient en commun le recours à la musique. Ce fut particulièrement le cas, une fois que le succès de l'Académie de Musique et des comédie-ballets de Molière eut montré à quel point la musique était populaire chez le public de théâtre. Les pièces à machines allèrent jusqu'à comprendre des entrées de ballet élaborées, alors que selon Delmas, une des caractéristiques du genre, du moins à l'origine, était l'absence de danse(37).

Cette popularité de la musique est soulignée par De Visé dans son introduction au livret du *Mariage de Bacchus et d'Ariane*:

Comme nous sommes dans un siécle où la Musique & les Balets ont des charmes pour tout le monde, & que les spectacles qui en sont remplis sont beaucoup plus suivis que les autres; l'Auteur des *Amours du Soleil* ... a voulu donner, cette année, une piece dont la Musique & les entrées eussent quelque chose d'aussi particulier que les Machines de son dernier Ouvrage ....(38)

---

(34) *Mythologie et mythe dans le théâtre français (1650–1676)*, Genève, 1985, pp. 55, 77.

(35) Deierkauf-Holsboer, *Marais*, II, 130.

(36) Delmas, *Mythologie*, p. 77.

(37) 'Présentation', dans *Recueil de tragédies à machines sous Louis XIV (1657–1672)*, Toulouse, 1985, s.p. On peut dire que l'honneur d'avoir introduit le ballet dans les pièces à machines revient à Claude Boyer avec ses pièces *Les Amours de Jupiter et de Sémélé* et *La Fête de Vénus*.

(38) *Sujet des Amours de Bacchus et d'Ariane*, Paris, 1672, p. 1; dans *Recueil*, s.p. Ce

Il est donc clair que dès 1672, la musique était devenue un ingrédient des plus importants des productions spectaculaires, et il n'est guère surprenant que lorsque Lully saisit le contrôle de l'Académie Royale de Musique, il ait pris les mesures nécessaires pour s'assurer que les ouvrages d'un genre aussi semblable au sien devinssent pratiquement impossibles à mettre sur scène.

LE DECLIN DU MARAIS

Donc en 1672 et 1673, la compagnie du Marais luttait, elle aussi, pour survivre. Non seulement les restrictions sur le nombre de chanteurs et de musiciens pouvant être utilisés dans des productions théâtrales rendaient impossible la mise en scène des pièces à machines pour lesquelles elle était réputée, mais aussi la situation du théâtre dans un quartier délabré de Paris rendait difficile d'attirer le public à toutes sortes de représentations(39). De plus, un certain degré de dissension au sein même de la troupe avait provoqué le départ de plusieurs de ses acteurs et actrices les mieux connus(40). La preuve de cette situation déplorable de la troupe nous est fournie par Pierre Corneille dans sa préface à *Pulchérie*, jouée au Marais en novembre 1672: 'Bien que cette pièce ait été reléguée dans un lieu où on ne voulait plus se souvenir qu'il y eût un théâtre ... elle n'a pas laissé de peupler le désert, de mettre en crédit des acteurs dont on ne connaissait pas le mérite'(41).

Une nouvelle pièce créée par la troupe du Marais au début de 1673, *L'Ambigu comique ou les Amours de Didon et d'Enée* d'Antoine Montfleury donne aussi une idée de la situation de la compagnie à l'époque. M. Vilain discute avec son beau frère d'une troupe d'acteurs que ce dernier a amenée à son mariage.

---

qui est curieux c'est que dans les deux pièces à machines précédentes de De Visé, *Les Amours de Vénus et d'Adonis* et *Les Amours du Soleil*, il y avait relativement peu de musique.

(39) Chappuzeau, *Théâtre françois*, p. 122.

(40) Ibid., pp. 122-3.

(41) Pierre Corneille, *Œuvres complètes*, éd. Georges Couton, 3 vols, Paris, 1980-7, III, 1171-2.

M. Vilain	Mais quels Comédiens sont-ce?
Damis	Ceux du Marais,
M. Vilain	Du Marais! Du Marais! Je croy qu'on s'étudie.
Damis	Comment?
M. Vilain	Vous donnent-ils *gratis* la Comédie?
Damis	Ont ils accoutumé de la donner *gratis*?
M. Vilain	Iroit-on autrement, mon Cher, à vostre avis?
Damis	Moy, je les ay crû bons, leur équipage est riche;
	Leurs pièces ...
M. Vilain	Les voit-on jamais que dans l'Affiche?

Les Acteurs inconnus de ce Lieu déserté,
Sont d'un plan qui jamais n'est bon que transplanté.
Jamais, sortant chez eux d'une pièce nouvelle,
Entend-on, Eh Laquais de Madame une telle?
Y trouve-t-on jamais ce Cortege nombreux
De Pages, de Laquais, de Carosses pompeux,
Dont l'utile embarras, & le grand étalage,
Font juger par dehors des beautez d'un Ouvrage?
Jamais Autheur de Nom leur donna-t-il un Vers?
Il faut que le Beaufrere ait l'esprit de travers.*

[*Antoine Montfleury, *L'Ambigu comique ou les Amours de Didon et d'Enée*, Amsterdam, 1679, pp. 305–6.]

Deierkauf-Holsboer, dans son histoire du Marais, rejette ces remarques comme étant 'contraire[s] à la réalité' (II, 183). Pourtant, s'il n'était pas du tout question du Marais comme étant isolé, impopulaire et sans acteurs ni auteurs de valeur, à quoi bon de telles allégations? Il semblerait plus probable que telles étaient, en effet, les opinions qu'on avait du Marais à l'époque, opinions que la troupe, par bravade à la suite du succès de *Pulchérie*, se sentait alors suffisamment solide pour en faire la satire.

Peu de temps après la création de *Pulchérie*, Jean Des Urlis et sa femme quittèrent la troupe du Marais et furent remplacés par Guérin d'Estriché et Mlle Guyot de la Troupe du Duc de Savoie(42). Ceci eut pour conséquence la signature le 3 février 1673 d'un nouvel acte d'association par lequel tout membre désirant quitter le Marais dans l'année qui suivait aurait à payer une amende de 1.500 livres(43). Cependant, cette mesure ne fut pas suffisante pour inciter Claude de la Rose, dit Rosimond, à rester au Marais, quand à Pâques 1673, il fut tenté par l'offre des rôles que Molière avait tenus, et décida de rejoindre l'ancienne troupe du Palais-Royal. Son arrivée, de même que celle d'Angélique Du Croisy, âgée de quinze ans et fille

(42) Georges Mongrédien et Jean Robert, *Les Comédiens français du XVIIe siècle: dictionnaire biographique*, Paris, 1981, p. 111.

(43) Deierkauf-Holsboer, *Marais*, II, 185.

de l'acteur Du Croisy, donna lieu également à la signature d'un acte d'association entre eux et les membres restants de la troupe de Molière. Ce contrat couvrait une période de six ans, et tout membre de la troupe voulant partir avant l'expiration de ces six ans devait payer une amende de 6.000 livres(44). L'importance de cette somme montre clairement que la compagnie n'était pas prête à prendre le risque de voir d'autres membres suivre l'exemple de ceux qui l'avaient quittée pour l'Hôtel de Bourgogne.

Après le départ de Rosimond, le Marais fut, lui aussi, obligé de renouveler son acte d'association. Le nouveau contrat, signé le 22 mars 1673, devait expirer le 31 mars 1677, et le montant de l'amende passa de 1.500 livres à 2.000 livres. Cependant, le fait est que la compagnie du Marais était considérablement moins bien protégée à cet égard que l'ancienne troupe du Palais-Royal(45).

LA LOCATION DU GUENEGAUD

Ayant tenté de remplacer ceux des acteurs qui étaient partis, il restait aux anciens membres de la troupe de Molière à se trouver un théâtre. A ce moment, ils n'étaient pas les seuls à être à la recherche de nouveaux locaux. En effet, la compagnie du Marais, n'en pouvant plus de lutter contre les inconvénients de son emplacement, avait réussi à obtenir la permission du Roi d'occuper le Jeu de Paume de la Bouteille de Sourdéac et Champeron. Cependant, l'ancienne troupe du Palais-Royal, alertée sans aucun doute par l'intérêt que la troupe du Marais portait à ces lieux, entreprit de s'emparer de l'ancienne salle d'opéra(46).

Le 23 mai 1673, trois contrats furent passés, aux termes desquels Sourdéac et Champeron cédèrent à l'ancienne troupe du Palais-Royal le bail du Jeu de Paume de la Bouteille et lui vendirent toutes les installations du théâtre, mobilier, articles de décor et équipement scénique contre une somme de 14.000 livres et une part à vie chacun dans la compagnie. Sourdéac et Champeron prendraient part aux délibérations et décisions de la troupe sur le même pied d'égalité que les acteurs et actrices et devaient donner: 'leurs soins, advis et ministere quand il en sera besoin dans toutes les pieces qu'elle representera'(47). En fait, il était entendu que Sourdéac et Champeron devaient se charger de la conception et de la construction de toutes les machines utilisées par la compagnie, ce qui montre clairement que, malgré l'opposition de Lully, la troupe se préparait à réserver une partie importante de son

---

(44) Jules Bonnassies, *La Comédie-Française: histoire administrative (1658–1757)*, Paris, 1874, pp. 23–5.

(45) Deierkauf-Holsboer, *Marais*, II, 188.

(46) Georges Monval, 'L'Affaire Auzillon', *Le Moliériste*, 8, 1886, pp. 53–9, 73–85, (pp. 76–7). Par la suite, La Grange dut nier toute connaissance de l'accord préalable de la compagnie du Marais avec Sourdéac et Champeron.

(47) Bonnassies, *Histoire administrative*, pp. 27–31.

répertoire aux productions à spectacle. Cela a certainement influencé le choix du Guénégaud comme emplacement.

L'UNION DES TROUPES

Un autre coup et cette fois-ci fatal, fut porté à la compagnie du Marais avec la publication, le 23 juin 1673, d'une déclaration royale, donnant à l'ancienne troupe du Palais-Royal la permission 'de s'establir, & de continuer à donner au Public des Comedies & autres Divertissemens honnestes, dans le Jeu de Paulme ... vis-à-vis la ruë de Guenegaud', et interdisant en même temps à 'la Troupe des Comediens du Quartier du Marais, de continuer à donner au Public des Comedies, soit dans ledit Quartier ou autre'(48). Cette décision peut s'expliquer peut-être par le fait que le Roi était resté fermement résolu à n'avoir que deux compagnies d'acteurs français opérant dans la capitale. Plus tôt dans l'année, il aurait semblé relativement facile de faire intégrer les membres restants de la troupe de Molière dans celles du Marais et de l'Hôtel de Bourgogne. Mais en juin, cela n'était plus possible puisque la compagnie du Palais-Royal avait réussi à remplacer au moins certains des membres qui l'avaient quittée et avait passé un accord concernant un des théâtres les plus modernes et les mieux situés de Paris. En effet, le fait qu'il lui était permis d'y transférer ses activités, alors qu'on avait interdit à Sourdéac et à Champeron de le louer, montre qu'elle avait réussi à regagner du moins un certain degré de faveur royale.

Malheureusement, ce fut la compagnie du Marais, déjà fragile, qui souffrit de ce redressement inattendu dans la situation de la troupe du Palais-Royal. En cette période de monoples, avec l'Académie Royale de Musique établie au Palais-Royal, l'Hôtel de Bourgogne se spécialisant dans la tragédie, et l'ancienne troupe du Palais-Royal prête à se spécialiser dans la comédie grâce à l'héritage de Molière, la compagnie du Marais, aurait, sans doute, semblé maintenant la troupe dont on pourrait se passer le plus aisément, d'autant plus qu'il lui était pratiquement impossible de continuer à présenter sa propre spécialité, les pièces à machines.

La plupart des acteurs du Marais ne se trouvèrent pas, cependant, à la rue, car, à la suite de beaucoup de négociations, médiations et batailles juridiques, mêlant Colbert et La Reynie(49), toute la troupe, à l'exception de deux actrices, fut trans-

---

(48) Chappuzeau, *Théâtre françois*, pp. 156–8.

(49) A propos de ces négociations, voir Chappuzeau, *Théâtre françois*, p. 127; Edouard Thierry, *Documents sur 'Le Malade imaginaire'*, Paris, 1880, pp. 291–348; La Grange, *Registre*, I, 148; Monval, 'Affaire Auzillon', pp. 77–8; Deierkauf-Holsboer, *Marais*, II, 190–202. Les documents ici se prêtent à diverses interprétations en ce qui concerne la marge de manœuvre permise à la troupe du Palais-Royal pour ce qui est des acteurs venant du Marais qu'elle accepterait. Pour notre part, nous affirmons, contrairement au point de vue de Deierkauf-Holsboer, que les anciens membres de

portée au Théâtre Guénégaud où elle s'unit aux anciens membres de la troupe de Molière pour former la Troupe du Roi(50). La composition de cette nouvelle troupe était donc la suivante:

DU MARAIS		DU PALAIS-ROYAL	
La Roque	1 part	La Grange	1 part
Verneuil	1 part	Du Croisy	1 part
Dauvilliers	1 part	Hubert	1 part
Guérin d'Estriché	1 part	Mlle Molière	1 part
Dupin	$\frac{1}{2}$ part	Mlle La Grange	$\frac{1}{2}$ part
Mlle Dupin	1 part	Mlle De Brie	$\frac{1}{2}$ part
Mlle Guyot	1 part	De Brie	1 part
Mlle Dauvilliers	$\frac{1}{2}$ part	Rosimond	1 part
Mlle Auzillon	$\frac{3}{4}$ part	Mlle Aubry	$\frac{1}{2}$ part
		Mlle Angélique	$\frac{1}{4}$ part
	$7\frac{3}{4}$ parts		$7\frac{3}{4}$ parts*

[*La Grange, *Registre*, I, 148.]

JEAN DONNEAU DE VISE

A ces négociations entre les compagnies du Palais-Royal et du Marais prit part aussi le dramaturge et journaliste, Jean Donneau De Visé, qui fit deux déplacements au service de la première: le premier au Théâtre du Marais le 10 juin 1673, le second quelques jours plus tard à une destination inconnue(51).

En 1673, De Visé âgé de trente-cinq ans, était le fondateur du *Mercure galant* ainsi que l'auteur de comédies et de pièces à machines à succès. Dans son premier ouvrage à être publié, *Les Nouvelles nouvelles* de 1662, il avait sévèrement critiqué Molière, et alla jusqu'à prendre parti contre lui dans la 'Querelle de *L'Ecole des femmes*' de 1663(52). Cependant, dès 1666, les relations entre les deux hommes s'étaient améliorées à un point tel que De Visé écrivit la Préface du *Misanthrope* et confia un certain nombre de comédies à la troupe de Molière(53). Toutefois, il

---

la troupe de Molière rejetèrent Catherine Des Urlis et Marie La Vallée, mais furent obligés d'accepter Mlle Auzillon contre leur gré sur l'insistance de La Reynie.

(50) Afin de distinguer celle-ci de la compagnie de l'Hôtel de Bourgogne, connue sous le nom de Troupe Royale.

(51) Thierry, *Documents*, pp. 327, 337.

(52) Georges Mongrédien, 'Le Fondateur du *Mercure galant*: Jean Donneau De Visé', *Mercure de France*, 1er octobre 1937, pp. 89–116 (p. 98).

(53) Pierre Mélèse, *Un Homme de lettres au temps du Grand Roi: Donneau De Visé*, Paris, 1936, pp. 15–8; Mongrédien, 'Fondateur', pp. 99–102.

semblerait qu'en 1669, un désaccord survint entre les deux hommes, car De Visé reporta subitement son allégeance sur le Marais, et la compagnie de Molière cessa de jouer même celles des pièces de De Visé qui faisaient déjà partie de son répertoire. De Visé connut au Marais un succès considérable avec ses comédies, et surtout avec ses pièces à machines. Pourtant, lorsque la production de ces dernières devint difficile, il revint à Molière et au Palais-Royal. Et ce fut là que *Les Maris infidèles* fut jouée en janvier 1673 — la seule pièce d'un auteur autre que Molière à être jouée par sa troupe dans la dernière saison de sa vie(54).

Il est clair que De Visé aurait été la personne idéale pour assurer la liaison entre l'ancienne compagnie du Palais-Royal et celle du Marais. Toutefois, il n'agissait certainement pas par souci désintéressé pour leur bien-être. En effet, les Registres ou livres de comptes de la compagnie du Guénénaud font apparaître le paiement d'une somme de 360 livres 1 sol à l'ordre de De Visé entre le 10 et le 26 septembre 1673(55). Cela aurait pu être soit pour les services rendus au moment de l'union des troupes, soit pour la publicité de la nouvelle compagnie du Guénégaud dans *Le Mercure galant* de décembre 1673, dont la parution était, à l'origine, prévue pour le mois d'août(56).

De Visé devait continuer à employer sa gazette comme un instrument au service de la compagnie du Guénégaud tout au long de sa carrière, excitant la curiosité du public par des annonces de productions à venir et attisant l'intérêt par des comptes rendus favorables. C'était surtout le cas de toutes les représentations auxquelles De Visé avait participé, car il devait développer son intérêt pour les pièces à machines au Guénégaud, collaborant avec Thomas Corneille à la production de quelques-uns des plus grands succès de la compagnie, notamment *Circé*, *L'Inconnu* et *La Devineresse*. En effet, il est très probable que, non content d'avoir réuni les troupes du Palais-Royal et du Marais, De Visé leur amena aussi leur dramaturge le plus couronné de succès en la personne de Thomas Corneille.

L'association de De Visé avec les frères Corneille avait commencé exactement de la même manière qu'avec Molière. *Sophonisbe* de Pierre Corneille avait été aussi l'objet de critiques dans *Les Nouvelles nouvelles*, mais lorsque cette pièce fut à son tour critiqué par l'Abbé d'Aubignac, De Visé devint un défenseur acharné des

---

(54) Sylvie Chevalley, 'Le "Registre d'Hubert" 1672–1673: étude critique', *Revue d'Histoire du Théâtre*, 1973, pp. 145–95 (p. 171).

(55) Registres du Théâtre Guénégaud, 1673–1680, Archives de la Comédie-Française (I, 30–8). Désormais les livres de comptes de la compagnie du Guénégaud sont mentionnés par la lettre R suivie d'un chiffre romain indiquant la saison à laquelle cette mention est faite: I, 1673–4; II, 1674–5; III, 1675–6; IV, 1676–7; V, 1677–8; VI, 1678–9; VII, 1679–80; VIII, 1680–1.

(56) Mélèse, *De Visé*, p. 115.

frères Corneille(57). En effet, si De Visé aida Thomas dans ses pièces à machines, en 1677, Thomas devint l'associé de De Visé dans *Le Mercure galant*, un contrat officiel les liant en 1681(58). Les rapports entre Thomas Corneille d'une part et Molière et sa troupe d'autre part avaient été sinon hostiles, du moins tendus dans le passé, et si les frères Corneille avaient jadis soutenu la compagnie du Marais, ces dernières années Thomas avait confié la grande majorité de ses pièces à l'Hôtel de Bourgogne. Il est donc probable que les bons offices de De Visé furent nécessaires pour rapprocher Thomas et la compagnie du Guénégaud.

Quant au rôle joué par De Visé dans la composition des pièces à machines, plusieurs années plus tard dans l'article nécrologique de son ami, le journaliste affirma, parlant de *Circé*, que l'idée d'écrire une pièce à machines avait été la sienne, et que lui seul était l'auteur des divertissements:

Nous avons fait encore ensemble la superbe Piéce de Machines de Circé, de laquelle je n'ai fait que les divertissemens. Les Comédiens avoient traité du Théatre des Opéra de feu M. le Marquis de Sourdeac; & comme tous les mouvemens des Opéra y étoient restés, je crus qu'en se servant des mêmes mouvemens qui avoient servi aux machines de ces Opéra, on pouvoit faire une Piéce qui seroit récitée, & non chantée, et nous cherchâmes un sujet favorable à mettre ces machines dans leur jour(59).

Comme De Visé avait déjà eu l'expérience de produire des pièces à spectacle pour le Marais, et comme Thomas n'avait qu'une connaissance bien limitée de l'utilisation de machines de scène, il semblerait probable que De Visé ait vraiment joué ce rôle vital. D'ailleurs, cela est confirmé par les Registres du Guénégaud qui montrent que De Visé avait reçu 33 livres 'pour avoir joué du teorbe à la repetition de Circé' (R III, 17).

Les revendications de De Visé étaient encore plus extravagantes en ce qui concerne d'autres pièces à machines de Thomas Corneille. Dans le même article, De

---

(57) Voir D'Aubignac, *Deux Dissertations concernant le poème dramatique en forme de remarques sur deux tragédies de M. Corneille intitulées 'Sophonisbe' et 'Sertorius'*, Paris, 1663, *Troisième Dissertation concernant le poème dramatique en forme de remarques sur la tragédie de M. Corneille intitulée 'l'Œdipe'* — *Quatrième Dissertation concernant le poème dramatique servant de réponse aux calomnies de M. Corneille'*, Paris, 1663; et De Visé, *Défense de la 'Sophonisbe' de Monsieur de Corneille*, Paris, 1663, *Défense du 'Sertorius' de Monsieur de Corneille*, Paris, 1663.

(58) Gustave Reynier, *Thomas Corneille: sa vie et son théâtre*, Paris, 1892, p. 76.

(59) Jean Donneau De Visé, éd., *Le Mercure galant*, 1672–4, 1677– mai 1710, (janvier 1710), pp. 284–5.

Visé soutient qu'il avait rédigé une version en prose de *L'Inconnu* que Thomas avait tout simplement mise en vers, et que, à l'instigation des acteurs, il avait écrit un certain nombre de scènes sans lien entre elles pour *La Devineresse*, auxquelles Thomas imposa une structure (pp. 281–2). Il est certain que, en ce qui concerne *La Devineresse*, les Registres du Guénégaud indiquent le paiement le 2 mai 1679 de 17 livres 2 sols 'pour un dîné avec M^{rs} de I et de V' (R VII, 10)(60), et c'est peut-être lors de ce repas que l'idée de *La Devineresse* leur fut soumise. Notons, cependant, que De Visé prétend avoir contribué seulement aux pièces qui avaient le plus de succès.

THOMAS CORNEILLE

Sans l'intervention de De Visé il est difficile de comprendre pourquoi la compagnie du Guénégaud s'était tournée vers Thomas Corneille pour obtenir de lui des productions à spectacle. En effet, en dépit d'une carrière longue et distinguée et de certaines pièces qui comptaient parmi les succès les plus populaires du siècle, notamment *Timocrate* (1656), *Camma* (1661), *Le Baron d'Albikrac* (1667/8) et *Ariane* (1672)(61), Thomas, avant de s'associer au Guénégaud, n'avait écrit aucune pièce contenant un élément de spectacle prononcé(62).

Néanmoins, il semblerait inévitable que Thomas devînt un associé de la compagnie du Guénégaud. Dès les tout premiers moments de sa carrière, il avait suivi l'exemple de son frère en donnant des pièces au Marais, et bien que lui aussi délaissât pendant un moment le Marais pour l'Hôtel de Bourgogne, il revint au Marais avant la formation de la troupe du Guénégaud, leur donnant *La Comtesse d'Orgueil* en hiver 1670/1(63). Grâce à son frère, Thomas fit la connaissance du Marquis de Sourdéac, qui avait conçu les machines pour la production de *La Toison d'or* par la compagnie du Marais, avant de s'associer à l'Académie de Musique et au Guénégaud(64); de plus, il connaissait aussi Molière et certains membres de sa troupe.

---

(60) Thomas Corneille était connu sous le nom de M. de l'Isle afin de le distinguer de son frère Pierre, son aîné de dix-neuf ans.

(61) Toutes les dates sont empruntées à l'article de C. J. Gossip, 'Vers une chronologie des pièces de Thomas Corneille', *Revue d'histoire littéraire de la France*, 74, 1974, pp. 665–78, 1038–58.

(62) Pour la carrière de Thomas en général, voir Reynier, *Thomas Corneille*, et David A. Collins, *Thomas Corneille: Protean Dramatist*, The Hague, 1966.

(63) Gossip, 'Chronologie', p. 1046.

(64) D'après une lettre de Thomas à l'Abbé De Pure du 1er décembre 1659, dans laquelle il écrit à propos de *La Toison d'or*: 'M. de Sourdéac fait toujours travailler à la machine, et j'espère qu'elle paraîtra à Paris sur la fin de janvier' (dans Pierre Corneille, *Œuvres complètes*, éd. Couton, III, 1412).

En 1658, les frères Corneille et des membres de la troupe de Molière avaient eu de très bons rapports lors de la visite de la compagnie à Rouen avant son installation à Paris(65). En plus de quelques dix pièces de Pierre Corneille, le répertoire de la troupe de Molière comprenait à cette époque deux pièces de Thomas: *Dom Bertrand de Cigarral* et *Le Géôlier de soy-mesme*. Par contre, à aucun moment Thomas n'avait donné de nouvelle pièce à la troupe de Molière, et, malgré une première impression favorable, il avait, semble-t-il, une mauvaise opinion de son talent. Et c'est ainsi que dans une lettre à De Pure datée du 19 mai 1658, il écrivit à propos de la troupe de Molière et de la compagnie du Marais, alors en déclin: 'Je voudrois qu'elle voulut faire alliance avec le Marais, elle en pourroit changer la destinée. Je ne sçay si le temps poura faire ce miracle'(66). Chose étrange, c'est exactement ce qui arriva en 1673. Cependant, le 4 avril 1659, après le transfert de la troupe de Molière à Paris, Thomas écrivit à De Pure: 'J'apprens que les trois troupes se maintiennent a Paris. Je ne sçay ce qui arrivera des deux foibles'(67). Il ne peut s'agir ici que des troupes de Molière et du Marais. Il se montre encore plus acerbe, plus tard dans l'année, dans sa lettre à De Pure du 1er décembre 1659:

J'ay eu bien de la Joye en ce que vous avez escrit d'Oreste et de Pilade, et suis faché en mesme temps que la haute opinion que Mr de la Cleville avoit du jeu de Mr. de Bourbon n'ait pas esté remplie advantageusement pour luy. Tout le monde dit qu'ils ont joué detestablement sa pièce, et le grand monde qu'ils ont eu à leur farce des pretieuses apres l'avoir quittée, fait bien cognoistre qu'ils ne sont propres qu'a soustenir de semblables bagatelles et que la plus forte piece tomberoit entre leurs mains(68).

Il semblerait que cette animosité ait été réciproque, car on peut considérer que certains vers de *L'Ecole des femmes* de Molière se réfèrent spécifiquement à Thomas Corneille et ceci d'une manière injurieuse:

Je sais un paysan qu'on appelait Gros-Pierre,
Qui n'ayant pour tout bien qu'un seul quartier de terre,
Y fit tout à l'entour faire un fossé bourbeux,
Et de Monsieur de l'Isle en prit le nom prompeux. (I, 1)

---

(65) Voir François Valentin Bouquet, *La Troupe de Molière et les deux Corneille à Rouen en 1658*, Rouen, 1865.

(66) Dans Gossip, 'Chronologie', p. 1040.

(67) Dans C. J. Gossip, 'Composition et représentation chez Thomas Corneille', *Studi francesi*, 12, 1968, pp. 471–6 (p. 474).

(68) Ibid.

On peut aussi penser que Molière avait Thomas à l'esprit quand il créa le portrait peu flatteur de Lysidas dans *La Critique de l'Ecole des femmes*. Georges Couton plaide d'une manière fort persuasive en faveur d'une telle identification, dont le détail le plus convaincant est l'emploi du mot 'bagatelles' par le personnage(69). De plus, le fait que Thomas n'avait rien eu à faire avec la troupe de Molière avant la mort de ce dernier semblerait confirmer l'existence d'une hostilité entre les deux hommes.

La première pièce donnée par Thomas à la compagnie du Guénégaud fut *Le Comédien poète*, écrite en collaboration avec Montfleury — la première création présentée par cette compagnie. Le premier acte de cette œuvre est une pièce à machines rudimentaire. Le héros s'est arrangé pour qu'une représentation théâtrale privée ait lieu chez lui pendant l'absence de son père. Ce dernier revient inopinément et trouve la porte de sa maison fermée. Frappant alors à la porte pour y être admis, 'le milieu du Theatre s'ouvre', 'il voit dans le fond ... un Enfer, & quelques Démons', 'il sort des flames de dessous le Theatre', deux démons exécutent des sauts acrobatiques autour de lui avant de disparaître sous terre, puis, finalement, 'quatre Demons le saississent, & sont enlevez avec luy sur le ceintre'(70). C'était là la deuxième apparition de machines sur la scène du Guénégaud lors de la deuxième phase de ses activités, la première ayant eu lieu pour le Prologue d'*Amphitryon* de Molière(71). Lancaster suggère que lors de leur collaboration pour *Le Comédien poète*, c'est Thomas qui se chargea spécialement des machines, puisqu'il alla jusqu'à en faire sa spécialité, alors que Montfleury ne devait plus jamais les utiliser(72). Cependant, une telle hypothèse n'est soutenue par aucune preuve, d'autant plus que les éléments spectaculaires dans les pièces à machines de Thomas étaient apparemment pour la plupart, l'œuvre de De Visé.

Le compte rendu du *Comédien poète* dans *Le Mercure galant* de 1674 fut d'une sobriété étonnante, se limitant tout simplement à souligner que la comédie était 'fort divertissante' (p. 248). Cependant, la pièce connut un succès remarquable. En effet, elle fut jouée vingt-et-une fois pendant sa première saison, et trois ou quatre fois pendant six des huit saisons avant la formation de la Comédie-Française(73).

---

(69) Molière, *Œuvres complètes*, éd. Georges Couton, 2 vols, Paris, 1971, I, 1270.

(70) Victor Fournel, éd., *Petites Comédies rares et curieuses du XVIIᵉ siècle*, 2 vols, Paris, 1884, I, 136–8.

(71) En ce qui concerne l'introduction de pièces par Molière dans le répertoire du Guénégaud, et la composition de ce répertoire en général, voir Janet L. Clarke, 'Molière at the Guénégaud Theatre 1673–1680', *Seventeenth Century French Studies*, 8, 1986, pp. 177–84, et 'Repertory and revival at the Guénégaud Theatre 1673–1680', *Seventeenth Century French Studies*, 10, 1988, pp. 136–53.

(72) Henry Carrington Lancaster, *A History of French Dramatic Literature in the Seventeenth Century*, 9 vols, Baltimore, 1929–42, IV, 418.

(73) Pour les représentations postérieures à la Comédie-Française, voir A. Joannidès, *La*

La deuxième première donnée par la compagnie du Guénégaud était aussi une pièce de Thomas Corneille, mais cette fois-ci écrite par lui seul. Sa tragédie, *La Mort d'Achilles* fut jouée pour la première fois le 29 décembre 1673. Lancaster suggère que le succès remporté par *Ariane* avait encouragé les acteurs du Guénégaud à croire qu'ils avaient trouvé en la personne de Thomas, un égal de Racine, tout en encourageant Thomas à entreprendre un autre sujet grec(74). S'il en était ainsi, ils furent déçus, car *La Mort d'Achilles*, que Reynier décrit comme une des tragédies les plus faibles de Thomas(75), fut jouée neuf fois seulement pour être ensuite enlevée du répertoire.

Pendant la deuxième saison de son activité (1674–5), Thomas ne produisit qu'une pièce pour le Guénégaud avant la production de *Circé: Dom César d'Avalos*, jouée pour la première fois le 21 décembre 1674. Selon Reynier, celle-ci fut 'composée en toute hâte, sur la demande des comédiens que de graves difficultés avaient empêchés de préparer pour l'hiver un spectacle plus important'(76). Nul doute qu'il s'agit là d'une allusion aux difficultés rencontrées lors de la production de *Circé*, mais comme le souligne Gossip, il n'y a aucune preuve pour étayer une telle hypothèse(77). *Dom César d'Avalos* fut jouée quatorze fois lors de sa première saison, puis deux fois la saison suivante, avant de disparaître du répertoire. Il est intéressant de noter un déplacement infructueux fait à Versailles par la compagnie du Guénégaud, 'la Trouppe y ayant esté appelée par Mr Boilleau Controleur de largenterie du Roy pour representer devant le Roy. Ce qui n'eust point deffet parce qu'on demanda *Dom Cesar D'avalos* qui ne put estre representé' (R IV, 97 v°).

Etant donné la fréquence de ses productions pour la compagnie, il est clair que des rapports spéciaux se développèrent entre Thomas Corneille et la compagnie du Guénégaud rapprochés grâce à De Visé. Ceci est prouvé à plusieurs occasions par les Registres du Guénéguad, comme, par exemple, lorsque Thomas et Montfleury reçurent chacun un versement de 600 livres sur leurs parts des recettes du *Comédien poète* (R I, 75–7). Cela fut même explicitement établi en 1676, lorsque Thomas requit le paiement de 700 livres qui restaient de ses parts dans la production de *Circé*. La compagnie inscrivit dans son Registre sa décision de satisfaire cette requête, 'ayant dessein de satisfaire Monsieur de Corneille et de le conserver comme un Autheur de merite' (R IV, 10 v°). Autre signe de ces rapports spéciaux, c'est Thomas Corneille qui fut choisi par Mlle Molière pour adapter et mettre en vers la pièce de feu son mari, *Dom Juan*(78).

Comédie-Française de 1680 à 1900: tableau des représentations, Paris, 1921.

(74) *History*, IV, 146.

(75) *Thomas Corneille*, p. 45.

(76) Ibid.

(77) 'Chronologie', p. 1048.

(78) Voir Aaron Schaffer, 'Thomas Corneille's reworking of Molière's *Dom Juan*', *Modern Philology*, 19, 1921–2, pp. 163–75.

COMPOSITION DE CIRCE

Dans leurs comptes rendus du Théâtre Guénégaud nouvellement ouvert, De Visé et Chappuzeau le décrivent tous les deux comme convenant admirablement à la production de pièces à machines, le premier écrivant que le théâtre avait une scène 'sur lequel on peut faire de grandes choses', et le second confirmant que la scène était 'large et profond[e] pour les plus grandes machines'(79). L'intention de la compagnie du Guénégaud de consacrer dès le départ une très grande partie de ses activités à la production de pièces à machines est confirmée, semble-t-il, par le fait qu'elle engagea Sourdéac et Champeron comme machinistes-sociétaires à plein temps, et que, lorsqu'elle acheta le bail de leur théâtre, elle acheta aussi toutes les machines qui avaient été construites pour l'Opéra de Perrin, ainsi que l'équipement nécessaire à leur opération(80). Il est donc curieux que, dans la première saison de ses activités, aucune nouvelle pièce à machines ne fût jouée au Guénégaud et qu'aucune tentative n'eût lieu pour reprendre celles du répertoire du Marais, en dépit du fait que les anciens membres de cette compagnie avaient amené au Guénégaud avec eux leurs décors et leur équipement de théâtre(81). Cet échec à tirer profit de la 'passion du spectacle' du public était probablement dû aux restrictions sur l'emploi de la musique imposées par l'ordonnance prise en faveur de Lully le 30 avril 1673. Pourtant, les anciens membres de la troupe de Molière devaient être conscients de cet obstacle à la présentation de productions à spectacle quand ils acquirent le bail du Guénégaud et s'associèrent avec Sourdéac et Champeron le 23 mai 1673.

Pour sa première saison, la compagnie du Guénégaud s'était contentée d'offrir au public le spectacle limité contenu dans le Prologue d'*Amphitryon* de Molière et dans le premier acte du *Comédien poète* de Montfleury et Thomas Corneille. Lors de sa deuxième saison, avant la production de *Circé*, les deux comédie-ballets de Molière, *Le Bourgeois gentilhomme* et *Le Malade imaginaire* furent elles aussi ajoutées au répertoire. Une nouvelle pièce présentée par la compagnie du Guénégaud en 1674–5, la comédie de Montauban, *Les Aventures et le mariage de Panurge*, contenait aussi des éléments de spectacle, à savoir une tempête en mer à la scène 5 de l'acte IV, et au sujet de laquelle La Grange écrit dans son Registre: 'Il y a beaucoup de frais' (I, 162). Cependant, la compagnie du Guénégaud savait qu'elle ne pouvait point satisfaire ainsi son public pendant longtemps, et il ressort de certaines preuves que lors de l'ouverture de la deuxième saison, on pensait déjà à une pièce à grand spectacle(82).

Dans son Introduction au Dessein de *Circé*, Thomas Corneille présente son

---

(79) *Mercure galant* (1674), pp. 259–60; *Théâtre françois*, pp. 120–1.
(80) Bonnassies, *Histoire administrative*, p. 27.
(81) Deierkauf-Holsboer, *Marais*, II, 200.
(82) Voir ci-dessous 'Préparations'.

œuvre comme le summum de tout ce que la pièce à machines peut offrir, la ferme intention de la compagnie du Guénégaud étant d'honorer le Roi au mieux de ses possibilités à la suite de ses récentes victoires dans la Guerre de Hollande, et de le remercier de lui avoir permis de continuer à exister, de même que de s'imposer par une démonstration de tous les spectacles dont elle était capable.

PROLOGUE

Selon Christian Delmas, le 'prologue à la louange du Roi' était un des traits caractéristiques empruntés à l'opéra italien par la tragédie à machines(83). A cet égard *Circé*, avec un Prologue où les dieux mêmes sont présentés comme jaloux des charmes et des victoires de Louis XIV, ne manquait pas à la règle. En effet, comme le remarque à juste titre Reynier, dans ce Prologue 'la flatterie paraît jusque dans le décor'(84), qui consiste en un temple élevé par La Gloire à la plus grande gloire du Roi, et où sont représentés le Roi lui-même, ses exploits et ses qualités. On pourrait même aller plus loin et considérer ceci comme une quasi-déification de Louis XIV, qui apparaît comme le nouveau 'Dieu de la Guerre' (v. 25) et le 'Dieu des François' (v. 207)(85). Cependant, le ton n'est pas entièrement anodin, et dans le Dialogue de la Musique et de la Comédie qui conclut le Prologue, Thomas ne pouvant résister à la tentation de mentionner les conditions difficiles dans lesquelles il a composé son œuvre, fait dire à La Musique: 'J'aimerois assez à chanter;/Mais j'ay si peu de voix qu'on ne m'entend qu'à peine' (vv. 264–5).

Le Prologue de 1675 contient plusieurs allusions aux récents exploits militaires de Louis XIV(86). Il n'est donc pas surprenant que lors de la reprise de *Circé* à la Comédie-Française en 1705, on ait ressenti le besoin de remplacer ce Prologue et de créer en même temps de nouveaux divertissements. Cette tâche fut confiée à Dancourt et au compositeur Gilliers(87). Le ton de ce nouveau Prologue est beaucoup plus obséquieux dans sa louange du Roi que celui du premier, dans lequel Mars et L'Amour osaient critiquer le Roi d'avoir usurpé leurs fonctions. Le thème de la déification de Louis XIV est développé dans le Prologue de 1705, avec Mars plaidant passionément pour son élévation au rang des dieux. Les images sont, cependant, plus conformes aux notions chrétiennes, avec Louis considéré comme un Jupiter sur terre (v. 46). Le nouveau Prologue, écrit pendant la Guerre de Succession d'Espagne, et très peu de temps après la défaite des Français à Blenheim (1704), brosse aussi un tableau de la situation politique plus sombre de l'époque, accusant

---

(83) 'Présentation', s.p.
(84) *Thomas Corneille*, p. 271.
(85) Voir Jean-Marie Apostolidès, *Le Roi-machine: spectacle et politique au temps de Louis XIV*, Paris, 1981, pp. 82–4.
(86) Voir les Notes sur le texte ci-dessous.
(87) Lancaster, *History*, IV, 909.

les ennemis du Roi de retarder la paix, 'En differant d'être soumis' (v. 123). Parmi les autres changements, notons l'élimination de L'Amour, peut-être par courtoisie vu l'âge avancé du Roi, et la substitution d'un divertissement associant 'les Nations les plus éloignées' au Dialogue de la Musique et de la Comédie, par allusion, peut-être, à l'accroissement du commerce extérieur dans la dernière partie du règne de Louis XIV(88).

SOURCE

Comme la plupart des pièces à machines, *Circé* de Thomas Corneille est fondée sur un épisode des *Métamorphoses* d'Ovide, ce qui est reconnu par le dramaturge lui-même dans son Argument. Ce dernier donne comme source le Livre 14, mais en fait il commence avec l'histoire de Glaucus à la fin du Livre 13, et c'est ce livre qui lui aura suggéré les nombreuses allusions à la nymphe Galatée. *Les Métamorphoses* étaient d'une importance capitale pendant tout le dix-septième siècle, fournissant une source intarissable d'images pour chaque aspect de la vie de Cour(89). La traduction de Renouard, publiée vers 1606, fut rééditée à plusieurs reprises, celle de Pierre Du Ryer apparut en 1669 et fut rééditée en 1666 et 1676, année pendant laquelle une adaptation en rondeaux par Isaac de Benserade fut publiée par l'Imprimerie Royale. Finalement, en 1697, Thomas Corneille publia en trois volumes sa propre version en vers(90).

Dans son Argument, Thomas affirme n'avoir apporté au mythe que des changements mineurs: 'Je n'ay rien adjoûté à cette Fable, que Mélicerte aimé de Sylla, & cette mesme Sylla changée en Néréïde apres tous ses malheurs, pour avoir lieu de finir la Piece par un Spéctacle de réjoüissance'. En fait, il ajoute en plus le procédé de faire prendre à Glaucus l'apparence et l'identité du Prince de Thrace pour ne pas ainsi influencer Sylla par son rang de dieu. En conséquence, Sylla rejette Glaucus, malgré ses nombreux attraits, à cause de son engagement préalable envers Mélicerte, alors que chez Ovide, l'apparence du dieu de la mer lui répugne (III, 257)(91). Circé, aussi, reste dans l'ignorance la plus totale quant à la véritable identité de Glaucus pendant la majeure partie de la pièce, ce qui ajoute à sa confusion face à l'impuissance de sa magie contre lui. De plus, chez Ovide, Sylla n'a

---

(88) Un autre changement apporté dans cette version de *Circé*, c'est la substitution d'un dénouement heureux traditionnellement romantique, avec Sylla ramenée à la vie comme dans la première version, mais sans la stipulation selon laquelle Glaucus ne devrait plus l'importuner de son amour.

(89) Voir Christian Delmas, 'Introduction', dans Pierre Corneille, *Andromède, tragédie*, Paris, 1974, pp. LVIII–LIX; et Apostolidès, *Roi-machine*, p. 79.

(90) *Les Métamorphoses d'Ovide mises en vers françois par Thomas Corneille de l'Académie Françoise*, 3 vols, Paris, 1697. Toutes les citations ci-dessous proviennent de cette version.

(91) Voir les Notes sur le texte ci-dessous.

pas le moindre rapport avec Circé, et c'est Glaucus qui '... dans le vif couroux dont son cœur est pressé, / ... resout de se rendre au Palais de Circé' (III, 258), pour demander l'aide de l'enchanteresse. Enfin, Sylla ne se suicide pas en se jetant à la mer mais demeure plutôt figée quand elle est frappée par le sortilège de Circé pendant qu'elle s'y baigne.

Si nous examinons les nombreuses possibilités d'effets spectaculaires fournis par le mythe de Circé et de Sylla, et que nous les comparions avec ceux que nous trouvons dans la pièce de Thomas Corneille, il est clair que peut-être l'occasion la plus évidente de créer du spectacle, à savoir la transformation de Sylla en monstre, a été négligée. Et ce n'est pas que de telles transformations ne pouvaient être effectuées sur la scène du dix-septième siècle(92). Mais elles étaient sur une trop petite échelle pour fournir le point culminant d'une production aussi spectaculaire, et c'est, peut-être, pour cette raison que les auteurs décidèrent de présenter le sort de Sylla en une série de récits. La nature factuelle de ces récits suggérerait, cependant, que si Thomas avait choisi de présenter la mort de Sylla de cette façon, ce n'était pas pour avoir l'occasion de briller par la puissance de ses descriptions, mais plutôt pour éviter d'éclipser le 'Spéctacle de réjoüissance' qui formait l'apogée de sa pièce.

STYLE

Circé est décrite dans sa page de titre comme 'tragédie ornée de machines'. Rejetant l'alexandrin généralement associé au genre tragique, Thomas Corneille a choisi, cependant, d'écrire son œuvre en 'vers libres' semblables à ceux employés par son frère pour *Andromède* et *La Toison d'or*, par Molière pour *Amphitryon* et par les deux pour *Psyché*(93).

Dans son Argument, Thomas soutient avec un certain manque de modestie que dans *Circé*: 'Tout y est grand, tout y est extraordinaire; et si j'avais pu répondre par la force des pensées et par la majesté des vers, aux superbes ornements qu'on m'a prêtés, je pourrais dire sans trop de présomption, qu'on n'aurait point encore vu d'ouvrage plus achevé'. Cependant, le ton général est bien loin de la dignité que l'on s'attendrait à trouver dans une tragédie de l'époque, étant donné les nombreuses scènes comiques de badinage entre des groupes de nymphes et leurs admirateurs. La disparité entre les déclarations de Thomas et la réalité est particulièrement frappante si on examine les lignes suivantes tirées du Dessein de *Circé*: 'La Fable

---

(92) Plusieurs modes d'opérer des transformations sont décrits dans une étude d'illustrations théâtrales de l'époque parue dans *Le Magasin pittoresque* de 1867 ('Mécaniques et machines de théâtre', *Le Magasin pittoresque*, 1867, pp. 27–8).

(93) Aux alexandrins et aux vers octosyllabiques utilisés dans ces œuvres, Thomas ajoute des vers décasyllabiques. Divers modèles de rimes sont utilisés, permettant ainsi de se libérer du couplet conventionnel de l'alexandrin.

nous represente cette Sylla environnée de Chiens qui l'effrayoient par des aboyemens épouvantables: Ce terme de *Chien*, est si rude & si mal-propre à nostre Poësie, que j'ay crû le pouvoir changer en celuy de *Monstres* (p. 45). Pourtant, les chiens sont mentionnés ailleurs dans la pièces, et ceci en des termes des plus suggestifs, quand Palémon demande à Astérie s'il pourrait être changé en épagneul pour rester prés d'elle (III, 2). Quant à Glaucus, le héros divin de *Circé*, menaçant Sylla d'enlèvement quand elle lui résiste (I, 3) et essayant de marchander avec elle avant de lui sauver la vie (III, 7), il n'est pas aussi estimable qu'on s'attendrait à ce que le soit un héros tragique.

SUJET

Christian Delmas a décrit *Circé* comme 'aberrante'(94). Pour notre part, nous soutiendrons, au contraire, que c'est une pièce qui, thématiquement, s'inscrit dans la ligne directe des pièces à machines telles qu'elles s'étaient développées depuis 1648. Comme la plupart des pièces antérieures, le sujet de *Circé* est mythologique, avec un prologue dédié à la très grande gloire de Louis XIV. Quant à ces principaux attraits, ceux-ci sont fournis par de somptueux décors changeants, des vols et des machines volantes, des intermèdes de musique instrumentale et vocale, le tout rehaussé par la présence d'une troupe de danseurs. En fait, on pourrait suggérer que par son choix de sujet, Thomas Corneille voulait délibérément situer son œuvre par rapport à ce qui s'était produit auparavant. Dans son étude de *La Littérature de l'âge baroque en France: Circé et le paon*, Jean Rousset explique comme suit son propre sous-titre:

> Le premier soin de cette enquête sera d'établir que toute une époque, qui va approximativement de 1580 à 1670, de Montaigne au Bernin, se reconnaît à une série de thèmes qui lui sont propres: le changement, l'inconstance, le trompe-l'œil et la parure, le spectacle funèbre, la vie fugitive et le monde en instabilité; on les voit incarner en deux symboles exemplaires: Circé et le Paon, c'est-à-dire la métamorphose et l'ostentation, le mouvement et le décor(95).

Et Jean Rousset continue avec une liste de certains des ballets de cour où la personne de Circé apparaît(96). Parmi ces derniers, probablement le plus connu et celui qui est tenu souvent pour le précurseur de la tragédie à machines ainsi que de l'opéra, est *Circé ou Le Ballet comique de la Reyne* de Balthasar de Beaujoyeulx (1581)(97).

---

(94) 'Présentation', s.p.

(95) Jean Rousset, *La Littérature de l'âge baroque en France: Circé et le paon*, Paris, 1954, p. 8.

(96) Ibid., pp. 14–15.

(97) Voir Delmas, *Mythologie*, p. 12.

Il est évident que les caractéristiques que Rousset souligne — métamorphose, os-
tentation, mouvement, décor — sont aussi celles de la pièce à machines, et ce n'est
pas une coïncidence si le personnage de Circé et ceux de ses compagnons, magiciens
et enchanteresses, en particulier Alcine et Armide, figurent dans tant d'œuvres du
genre et de celles qui s'en rapprochent; par exemple: le ballet de *La Délivrance de
Renaud* (1617), *Le Mariage d'Orphée* de Charles de Lespine (1623), *Les Travaux
d'Ulysse* de Durval (1631), *Le Mariage d'Orphée et d'Eurydice* de Chapoton (1648),
Ulysse dans l'île de Circé de Boyer (1648), la *tragicomédie à machines* avec Armide
et Renaud qui forme l'acte V de *La Comédie sans comédie* de Quinault (1655), *La
Toison d'or* de Pierre Corneille (1660), et *Les Plaisirs de l'Ile enchantée* (1664).

Avec l'évolution du dix-septième siècle, et la règle de l'unité de lieu prescrite
par la doctrine classique devenant de plus en plus une contrainte nécessaire à toute
production théâtrale, cette règle entra en conflit avec la 'passion du spectacle' qui
formait la force motrice assurant le développement de la pièce à machines. Comment
une troupe de théâtre pouvait-elle présenter à ses spectateurs la série de décors
somptueux et de changements à vue qu'ils réclamaient tant, alors que, selon les
règles d'une bonne pratique théâtrale, une pièce devait se limiter à un seul lieu?
La solution c'était d'introduire dans la pièce le merveilleux, à la fois magique et
mythologique. En effet, on peut dire que les deux étaient identiques, étant donné
que, comme l'a montré Christian Delmas, les dieux de la pièce à machines étaient
devenus à la fois des 'magiciens' et des 'illusionnistes'(98).

La magie avait été utilisée comme un moyen de se libérer des contraintes du
décor unique dès les années 1630, un des exemples les mieux connus étant *L'Illusion
comique* de Pierre Corneille. On ne pouvait s'attendre à ce que le monde du magicien
se conforme aux mêmes règles que celles du commun des mortels. Donc, s'agissant
de la pièce à machines, outre une plus grande liberté d'interprétation des règles que
semblaient se permettre les écrivains, le magicien pouvait, grâce à ses pouvoirs, faire
apparaître des images d'actions ayant lieu ailleurs dans le temps et dans l'espace, ou
même faire transporter instantanément des personnages en d'autres lieux. Ainsi,
dans *Circé*, bien que dans l'ensemble l'action se situe dans une variété de lieux
autour du palais de l'enchanteresse, à la fin de l'acte I, Glaucus y est transporté
grâce au 'char volant' de Circé tiré par des dragons; dans la scène 7 de l'acte III,
Circé et Sylla sont transportées dans un endroit éloigné par des nuages magiques
envoyés par le Soleil; et pendant l'acte V, Circé fait complètement disparaître son
palais, laissant Glaucus et Palémon debout sur le rivage.

De plus, les sujets mythologiques ont beaucoup contribué au spectacle de la
pièce à machines en permettant l'apparition fréquente de dieux dans leurs palais,
et en offrant la possibilité de vols fréquents, l'air et les cieux étant le milieu naturel

---

(98) Ibid., pp. 77–101.

de la majorité de ces divinités.

DELIBERATION ET LITIGE

La première référence qu'on trouve dans les Registres du Guénégaud et qui se rapporte à la production de *Circé* est à peine favorable. En effet, on y a inscrit à la date du 7 octobre 1674: 'L'On n'a point joué mardy 3ᵉ et Vendredy 5ᵉ octobre a cause des desordres que Mʳ Dauvilliers et Madᶫᶫᵉ Du Pin ont incitez dans la Troupe au Sujet de la piece de Circé (R II, 77). En fait, les jours où la compagnie fut dans l'impossibilité de se produire étaient les 2 et 5 octobre 1674, comme le note correctement La Grange. Ce dernier est aussi plus précis quant à la raison du désaccord: 'On na point Joué a cause des desordres entre la troupe et Mʳ Dauvilliers et Madᶫᶫᵉ Dupin qui ne vouloient point Consentir qu'on Jouast Circé' (I, 163)(99). La compagnie se réunit une fois de plus 'pour la preparation de Circé' une semaine plus tard, le 12 octobre, 'et dellibera par escript de la Jouer Incessamment. Mʳ Dauvilliers et Madᶫᶫᵉ Dupin animez par les Sʳˢ de Sourdeac et Champeron qui Vouloient proffiter des desordres de la troupe Ne voulurent point signer La delliberation'(100). A en croire La Grange, les jours suivants, 'Le 17ᵉ et Le 18ᵉ. La troupe fist ce qui luy fust possible pour terminer tous les differens. On deputa à Mʳ le marquis de Sourdeac qui estoit a sa maison de Seve, on fist parler à Mʳ Dauvilliers' (I, 164). Tout cela est confirmé dans les Registres officiels de la compagnie où il est inscrit que la somme de 1 livre 10 sols fut payée à l'employé de la compagnie, Le Breton, le 14 octobre pour frais de voyage à Sève, et 9 livres à La Grange le 16 octobre, 'Pʳ deux voyages a Seve ... pour parler à Mʳ le Marquis de Sourdeac pour la machine de Circé' (R II, 80-1). De toute évidence, ces négociations n'aboutirent à aucun résultat, car, selon La Grange: 'Enfin, ne pouvant les mettre à la Raison On dellibera l'exclusion desdˢ. Sʳ Dauvilliers et Madᶫᶫᵉ du pin et la Rupture du Traité de societé avec Mʳˢ de Sourdeac et de Champeron pr le plustost quil seroit possible' (I, 164).

Il est généralement admis que Dauvilliers et Mlle Dupin hésitèrent quant à l'importance des frais occasionnés par la production d'une pièce à machines(101). S'il en est ainsi, il est curieux de voir deux anciens membres de la compagnie du Marais réagir de la sorte. En effet, on se serait attendu à ce que ces derniers soient familiers avec tout ce qu'entraînait la production de telles pièces. Du Tralage, d'autre part, donne de ces événements et de leur dénouement une interprétation plus personnelle:

---

(99) *Circé* est, en fait, mentionnée plus tôt dans le Registre de La Grange, quand, dans une note en marge, il écrit que les 600 livres reçues pour la représentation du *Malade imaginaire* à Versailles en juillet 1674 furent utilisées pour payer les frais de la pièce à machines (I, 162). Cette mention fut sans aucun doute ajoutée à une date ultérieure.

(100) La Grange, *Registre*, I, 164.

(101) Voir, par exemple, Eugène Despois, *Le Théâtre français sous Louis XIV*, Paris, 1874, p. 123.

LE PROCES COMIQUE

De la belle Dupin la Molière jalouse
    Luy fit, pour l'exclure, un procès.
Bien des gens partagez prenoient leurs intérests,
    Et faisoient du bruit comme douze.
    D'abord Thémis se déclara
    Pour la veuve contre l'épouse,
    Et pour jamais les separa.
De ce beau jugement, qui trompa mainte attente,
    La Dupin se porte appellante,
    Malgré l'amende et cœtera.
   . . . .
L'Oracle souverain qui regne et qui gouverne
Ce que dit, ce que fait l'Oracle subalterne,
Met l'appellation en sentence au néant,
    En emendant et corrigeant
    (Voyant dans ces belles parties
Différentes beautez, mais si bien assorties);
    Ordonne que doresnavant
    Elles seront ensemble unies.
Si mieux pourtant on aime (en termes fort exprès[)]
   . . . .
Donner à ceux exclus, pendant quatre ans complets,
Pour leur indemnité, dommages interests,
Chacun cinq cens escus, et leur faire partage
    Des droits et des emoluments
    Qu'on a perceus pendant le temps
Qu'a duré la querelle et ce comique orage . . . .(102)

De plus, il est surprenant que Dauvillers et Mlle Dupin aient été encouragés dans leur opposition par Sourdéac et Champeron, pour qui, aurait-on pensé, la production d'une pièce à machines était vitale. Ce qui fut le cas, car, dans un Placet adressé au Roi au cours de leur longue bataille juridique avec Sourdéac et Champeron, la troupe du Guénégaud soutint qu'elle avait honoré les termes de son contrat avec les deux machinistes, 'autant de temps que Vostre Majesté leur a permis lusage des Machines et Decorations de ce Theatre, par celuy des Musiques vocales et instrumentales', mais qu'une fois que cet usage leur avait été interdit

---

(102) Jean Nicholas Du Tralage, *Notes et documents sur l'histoire des théâtres de Paris au XVIIe siècle*, Paris, 1693, éd. Paul Lacroix, Paris, 1867–90; réimpression Genève, 1969, pp. 19–22.

par les clauses d'une autre ordonnance limitant l'emploi de la musique de scène le 21 mars 1675, 'ils sont obligez d'implorer Sa Justice personnelle contre lirreparable prejudice quils en recevroient, si les choses demeuroient entre eux et lesd[s] Srs de Sourdeac et de Champeron au violent et ruineux état ou elles se trouvent par les termes de cette pretendue societé'(103). Est-il possible que Sourdéac et Champeron aient voulu que la compagnie du Guénégaud échoue afin qu'ils puissent regagner le contrôle de leur théâtre, au risque de mettre en danger leurs moyens d'existence? Aussi improbable que cela puisse paraître, étant donné le commentaire ultérieur de La Grange selon qui toute la querelle était le résultat des 'artiffices desd. Sourdeac et Champeron qui vouloient se rendre Mes de la Recepte et du Controlle' (I, 168), il semblerait que tel était le cas.

Bien qu'il soit spécifiquement inscrit dans les Registres que seuls Dauvilliers et Mlle Dupin refusèrent de signer le document se rapportant à la préparation de *Circé*, quand il s'est agi de les renvoyer de la compagnie, leurs conjoints aussi furent exclus avec eux. Une Sentence du Châtelet du 6 novembre 1674 confirma l'exclusion des deux couples, stipulant qu'ils devaient chacun recevoir 1.500 livres par an jusqu'à l'expiration de l'acte d'association du 3 mai 1673, et recommandant aussi que Sourdéac et Champeron honorent les termes de leur contrat du 23 mai 1673(104).

A ce point là, il se posa une autre complication, car selon La Grange, 'Icy Mad.[le] de Brie prist le party de Mr Dauvilliers et Dupin et ne voulust plus Jouer et fist la malade' (I, 165). Son mari et elle se rangèrent aux côtés des couples Dauvilliers et Dupin et firent appel contre la Sentence le 29 décembre 1674. L'affaire fut renvoyée devant le Parquet des Gens du Roi. Le 8 janvier 1675, les acteurs de la compagnie du Guénégaud présentèrent une pétition soutenant que Sourdéac et Champeron avaient négligé de se conformer à la Sentence et n'avaient pas informé la troupe que les machines qui leur avaient été commandées pour la représentation de *Circé* le 15 janvier ne seraient pas prêtes à cette date. Et d'ajouter dans la même pétition qu'ils voulaient payer aux deux machinistes la somme de 16.000 livres qui leur était due et les renvoyer de la compagnie(105). Ce document est important en ce sens qu'il nous informe de la date à laquelle la compagnie voulait, initialement, commencer à jouer *Circé*.

Un jugement fut rendu le 16 janvier 1675, confirmant la Sentence du 29 décembre 1674 renvoyant les couples Dauvilliers et Dupin, à moins que la compagnie préférât maintenant les reprendre. Le 23 janvier, la troupe informa le cour qu'elle voulait maintenir le renvoi des deux couples, qui reçurent notification de cette décision le

---

(103) Dossier Affaire Sourdéac et Champeron, Archives de la Comédie-Française.
(104) Bonnassies, *Histoire administrative*, p. 47.
(105) Ibid.

jour suivant(106). La Grange note en marge de son Registre que, à la suite du jugement rendu contre lui, 'le marquis de Sourdeac, par despit, faisoit deffaire les Machines au lieu de les avancer pour matter la Troupe' (I, 168).

Finalement, le 12 février 1675, les couples Dauvilliers et Dupin furent réintégrés dans la compagnie du Guénégaud aux mêmes conditions qu'avant. Cependant, comme ils avaient été privés de leurs parts sur les recettes pendant toute la durée de leur exclusion, la troupe, dans un geste de réconciliation, offrit à chaque couple 600 livres en compensation, 'pour se mettre en estat de Jouer Circé au premier Jour'(107). Le ton de La Grange se fait plus désapprobateur quand il en arrive à décrire les concessions que la compagnie fut obligée de faire à Sourdéac et à Champeron, 'pour avoir la paix et entretenir Union' (I, 169). Quelles étaient ces concessions? La somme de 500 livres chacun pour les dédommager de leur part en argent qui avait été retenue sur les recettes et utilisée pour payer les dettes de la compagnie pour lesquelles les deux machinistes, avait-on estimé, n'étaient pas responsables. De plus, on leur accorda deux contrôleurs qui seraient placés à la porte des loges et du parterre(108). La Grange ajoute que Champeron avait voulu que son frère soit admis à travailler au bureau de la recette, mais qu'on lui refusa cette requête. Et La Grange de conclure: 'tous les proces ont esté esteins et on na plus songé qua jouer Circé au plustost' (I, 169).

Néanmoins, en 1677, deux ans après la production de *Circé*, Sourdéac et Champeron reprirent leurs intrigues. La troupe saisit cette occasion pour se débarrasser une bonne fois pour toutes de ces fauteurs de troubles devenus alors inutiles, obtenant le 3 avril 1677 l'annulation du contrat du 23 mai 1673, et gardant les parts des deux machinistes à partir du 7 mai 1677. Une longue bataille juridique s'ensuivit et un jugement fut rendu le 29 juillet 1677, mais ne fut appliqué que le 21 août 1681. Aux termes de ce jugement, Sourdéac et Champeron reçurent chacun une pension de 500 livres par an à partir du 1er mars 1677, et il fut recommandé que la pension de Champeron, à sa mort, passerait à son frère(109).

---

(106) Ibid.
(107) La Grange, *Registre*, I, 169.
(108) R II, 138 v°.
(109) Pour une description de cette deuxième phase de la bataille juridique entre la compagnie du Guénégaud d'une part, et de Sourdéac et Champeron d'autre part, voir Bonnassies, *Histoire administrative*, pp. 48–9, et Edouard Thierry, *Supplément à la notice sur Charles Varlet de La Grange ou dossier tiré des Archives de la Comédie-Française*, Paris, 1876, pp. 7–9.

PREPARATIONS

Machines et Effets Speciaux

La compagnie du Guénégaud n'a pas attendu jusqu'à ce que le litige qui l'opposait à Dauvilliers et à Mlle Dupin soit résolu pour entreprendre les préparations nécessaires pour *Circé*. Dans son Registre, La Grange écrit dans la marge, à côté de l'entrée du 23 octobre 1674: 'Commancé la despance des Machines de Circé et en Continuant, Jusques a la premiere representation' (I, 165). Le Registre officiel place cette date du commencement des préparations encore plus tôt, avec le paiement de 9 livres 10 sols le 14 octobre 1674 pour 'Clou et ouvriers pour la Machine de Circé' (R II, 80).

En fait, ces travaux ont commencé peut-être même plus tôt, puisque du 'Bois pour le globe' coûtant en tout 86 livres 4 sols fut acheté en avril, mai et juin 1674 (R II, 145 v°). Dans ce contexte, le mot 'globe' semble être synonyme de 'gloire' — une scène élevée sur laquelle apparaissaient des divinités. Cette entrée mène à deux interprétations possibles: ou bien il a été décidé au début de la saison 1674–5 d'équiper le Guénégaud d'une deuxième scène indépendamment des préparations pour une production particulière, ou bien les travaux de *Circé* commencèrent beaucoup plus tôt que l'on a supposé jusqu'ici, puis furent suspendus pour une raison inconnue. La somme dépensée pour le bois du globe était, cependant, incluse dans les dépenses de *Circé*, puisqu'il est inscrit dans les Registres que les premières préparations furent entreprises, 'Depuis le 29ᵉ Avril 1674, Jusques au 17ᵐᵉ Juillet pour la premiere fois, pendant lequel tems on a travaillé au globe' (R II, 145 v°).

Nous avons déjà examiné l'affirmation de De Visé que cela avait été son idée d'utiliser 'les mouvemens des Opera' qui restaient au Théâtre Guénégaud du temps de son occupation par l'Académie de Musique de Perrin, et que, par conséquent, Thomas et lui cherchèrent 'un sujet favorable à mettre ces Machines dans leur jour'(110). En fait, la compagnie du Guénégaud devait dépenser beaucoup de temps et d'argent pour la construction des machines de *Circé*. De Visé, cependant, emploie deux termes dans ce contexte: 'les mouvemens' et 'les machines'. Donc il est probable que la troupe a utilisé les contrepoids qu'elle avait achetés avec le théâtre, mais que des machines et des décors furent construits, ceux qui existaient déjà servant soit de charpente soit de matériaux.

La 'bande des ouvriers pour les machines de Circé' comprenait jusqu'à seize 'ouvriers' et cinq 'manœuvres', avec l'aide fréquente de charpentiers et menuisiers, un maçon, un tourneur, un forgeron, un ramoneur, un serrurier, deux peintres et un certain nombre de crocheteurs. Certains d'entre eux nous sont connus de nom:

(110) *Mercure galant* (janvier, 1710), pp. 284–5.

'Mathurin le forgeron', 'Du Fer ouvrier' et les peintres, Dalaiseau et Saint-Martin. Ils furent engagés pour compléter le personnel régulier des coulisses du Guénégaud: les décorateurs Crosnier et Du Breuil, Crosnier l'aîné, Le Breton, Subtil, Dufors et Des Barres.

Parmi le matériel acheté pour la construction des décors et des machines il y avait une quantité considérable de fer et de bois de différentes sortes. Parmi les autres articles mentionnés il y avait des 'clous de toutes sortes', 'de la broquette', 'des chevilles de fer', des charnières, du vieux oing, de la colle, de la farine, du plâtre, de la filasse, des fils de fer, du fil, de la toile et 'de la grosse toile', du carton et du papier de qualités diverses (cartons, carton broché, papier brouillon, papier à patron et papier gris). On y trouve aussi mentionnés des articles de nature plus pratique tels que couteaux, savon et charbon, mais surtout du bois à brûler de différentes sortes (cotterets, bûches, fagots, falourde), de la bougie et de la chandelle pour l'éclairage.

La chandelle était fournie à ceux qui travaillaient sur les décors quotidiennement, et, d'après les Registres, Sourdéac en reçut des quantités entre le 8 et le 15 février 1675 (R II, 130–3), ce qui montre que pendant cette période il participait activement à la construction des machines. Ce point est intéressant si on l'examine par rapport au commentaire de La Grange selon qui, après la décision de la troupe d'exclure les couples Dauvilliers et Dupin le 23 janvier 1675, Sourdéac 'par despit, faisoit deffaire les Machines au lieu de les avancer' (I, 168). Si tel avait été le cas, cette action de Sourdéac n'aurait pu avoir lieu que pendant cette période, et les sommes payées 'A la femme qui garde les decorations de Circé' à partir du 22 janvier étaient dépensées en vain (R II, 123). En fait, Sourdéac avait commencé à travailler sur les machines un peu plus tôt, car un mémoire du 7 décembre 1674 requiert un paiement 'Pour avoir esté chez M^r le Marquis trois voyages pour porter trois mines de charbon de terre' (R II, 112 v°).

Le bois et le fer auraient été employés pour construire des châssis et d'autres éléments de décor, par dessus lesquels étaient tendus de la toile et du papier. Ceux-ci étaient alors décorés par les peintres et les décorateurs. Il semblerait que certains de ces châssis étaient achevés dès le 23 novembre 1674, car ce jour là on paya 12 livres 'Pour six manœuvres qui ont travaillé deux jours a porter les Chassis pour Circé' (R II, 98). De même, en décembre 1674, Le Breton soumit un compte qui comprenait la mention: 'pour avoir sorty et rentré les chassis pour plusieurs fois', et en janvier 1675, il reçut 1 livre 'pour deux demi journees ... pour aider a remuer les chassis' (R II, 112 v°, 120 v°). Plus tard, le même mois, on paya 1 livre 10 sols pour 'avoir aidé a remuer deux chassis', et en février 1675, Le Breton reçut 1 livre 'pour avoir aidé a monter les chassis du globe sur le plafond' (R III, 125 v°, 128 v°).

Pour couvrir les châssis, la compagnie acheta de la nouvelle toile mais fit aussi laver du vieux tissu et l'employa à nouveau. Le 16 décembre 1674, on paya 2 livres 'pour avoir cousu des toilles', et 6 livres le 30 décembre 'P^r le blanchissage des toiles pour Circé' (R II, 108, 113). Un mémoire de janvier 1675, et malheureusement en grande partie illisible, donne des détails précis sur la préparation des châssis de *Circé* avant leur décoration par les peintres: le marchand en question fournit 'soixante et trois pieces de chassis qui ont esté [macérées] par les dicts peintres a raison de Cinq sols pour chacun' (R II, 122 v°). Il s'agit là, sans aucun doute, de la macération des toiles dans de la colle ou de l'apprêt afin de les endurcir. Plus tard le même mois, on paya 10 sols 'pour du fil pour coudre des toilles', suivies de 3 livres 'pour tendre les toiles' (R II, 124 v°, 125 v°). En février, 8 livres 8 sols 'ont esté donnez a une Blanchisseuse pour avoir lavé plusieurs morceaux de toilles' (R II, 131). Et de simples morceaux de toile n'étaient pas les seuls articles à être ré-employés. Le 18 décembre 1674, on paya à Mme Mécard 17 livres 'pour le blanchissage des frises et bandes de ciel' (R II, 109). Celles-ci étaient suspendues au-dessus de la scène pour cacher en partie les fils utilisés pour la manipulation des machines et pour donner l'effet soit d'un plafond soit du ciel. La surface arrière de certains des châssis semblerait avoir été recouverte de papier, car en avril 1675, 4 livres 10 sols furent payés 'à Desbarres pour coler du papier derriere les chassis', et 5 livres 14 sols 'à Crosnier le pere ... pour [la journée] du papier derriere les chasis [et] pour reblanchir les murailles de la maison du college que les peintres ont occupée pour la troupe' (R II, 147 v°).

Cette maison fut probablement louée pour ajouter de l'espace aux coulisses. D'autres paiements se rapportant à sa restauration comprennent 3 livres 3 sols 'Au Vitrier de Mr Mariage pour racommodage dans la maison que les peintres ont occupé' (R II, 147 v°). De même, on a estimé nécessaire de construire un hangar où les menuisiers pouvaient travailler. Un mémoire de mars 1675 montre le paiement de 50 livres 'pour du bois achepté pour faire le hangard ou travaillent les menuisiers' (R II, 139 v°), et plus tard le même mois, la somme totale dépensée pour le bois du hangar était évaluée à 150 livres (R II, 145 v°). La compagnie du Guénégaud loua aussi un chantier à un fournisseur de fer appelé Mareschal, et à qui elle paya 11 livres le 11 juin 1675 'pour le terme escheu a pasques' (R III, 21).

Les peintres employés par la compagnie du Guénégaud pour créer les décors de *Circé* étaient Dalaiseau et Saint-Martin, qui devaient plus tard créer aussi les décors de *L'Inconnu* et du *Triomphe des dames*. Cela nous est connu grâce à l'inscription dans les Registres du paiement de 250 livres 'aux Srs Dalaiseau et St Martin peintres pour les augmentations de peinture et Decorations' (R II, 141 v°). La somme initiale convenue entre la compagnie et les deux peintres était de 1.800 livres, mais malheureusement nous n'avons aucun détail quant à la façon dont ce montant fut calculé (R II, 145 v°). On peut comparer cela aux 700 livres payées aux mêmes peintres pour les décors de *L'Inconnu* et les 1.200 livres pour *Le Triomphe des dames* (R III, 95 v°; IV, 45 v°). Selon Thomas Corneille dans son introduction au Dessein de *Circé*, on a employé trois peintres: Dalaiseau, Saint-Martin et La Hire (pp. iii–iv). Cependant, La Hire n'est pas du tout mentionné dans les Registres du Guénégaud.

Quant à l'opération des machines, il y a très peu de détails. Le 30 novembre 1674, furent achetées 'huit grandes poulies de cuivre jaune'; le 4 décembre, 'Un modelle d'une poulie pour la machine de Circé'; et plus tard en décembre, une porte fut construite 'au contrepoids qui est au dessus de la loge de Mr du Croisy (R II, 101 v°, 103, 111 v°). Du plomb supplémentaire pour les contrepoids fut acheté par Sourdéac au nom de la troupe, puisqu'en mars 1675 on lui paya 133 livres 2 sols 'pour du plomb et autres choses'. Ce dernier semble aussi avoir conçu l'éclairage de ses machines, puisqu'il envoya un messager au marchand de plaques en février 1675, et quatre-vingt-dix plaques (bobèches) à $7\frac{1}{2}$ sols la pièce furent achetés une semaine plus tard (R II, 142 v°, 130 v°, 133 v°). D'autres plaques en fer blanc d'une valeur de 22 livres furent incluses dans le montant final des frais extraordinaires de *Circé* (R II, 142 v°). Des fils et des cables pour l'opération des machines d'une valeur de 189 livres furent achetés chez M. Charpentier, 'marchand de fils de fer', et 470 livres furent payées 'au Cordier qui a fourny les Cables et Cordages necessaires pour les machines' (R II, 141 v°, 143 v°).

De temps en temps, il est clairement spécifié pour quel élément de décor un article précis fut acheté ou un travail exécuté. Nous avons déjà examiné les références aux travaux exécutés pour le globe. En janvier 1675, 10 sols furent dépensés pour du 'fil pour les Nuages' (R II, 125 v°); au début de février 1675, une quantité de 'toile de cotton' fut achetée 'pour faire un optique du pallais' (R II, 129 v°); et quelques jours plus tard, 'un aun de petit carton' fut acheté 'pour faire les feuillages' (R II, 132 v°).

Une fois les décors peints, un certain nombre d'entre eux, en particulier le palais du Soleil qui apparaît à la scène 6 de l'acte IV, furent aussi dorés. Ainsi, en février 1675, 'sept cou[ches] d'or' furent achetées 'pour dorer les frontons du pallais du soleil' (R II, 134 v°); ailleurs figurent des références à l'achat d'or, de mussif et d'oripeau.

Cependant, la plupart des références à des articles spécifiques requis pour *Circé* sont en rapport avec la construction des animaux. Les animaux sont une partie intrinsèque du mythe de Circé, célèbre pour avoir changé les compagnons d'Ulysse en pourceaux. Chez Thomas Corneille, Circé menace Glaucus avec le spectacle des rois qu'elle a changés en 'Lyons, Ours, Tygres, Dragons & Serpens' pour lui avoir déplu. Mais Glaucus est assez puissant pour faire en sorte que 'Tous les Animaux' soient 'engloutis dans la Terre' (II, 8). Ces animaux étaient fabriqués avec des carcasses d'osier, œuvre du vannier, Maître Charles. Ce dernier reçut son premier paiement de 9 livres le 1er janvier 1675, et continua à être payé jusqu'en mars, ce qui paraît dans les Registres comme suit: 'payé à Me Charles Vannier qui a fait les animaux dozier dix neuf livres dix sols restant a payer de Cinquante six livres dix sols' (R II, 114, 142 v°). Les carcasses d'osier étaient recouvertes de papier brouillard; 'une rame' fut achetée à cet effet pour 5 livres en janvier 1675 (R II, 120 v°). Et ce papier était alors peint d'une façon appropriée(111). Ensuite les animaux étaient cousus sur de grands draps de toile, puisque le 27 janvier 1675, 6 livres 10 sols furent payés à Mme Dufors, femme du concierge du Guénégaud, 'Pour deux draps pour les animaux', et en février, un autre drap fut acheté pour 3 livres 10 sols, et 12 sols 6 deniers furent payés 'pour du fil blanq et fil grave pour coudre les animaux au toille' (R II, 125, 132 v°). Cela aurait permis aux animaux d'apparaître presque simultanément dès qu'on tirait la toile sur la scène, et de disparaître de la même façon quand la toile était tirée par une trappe dans le plancher de la scène.

Les seuls animaux mentionnés explicitement dans les Registres du Guénégaud sont des serpents et des sangliers. Dans le texte de *Circé*, ces derniers ne figurent pas sur la liste des animaux qui apparaissent à Glaucus, mais ils étaient probablement inclus à cause de leur rapport avec le rôle d'Ulysse dans le mythe de Circé. En février 1675, des outils spéciaux furent achetés pour 1 livre 10 sols 'pour travailler aux serpents', 18 sols furent dépensés pour du carton broché pour recouvrir le corps des serpents, et 15 sols 'pour une feuille de fer blanc et avoir taille les langues et les dents des serpents' (R II, 129 v°, 131 v°, 133 v°). Quant aux sangliers, 6 livres furent payées pour 'six piesses de sanglier' au début de février 1675, et 'six douzaines d'aiguillons pour les sangliers' furent achetés pour 3 livres, ainsi que 'du fil pour coudre les sangliers' de la valeur de 3 sols. Une semaine plus tard, 3 livres 6 sols furent dépensés pour trois autres 'piesses de sanglier', et 'deux douzaine d'[aiguillons]' furent achetées pour 1 livre 4 sols (R II, 130 v°, 134 v°).

Costumes

Comme c'était la coutume, les membres de la compagnie du Guénégaud auraient fourni leurs propres costumes pour *Circé*. Cependant, ceux des assistants étaient loués ou achetés par la troupe à Jean Baraillon, Tailleur Ordinaire des Ballets du Roi, et auparavant costumier de la troupe de Molière, qui recevait, initialement, 25 livres par représentation, paiement qui fut converti en une part dans la recette de

---

(111) Cette construction rappelle celle qui fut utilisée pour les animaux dans la reprise de l'opéra de Lully, *Thésée*, à Saint-Germain en-Laye en 1678, quand on faisait évoluer les animaux grâce à des enfants placés à l'intérieur de ces derniers (Jérome La Gorce, 'L'Opéra sous le règne de Louis XIV: le merveilleux ou les puissance surnaturelles 1671–1715', thèse de doctorat non publiée, Université de Paris I, 1978, p. 296).

la production (R II, 139 v°; III 1 v°). La troupe fournissait aussi aux assistants d'autres articles. Le paiement pour ces derniers comprenait: 15 livres, 'au Sr du Troulleau gantier pour les gans qu'il a fourny aux assistans'(112); 110 livres pour 'les bas de soye Escarpins rubans pour dix danseurs'; 11 livres, 'a Mr Poussin musicien pour sa Chaussure et petite oye'(113); 24 livres, 'pour la Chaussure des Saulteurs Statues et une paire de bas de soye pour 1ed. Mr Poussin'; 18 livres, 'pour les Escarpins des Satires et Statues a un Escu chacun'; 75 livres, 'a M^{le} Bastonnet pour sa Coiffure Chaussure petite oye et voitures des repetitions'; et 46 livres 5 sols, 'pour les Escarpins et bas des Saulteurs' (R II, 141 v° — 144 v°). Quand, à la suite d'un accident, Toubel dut être remplacé par 'le petit prevost', des chaussures et des bas coûtant 3 livres lui furent également fournis, et des 'escarpins' coûtant 1 livre 10 sols furent aussi achetés au 'petit barbier' (R II, 146–147 v°). Même pour les menuisiers et charpentiers employés pour les changements de décor, on achetait des chaussons afin qu'ils puissent se déplacer en silence dans les coulisses. Ceux de Ferrier et de Flandre coûtant 2 livres furent payés en avril 1675, et 5 livres furent dépensées pour 'les chaussons des charpentiers' en juin de la même année (R II, 147 v°; III, 21).

Les statues pour lesquelles on fournit des chaussures paraissent dans la scène 7 de l'acte II. Celles-ci sont censées être de bronze, et soutiennent un berceau jusqu'à ce qu'elles aussi menacent Glaucus. Dix livres 10 sols furent payés pour 'de la toile de cotton pour faire des Manteaux aux Statues' (R II, 142, v°). Ces manteaux auraient été traités avec de l'amidon, puis peints de manière à ressembler à du bronze, tout en permettant un certain degré de liberté de mouvement aux personnes qui les portaient.

Une fois, les Registres de la compagnie du Guénégaud comportent un paiement effectué pour un article de costume pour *Circé* qui nous donne une indication quant à l'identité du porteur de cet article. Le 26 février, 16 livres 10 sols furent payés à M. Du Croisy 'pour la perruque de lamour' (R II, 138). L'Amour apparaît dans le Prologue de *Circé*, où le fait que c'est un enfant est explicitement mentionné (sc. 2). Donc, il est probable que ce rôle était joué par le fils de Du Croisy, 'le petit du croisy', pour lequel une chaise fut fournie afin de l'amener à la répétition le 24 février 1675 (R II, 137). C'était probablement François, né en 1662, et donc âgé de treize ans au moment de la production de *Circé*(114).

D'autres articles de décoration des costumes, tels que masques, jarretières, nœuds de ruban, et 'Ustencilles' furent fournis par Mme Vaignard, pour lesquels elle

---

(112) Les 'assistants', qui n'étaient pas des membres sociétaires d'une compagnie théâtrale, étaient engagés pour tenir de petits rôles selon les besoins de chaque pièce.

(113) 'Petite oye' c'est le terme employé pour les rubans et autres articles utilisés pour décorer un costume.

(114) Mongrédien and Robert, *Dictionnaire biographique*, p. 81.

reçut 80 livres (R II, 144 v°). Angélique Bourdon, la veuve Vaignard, avait été associée à la troupe de Molière, lui fournissant de tels articles pour des représentations à la Cour à partir de 1668(115).

Répétitions

La première référence dans les Registres de la compagnie du Guénégaud à une répétition pour la représentation de *Circé* figure à la date du 3 février 1675, quatre mois environ après que les préparations avaient commencé. A cette date, il y est inscrit que 5 livres 10 sols avaient été dépensés pour 'feu et bougie' pour la représentation du jour et 'feu de la repetition' (R II, 128). Des paiements de ce genre pour 'feu' et pour 'le pain et le vin de la repetition' figurent sur presque chaque page du Registre à partir de cette date jusqu'à la première représentation de *Circé*. En général, ce ne sont pas des sommes importantes (moins de 15 sols), mais une fois, probablement quand son compte fut réglé, le cabaretier reçut 134 livres 6 sols 'pour des repetitions', et une autre fois, 36 livres (R II, 136, 141 v°). Cette fois-ci le cabaretier était M. Massé. Deux autres cabaretiers fournissaient aussi des rafraîchissements à la compagnie du Guénégaud pendant la préparation de *Circé*: M. Ourlies et M. Docquin.

De temps en temps, il est clairement indiqué pour quelle section de la compagnie la répétition avait eu lieu. Par exemple, vendredi 8 février 1675, il est écrit que la répétition du mercredi précédent avait été 'de la musique', et c'est certainement pour cette répétition que 10 sols furent payés 'pour avoir esté querir le clavessin proche S^t roch' (R II, 130 r°, v°). Le 24 février 1675, le Registre montre que 13 livres 11 sols avaient été dépensés 'Pr Pain et vin pour les repetitions de Circé pour la Musique, violons, Marcheur et Sauteurs' (R II, 137). Et c'est pour cette répétition qu'une chaise fut fournie pour 'le petit du croisy'. Le transport était aussi fourni à d'autres membres de la compagnie, les chanteurs en particulier, pour leur permettre d'assister aux répétitions, et en mars 1675, 39 livres furent payées 'au nommé La brie Cocher pour les Carosses qu'il a fourny pour les repetitions et pour un voyage à St Germain en laye' (R II, 141 v°). Du bois pour le chauffage du théâtre pendant les répétitions fut fourni par Mme Crosnier, la femme du décorateur. En mars 1675, elle reçut 22 livres pour 'le bois pour le Chauffage des repetitions et les deux premieres representations' (R II, 142 v°). D'autres personnes sont nommées en rapport avec les répétitions de *Circé*: Barbier, qui parfois, travaillait comme souffleur, qui reçut 6 livres 'pour six Journées de Repetitions ... Plus à son homme 2 livres', et Subtil, qui reçut 9 livres 'pour avoir gardé la porte pendant les repetitions', les deux en avril 1675 (R II, 147 v°).

---

(115) Madeleine Jurgens et Elizabeth Maxfield-Miller, *Cent ans de recherches sur Molière, sur sa famille et sur les comédiens de sa troupe*, Paris, 1963, p. 428.

Dans les dernières phases de la préparation de *Circé*, pour pouvoir répéter sur scène, la compagnie du Guénégaud fut obligée de fermer et ne se produisit pas pendant deux semaines, du 1ᵉʳ au 15 mars 1675. Les recettes perdues à la suite de cette fermeture auraient été un autre facteur contribuant aux dépenses exorbitantes de la production de pièces à machines.

Frais Extraordinaires

Selon la Grange, les frais extraordinaires de la production de *Circé* se sont élevés à un total de 10.842 livres, en comparaison aux 2.500 livres de *L'Inconnu* et aux 4.077 livres du *Triomphe des dames* (I, 171, 177, 185). Cependant, cette somme comprend l'argent dépensé pendant la saison 1674–5 pour la construction du globe et les salaires des ouvriers; sommes qui furent donc payées avant la création de la pièce. D'où la disparité apparente dans les comptes entre les dépenses et les recettes. Les dettes encore impayées au moment de la création de la pièce furent réglées en retirant de l'argent de quelques premières représentations. Quelquefois même, toute la recette de la journée était mise de côté afin de régler les dettes, comme, par exemple, les 1.555 livres 10 sols de la première représentation et les 2.663 livres de la seconde (R II, 140 v°). D'autres sommes moins importantes s'élevant à 961 livres 12 sols furent retirées des recettes entre le 22 et le 29 mars 1675, et aussi 345 livres 5 sols entre le 2 et le 5 avril 1675 (R II, 144 v°, 147 v°). Malgré cela, la compagnie dut utiliser les 600 livres qu'elle reçut de la représentation du *Malade imaginaire* à Versailles en juillet 1674 pour payer les dettes qui relevaient de *Circé* (R II, 146 v°). Etant donné l'attitude initiale de Dauvilliers envers la production de *Circé*, il semble ironique que, quand ces sommes furent mises de côté, elles furent confiées aux bons soins de ce dernier.

REPRESENTATION

La première représentation de *Circé* eut lieu au Théâtre Guénégaud le dimanche le 17 mars 1675, cinq mois après que la production avait été projetée.

Frais Ordinaires

Les frais ordinaires ou dépenses quotidiennes de *Circé* étaient comme suit:

Memoire des frais journaliers de Circe ordinaires(116)

La Garde(117) . . . . |13#

---

(116) Ceux-ci peuvent être comparés avec un relevé des frais ordinaires usuels s'élevant à 67 livres inscrit sur les Registres en février 1675 (R II, 138 v°).

(117) En février il y avait un exempt et trois gardes qui recevaient en tout 10 livres (R II,

Mad^{le} Hubert(118)	3$^{\#}$	
Mad^{e} Provost(119)	3$^{\#}$	
Subtil(120)	2$^{\#}$	5^{s}
Nourrice(121)	1$^{\#}$	10^{s}
Controlleurs(122)	3$^{\#}$	
Ouvreurs de loges à 20^{s}(123)	6$^{\#}$	
port de lampes et tapisserie(124)	2$^{\#}$	
Decorateurs(125)	3$^{\#}$	
Concierge(126)	1$^{\#}$	10^{s}
affiche et afficheurs	9$^{\#}$	16^{s}
Lampes(127)	2$^{\#}$	
Charité et Balayage	1$^{\#}$	10^{s}
	51$^{\#}$	10^{s}

Symphonie

Converset	3$^{\#}$	15^{s}
Marchand	3$^{\#}$	15^{s}
Du Vivier	3$^{\#}$	15^{s}
Du Mont	3$^{\#}$	15^{s}
Du fresne	3$^{\#}$	
Courcelles	3$^{\#}$	
Clavecin	3$^{\#}$	
	24$^{\#}$	

Cent livres de chandelle(128) . . . . 35$^{\#}$

Marcheurs

La Montagne	4$^{\#}$	10^{s}
Du fort	3$^{\#}$	
Des Oz	3$^{\#}$	

---

138 v°).

(118) Responsable de 'la charge des billets' (R II, 138 v°).

(119) Responsable de 'la recette au bureau' (R II, 138 v°).

(120) Le portier du Guénégaud.

(121) Remplaçant Duchemin qui était à la porte du parterre (R II, 138 v°)?

(122) Les deux contrôleurs accordés à Sourdéac et Champeron (R II, 138 v°).

(123) En février il y avait 'quatre ouvreurs de loges et celui qui ouvre le theatre' (R II, 138 v°).

(124) Voir le paiement en février de 2 livres 'P^{r} le s^{r} Barbier qui ouvre l'Amphitheatre et fournit le Theatre de tapisserie et de chaises' (R II, 138 v°).

(125) Crosnier et Du Breuil.

(126) Dufors.

(127) Deux fois plus qu'en février (R II, 138 v°).

(128) On peut comparer celles-ci aux 32 livres de chandelle par représentation normalement requises (R II, 138 v°).

Le febvre I.	3$^#$	
Le febvre F.(129)	3$^#$	
Nivelon	3$^#$	
fonton	3$^#$	
Coupet	3$^#$	
Ragot	3$^#$	
St Aman	3$^#$	
	31$^#$	10^s

Dix petits voleurs à 10^s

Le frere de Provost		10^s
Le fils de Breton		10^s
Daniel		10^s
Le fils de Me Provost		10^s
Antoine Ullon		10^s
Bedouin		10^s
Antoine berbault		10^s
La Valée Bleu		10^s
Richard Ourlies		10^s
Jacob Ourlies		10^s
	5$^#$	(130)

Amour et Chaize	4$^#$	10^s
Voix et chaize	12$^#$	10^s

Six grands Voleurs

Du Breuil(131)	1$^#$	10^s
Provost(132)	1$^#$	10^s
Toubel l'aisné(133)	1$^#$	
François Tibaut Violon	1$^#$	
Jacques Testu barbier	1$^#$	
françois Toubel	1$^#$	
	7$^#$	

---

(129) Ces initiales sont utilisées pour distinguer le Lefèvre employé par la compagnie du Guénégaud du Lefèvre qui jouait comme assistant avec la troupe italienne qui partageait le Théâtre du Guéngaud avec les Français.

(130) Une note en marge ajoutée à une date ultérieure montre une 'augmentation' dans le salaire des 'petits voleurs' de '5 sols sur chacun'.

(131) Le décorateur ou un parent?

(132) Le mari de Mme Provost.

(133) Ce nom remplace celui de Lefèvre qui a été barré.

Quatre moyen voleurs à 15^s

Claude Barbier	15^s
La Valée b.(134)	15^s
Gillot Cheron	15^s
Denis Mené	15^s
	3$^\#$

Dix Charpentiers p^r le hault à 40^s

Anthoine Mené	2$^\#$
françois Mené	2$^\#$
Toussaint bourgeois	2$^\#$
Denis bourgeois	2$^\#$
Claude Gaultier dit Champagne	2$^\#$
Edme Gaultier son frere	2$^\#$
Claude boquet	2$^\#$
Jean le febvre	2$^\#$
Claude Briart	2$^\#$
Du Mesnil menuisier	2$^\#$
	20$^\#$

A Mr Baraillon p^r les habits 25$^\#$ et 2$^\#$ p^r		
les garçons	27$^\#$	
Poudreur	1$^\#$	10^s

Dix menuisiers à 40^s

De flandre	2$^\#$
ferriere	2$^\#$
Dauphiné	2$^\#$
Provost	2$^\#$
La Croix	2$^\#$
Languedoc Grand	2$^\#$
Languedoc Petit	2$^\#$
St Aubin	2$^\#$
Montlimar	2$^\#$
Parisien	2$^\#$
	20$^\#$
Extraordinaire	2$^\#$

---

(134) Le même La Valée Bleu qui figura dans *Circé* comme un 'petit voleur' ou un parent?

22 Manœuvres à 20ˢ

templier	Pierre le Roy p.
Crosnier le père	pierre le Roy f.
Desbarres	françois de la coste
françois Lariau	Sᵗ Denis
Le Breton	Cerceau
Michel la Cour masson	La Roque
Michel Chauvet	françois batiste
Breton Crochu	Six Suisses

Jacques Jardinier . . . . | 22#

Quatre Crocheteurs à 30ˢ (135)

Michel Mené	1#	10ˢ
Mathurin forgeron	1#	10ˢ
Anthoine Cavois	1#	10ˢ
Robert Vasse	1#	10ˢ
	6#	
Mʳ Barbier et son homme	2#	10ˢ
Sauteurs	40#	
A la femme de Des barres et Gros Jean	1#	10ˢ
Louage des contrepoids(136)		10ˢ°

(R II, 139 v°)

Ainsi, pour chaque représentation de *Circé* à sa création, les frais ordinaires s'élevaient à 317 livres. On peut comparer ces frais avec ceux d'une comédie de Molière qui, cette même saison, s'élevaient en général à 67 livres. De plus, au cours des représentations, un certain nombre d'augmentations fut apporté aux dépenses quotidiennnes, les portant à 321 livres 16 sols(137).

Parts d'Auteur

La compagnie du Guénégaud consistait en un groupe de sociétaires possédant des

---

(135) Ici le Registre comprend la note en marge: 'Augmentation à M. Charpentier 5 livres 10 sols'.

(136) Pour compléter ceux qui étaient déjà présents dans le théâtre.

(137) Pour les premières représentations de la saison 1675-6, les frais ordinaires de *Circé* étaient, en fait, plus élevés que cela, se montant une fois à 331 livres 10 sols. Ces frais se stabilisèrent aux environs de ce niveau le 17 mai 1675 (R III, 1, 11).

parts de valeurs différentes, allant d'une part entière au quart de part d'Angélique Du Croisy. Après chaque représentation, une fois l'argent pour les dettes et les dépenses mis de côté, la recette de la journée était partagée entre les membres de la compagnie selon la valeur de leurs parts. Les auteurs recevaient, généralement, deux parts dans la recette de leurs pièces. Toutefois, ils étaient aussi astreints à une part dans les dépenses de la production de leur œuvre, comme le montre clairement cet extrait des Registres du Guénégaud se rapportant à *Circé*:

> La despance ... se monte a la somme de six mil deux cent soixante et une livre que la trouppe a avancées comme dit est pour la piece de Circé et dont Monsieur de Corneille comme autheur devoit ses deux parts C'est la Raison pour laquelle on trouve en escript Le Vendredi 22me Mars. Le Dimanche 24me Mars et le Mardy 26me Mars. Partagé sur dix sept parts C'est a dire qu'il n'y a que les acteurs et associes qui ont partagé ces trois Jours et que Mr de Corneille n'a point partagé....
> Les acteurs et associés ont partagé sans Monsr de Corneille 6672$^\#$ 10^s
> Despance 6261$^\#$
> Recepte 6672$^\#$ 10^s
> Reste deub 411$^\#$
> Par le present Conte les Acteurs doivent à Mr de Corneille ses deux parts de quatre cent onze livres mais il est à remarquer que le serrurier qui a travaillé et fourny pour la Machine de Circé n'est pas payé que son memoire se monte a cinq cent livres et que la Trouppe le doit payer sur les six cent livres que le Roy a donné pour une representation du Malade imaginaire lesquelles six cent livres sont entre les mains de Monsr Dauvilliers partant la trouppe est quitte du present Conte avec Mr de Corneille et pareillement Mr de Corneille est quitte envers la Troupe a peu de choses pres.
> (R II, 146 v°)

Mais, peu de temps après, on décida de calculer la part de Thomas Corneille des recettes de *Circé* d'une façon plus avantageuse: 'aujourdhuy vendredy la troupe sest assemblee et a trouve a propos de donner à l'autheur de Circé ses parts sur le pied de quatorze et ce sans Consequence des autres pieces de machines que les autheurs feront pour ladite troupe' (R III, 21 v°, 14 June 1675). Lancaster décrit comment ce nouveau système fonctionnait en pratique, vu qu'en ce temps-là la troupe se composait de dix-sept parts: 'As Thomas Corneille was entitled to two of them, he then received $\frac{1}{7}$ of the profits, instead of his previous $\frac{2}{19}$, while each full-share actor received $\frac{1}{17}$ of the remaining $\frac{6}{7}$'(138). Lancaster estime que les deux

---

(138) 'Comme Thomas Corneille avait droit à deux parts, il recevait un septième des profits au lieu des deux dix-neuvièmes précédents, alors que chaque acteur, détenteur d'une part entière, recevait un dix-septième des six septièmes restants'.

parts de Thomas auraient été de la valeur de 3.074 livres 6 sols(139). Mais, selon toute probabilité, cet argent aurait été partagé avec son co-auteur, De Visé.

Quand la part de Thomas pour *Circé* fut révalorisée, elle le fut retrospec-tivement, comme l'indique clairement cette lettre de l'auteur à la compagnie du Guénégaud:

> Vous voulez bien, Messieurs, que dans un temps où vous tenez votre parole avec la plus honnête exactitude, je vous fasse souvenir qu'en exécution de celle qui m'a été donnée avant et depuis qu'on a commencé de jouer *Circé*, il reste à faire le calcul de ce qui peut m'être dû pour les représentations où mes parts n'ont été prises que sur dix-neuf. Je trouve, par ce que j'ai reçu, que cela se monte environ à 700 francs, et vos livres vous le feront voir au juste. Je ne vous en parlerais pas encore si je ne con-sidérais qu'il y a parmi vous une part et demie prête d'être éteinte, qui doit contribuer au paiement de cette somme. Je ne vous la demande point tout à la fois. Vous pouvez la tirer peu à peu sur les recettes que vous allez faire, afin que vous vous en aperceviez moins. Si vous savez quelque autre voie de l'acquitter qui vous plaise davantage, j'aurai au-tant d'honnêté à faciliter les choses que vous me verrez toujours d'ardeur à embrasser votre parti, et à faire connaître que je suis véritablement,
>
> Votre très humble serviteur
Corneille(140).

Comme nous l'avons vu, la réaction de la compagnie fut de payer à Thomas la somme requise, 'ayant dessein de satisfaire Mr de Corneille et de le conserver comme un Autheur de merite'. (R IV, 10 v°)

Assistants et Personnel des Coulisses

Outre les dix-neuf acteurs, membres de la compagnie (correspondant aux dix-neuf rôles parlés moins L'Amour), plus de 120 personnes étaient engagées dans chaque représentation de *Circé*, sur scène, dans les coulisses et à l'entrée. Il est intéressant de noter le nombre de groupes familiaux associés au Guénégaud. *Circé* nécessitait la participation de quatre ou peut-être cinq membres de la famille Provost, Breton et son fils, Richard et Jacob Ourlies, apparentés sans aucun doute au cabaretier du même nom, deux Toubel, quatre Mené, deux Bourgeois, deux Gaultier, deux

---

(139) *History*, IV, 37, 39.
(140) Richmond L. Hawkins, *Newly Discovered French Letters*, Cambridge, Mass., 1933, pp. 11–12.

Languedoc, deux Crosnier, Des Barres et sa femme, et le père et le fils qui portaient tous deux le nom de Pierre Le Roy.

De toutes les dépenses énumérées plus haut, ce qui est le plus frappant c'est le nombre considérable d'assistants qui furent engagés de même que le personnel des coulisses supplémentaire requis pour opérer les machines et effectuer les changements de décor. Notons que parmi ces derniers certains étaient explicitement employés sur la scène du haut. Outre l'opération des machines et des changements de décor, les ouvriers des coulisses étaient aussi engagés dans la manipulation de l'équipement utilisé pour permettre aux personnages de voler. De simples vols ne nécessitant point de machines apparaissent dans presque chaque acte de *Circé*, et étaient exécutés par les 'voleurs' employés dans la production.

Il n'est point surprenant que l'opération des machines et l'exécution de vols soient des métiers très dangereux, et des membres de la compagnie furent blessés à plusieurs reprises. La première référence à un accident de ce genre figure dans les Registres le 24 mars 1675, une semaine seulement après la première représentation de la pièce, lorsque 3 livres furent dépensées 'pour des chaises pour les blessés' (R II, 142). Au dos de la même page, on a noté que 12 livres avaient été payées 'au nommé templier Ouvrier qui a esté blessé au service de la Compagnie', et le 11 juin 1675, 12 livres, 'au Chirugien pour avoir pensé templier' (R III, 21). Templier était un des 'manœuvres à 20 sols' employés par la compagnie. Cinq jours plus tard, le 29 mars 1675, un autre incident semble avoir eu lieu, car les Registres montrent 4 livres 10 sols donnés à 'toubel qui est tombé a silla' (R II, 144). En fait, il y avait deux Toubel dans la compagnie de *Circé*, tous les deux 'grands voleurs' recevant 1 livre par représentation. Cela se rapporte, sans aucun doute, à un accident pendant la bataille aérienne qui se passe à la scène 5 de l'acte IV(141). Toubel fut, apparemment, malade pendant des mois, car le 19 mai 1675, 5 livres 14 sols furent accordés 'a toubel mallade' (R III, 12). Au dos de la page datée du 29 mars 1675, il est noté que 11 livres avait été accordées 'au petit amour blessé' (R II, 144 v°). Nous ne disposons d'aucune information pour savoir si cette blessure a eu lieu à la suite de l'accident mentionné ci-dessus ou en une autre occasion. C'est peut-être à la suite de ces accidents que les 'petits amours' reçurent chacun une augmentation de salaire de 5 sols le 29 mars 1675. Pourtant, un autre accident eut lieu tout juste une semaine plus tard, le 5 avril 1675, quand 11 livres furent accordées à Provost 'pr sa Chutte et pr se faire panser' (R II, 147 v°). Provost était un autre des 'grands voleurs', touchant 1 livre 10 sols par représentation. Le même jour, 12 livres furent accordées 'au petit amour blessé' (R II, 147 v°), bien qu'il ne soit pas spécifié s'il s'agit là de l'amour blessé auparavant ou d'un autre. Et 11 livres de plus furent accordées 'pour le petit amour blessé' le 5 mai 1675 (R III, 10).

---

(141) Lancaster se trompe quand il écrit que cet accident eut lieu pendant la métamorphose de Sylla (*History*, IV, 35). Cette scène ne figure pas dans la pièce de Thomas Corneille.

En plus des ouvriers des coulisses et des voleurs, la compagnie du Guénégaud engagea pour *Circé* un nombre non spécifié de sauteurs qui, en tant que groupe, recevaient 40 livres, et dix danseurs ou 'marcheurs' qui recevaient chacun 3 livres par représentation, à l'exception de La Montagne, qui, lui, recevait 4 livres 10 sols, probablement parce qu'il était aussi responsable de la chorégraphie(142).

Bien que l'identité des sauteurs employés par la compagnie du Guénégaud pour *Circé* ne soit pas connue, le nom d'un individu célèbre dans ce contexte figure dans les Registres du Guénégaud à propos des reprises du *Comédien poète* et du *Malade imaginaire* en 1674–5 (R II, 78–80, 104–5). Une troupe de sauteurs dirigée par le Parisien, Alard et par un Allemand, Maurice Vondrebeck, produisit deux œuvres, *Les Forces de l'amour et de la magie* et *Circé en postures* à la Foire Saint-Germain en 1678, et joua aussi devant le Roi(143). Il est donc particulièrement intéressant de trouver le nom d'Alard dans les Registres à propos de deux productions aussi spectaculaires, et il semblerait probable qu'il fut aussi engagé dans la production de *Circé* cette même saison, avant de constituer sa propre troupe. Cet emploi de sauteurs dans une pièce à machines, établissant ainsi un lien entre les 'figures' des 'marcheurs' et les prouesses aériennes des voleurs, semblerait être une innovation introduite par Thomas Corneille et De Visé, peut-être inspirés par l'emploi de sauteurs dans *Le Comédien poète*, et pourrait être considéré comme une volonté chez ces derniers d'introduire dans leur œuvre autant de spectacle de toutes sortes qu'il était possible de le faire.

Musique et Chants

La partition pour *Circé* est l'œuvre de Marc-Antoine Chapentier, qui avait, auparavant, collaboré avec Molière à la suite de la défection de Lully, remplaçant la musique de ce dernier pour *Le Mariage forcé* et *La Comtesse d'Escarbagnas*, et produisant la partition du *Malade imaginaire*(144). La plus grande partie de cette partition se trouve dans le cahier XVIII–XIX, vol. XVII des manuscrits de Charpentier. Quelques-une des pièces instrumentales et vocales se trouvent aussi dans les *Airs de la comédie de Circé* publiés en 1676(145). La partition de Charpentier est d'autant plus intéressante qu'elle nous donne plusieurs indications quant à l'identité des chanteurs et à la participation des marcheurs et des sauteurs. Ces indications sont incluses dans les Notes sur le texte ci-dessous.

---

(142) La Montagne était responsable de la chorégraphie de *L'Inconnu* de Thomas Corneille, et probablement aussi de celle du *Malade imaginaire*.

(143) Maurice Albert, *Les Théâtres de la foire (1660–1789)*, Paris, 1900; réimpression Genève, 1969, pp. 5–7.

(144) H. Wiley Hitchcock, 'Marc-Antoine Charpentier and the Comédie-Française', *Journal of the American Musicological Society*, 24, 1971, pp. 255–81 (p. 256).

(145) Voir ci-dessous, 'La Partition' dans la Bibliographie.

Par sa partition, Charpentier reçut 220 livres plus 5 livres 10 sols par représentation, inclus dans les frais ordinaires de la production (R II, 139 v°, 144 v°). Cependant, il semblerait qu'au 5 avril 1675, Charpentier n'ait reçu aucune de ces dernières
sommes, car on a inscrit dans le Registre que 'Mr Charpentier Compositeur de la
Musique a demandé dix louis d'or de la trouppe sur ses Journées'. La troupe ajouta:
'Il est a remarquer qu'on a joué neuf fois et que la trouppe n'a retiré que cinq louis
d'or font 27^# 10^s pour faire dix louis d'or Mr Dauvilliers a fourni sur son Conte le
surplus qui est la somme de 82^# 10^s' (R II, 147 v°).

Certaines des compositions de Charpentier pour *Circé* comprennent jusqu'à
cinq parties. Cela est très intéressant, surtout si nous nous rappelons qu'aux termes de l'ordonnance du 30 avril 1673 publiée en faveur de Lully, toutes les compagnies de théâtre étaient limitées, pour leurs représentations, à deux chanteurs et six
instrumentalistes. Une autre clause de cette ordonnance ajoutait:

> Fait S. M. très-expresses défenses à toutes les troupes de Comédiens français
> et étrangers établis ou qui s'établiront ci-après dans sa bonne ville de Paris,
> de se servir d'aucuns musiciens externes et de plus grand nombre de vio-
> lons pour les entr'actes, même d'avoir aucun orquestre, ni pareillement de
> se servir d'aucuns danseurs; le tout à peine de désobéissance(146).

Néanmoins, trois chanteurs ou 'musiciens externes' furent employés pour la production de *Circé*, un claveciniste fut engagé pour compléter l'orchestre, de même que
les dix 'marcheurs' qui prirent part à la production.

Les deux chanteurs employés par la compagnie du Guénégaud pour la production de *Circé* le plus souvent mentionnés dans les Registres étaient Mlle Bastonnet
et M. Poussin. La première était auparavant apparue dans *Le Malade imaginaire*
au Guénégaud, et le second avait été aussi associé à la troupe de Molière, ayant
participé à la production de *Psyché*, et ayant témoigné lors de l'affaire de l'émeute
qui perturba une de ses représentions(147). Notons aussi un troisième chanteur
professionnel qui paraît dans *Circé*, M. Gaye, qui, en mars 1675, reçut 33 livres
'pour recompance' (R II, 144 v°). M. Gaye avait été aussi l'associé de la troupe de
Molière, ayant participé à des divertissements de cour tels le *Ballet des Muses, Les
Amants magnifiques, Le Bourgeois gentilhomme*, et *Psyché*.

Le Prologue de *Circé* se termine par un dialogue musical entre La Musique et
La Comédie auquel 'Ceux des Comédiens qui representent une partie des Arts & des
Plaisirs' prennent part aussi. Ainsi, les chanteurs professionnels étaient complétés,

(146) Nicolas Delamare, *Traité de la police*, 4 vols, Paris, 1705–38, I, 474.
(147) Jurgens and Maxfield-Miller, *Cent ans*, pp. 536–7.

toutes les fois que cela était nécessaire, par des membres de la compagnie, permettant ainsi l'introduction de chœurs. D'après la partition de Charpentier, les acteurs ainsi employés étaient: Guérin d'Estriché, La Grange, Hubert et Verneuil. En fait, cette coopération est mentionnée dans le texte du Prologue de *Circé*, car lorsque La Musique se plaint ainsi: 'J'aimerois assez à chanter, / Mais j'ay si peu de voix qu'on ne m'entend qu'à peine', 'Ceux des Comédiens qui representent une partie des Arts & des Plaisirs' répondent: 'Si tu nous veux soufrir, nous pourons t'en prester'.

RECEPTION ET REPERCUSSIONS

Comme on pouvait s'y attendre, la production de *Circé* était attendue avec impatience. Cet article publicitaire de lancement parut dans *La Gazette d'Amsterdam* du 14 février 1675:

> Les Comédiens du Faubourg S. Germain doivent representer sur la fin du Carneval une Piece à machines intitulée *Circé*; Elle est du fameux Corneille, & les machines sont du Marquis de Sourdiac qui donna *la Toison d'or* au mariage du Roy .... On attend céte Piece avec tant d'impatience que toutes les places sont déja louéës pour plusieurs representations, & beaucoup d'étrangers different leurs depart pour la voir(148).

Nous n'avons qu'un seul compte rendu contemporain détaillé d'une représentation de *Circé*. Pierre Bayle, qui avait assisté à une représentation la veille, écrivit à son frère aîné le 24 juin 1675:

> C'est une piéce à machines qui se représente depuis assez longtemps à l'Hôtel de la rüe Guénégaud par la troupe du feu Molière. Les machines sont de l'invention du Marquis de Sourdéac, qui est incomparable en cela .... S'il étoit permis à la troupe de Molière de représenter avec musique et danse, et les instruments selon leur fantaisie, *Circé* deferoit hautement tous les Operas qui se sont joués jusqu'icy(149).

C'est là une indication intéressante selon laquelle, même dans une production aussi sompteueuse, les limitations imposées pour favoriser Lully étaient considérées comme restrictives.

---

(148) Dans Gossip, 'Chronologie', p. 1049.
(149) Dans Pierre Mélèse, *Répertoire analytique des documents contemporains d'information et de critique concernant le théâtre à Paris sous Louis XIV (1659–1715)*, Paris, 1934, p. 161.

Et le 5 october 1675, *La Gazette de France* rapporte que:

> Hier, Monsieur & Madame, accompagnez de Mademoiselle & de grand
> nombre de Dames, vinrent icy, prendre le divertissement de la Tragedie
> de Circé, composee par le sieur de Corneille le jeune: & Leurs Altesses
> Royales furent merveilleusement satisfaites de ce beau Spectacle, dont les
> Décorations, les vols, & les Machines sont extraordinaires(150).

Pour cette visite au théâtre, La Grange note dans son Registre que 'Monsieur a
donné 330#' (I, 176).

Nous ne savons point comment les rôles de *Circé* furent distribués, à l'exception
des rôles chantés pour lesquels le nom de l'artiste est donné dans la partition de
Charpentier. Nous appuyant sur les preuves trouvées dans les Registres, nous avons
suggéré que le rôle de L'Amour était joué par 'le petit du croisy'. Etant donné que
dans le texte de *Circé*, de fréquentes références sont faites à la jeunesse de la nymphe
Astérie, nous suggérons aussi que ce rôle était joué par le plus jeune membre de
la compagnie du Guénégaud, Angélique Du Croisy. De plus, dans un pamphlet
anonyme, *La Fameuse Comédienne*, il y est décrit comment un admirateur de Mlle
Molière, 'l'admiroit alors avec justice dans le rolle de *Circé*, qu'elle jouoit et dont
elle s'acquittoit parfaitement; elle y avoit un certain habit de Magicienne et quantité
de cheveux epars, qui luy donnoient un grand agrement'(151).

Au moment de la production de *Circé*, *Le Mercure galant* avait temporairement
arrêté sa publication. Cependant, en janvier 1710, dans son article nécrologique de
Thomas Corneille, De Visé décrit le succès extraordinaire remporté par la pièce,
qu'il qualifie de 'superbe Piéce de Machines':

> Il est à remarquer que pendant les six premieres semaines, la Salle de la
> Comédie se trouva toute remplie dès midi; & que comme l'on n'y pouvoit
> trouver de place, on donnoit un demi-louis d'or à la porte seulement pour y
> avoir entrée, & que l'on étoit content quand pour la même somme que l'on
> donnoit aux premieres loges, on étoit placé au troisiéme rang (p. 286)(152).

---

(150) Ibid.
(151) *La Fameuse Comédienne ou l'histoire de la Guérin auparavant femme et veuve de
Molière*, Francfort, 1688, éd. Jules Bonnassies, Paris, 1870, p. 48.
(152) De Visé cite les Registres de la compagnie du Guénégaud comme preuve de cette
déclaration; en effet, la vente d'un nombre considérable de billets à 5 livres 10 sols
(entre 190 et 226) aux premières représentations de *Circé* est inscrite dans ces Registres à la rubrique 'Amphithéâtre', section du théâtre qui, semble-t-il, ne pouvait
guère accueillir plus de 120 spectateurs.

Lors des premiéres représentations de *Circé* en 1674–5, les recettes étaient certainement très élevées, allant de 2.415 livres le 5 avril 1675 à 2.775 livres le 31 mars, et ceci dans une saison où la recette de la journée s'élevait en moyenne à 605 livres 5 sols, et où la moyenne, sans compter les représentations de *Circé*, était de 470 livres 10 sols. De même, lors de la saison suivante, 1676–7, la recette d'une représentation de *Circé* s'élevait en moyenne à 723 livres 15 sols, alors que pour d'autres pièces la moyenne était de 657 livres.

Circé fut jouée neuf fois en 1674–5, et soixante-sept fois en tout en 1675–6, entre avril et octobre 1675, la dernière représentation datant du 15 octobre 1675. De Visé est donc coupable d'une affirmation en dessous de la réalité quand il écrit: 'Le succès de cette Piéce fut si prodigieux, qu'elle fut jouée sans interruption depuis le commencement du Carême jusqu'au mois de Septembre' (p. 286). Ces représentations, cependant, ne se suivirent pas, comme l'affirme De Visé, car après vingt-deux représentations consécutives, *Circé* fut, pendant un bref moment, donnée en répertoire avec *Iphigénie* de Le Clerc et Coras. Néanmoins, on peut dire que sa première série de représentations en comprenait soixante-seize — chiffre remarquable à une époque où selon John Lough, '10 to 15 performances represented a modest but definite success; 15 to 22 or 23 was a very considerable figure. Twenty-four or so to 30 meant a very striking success, while figures in the 30s and 40s were altogether exceptional' (153).

Vu que les recettes de *Circé* ne baissèrent en dessous de 500 livres qu'à six des ses soixante-seize représentations, il pourrait même sembler étrange qu'on l'ait retirée si tôt. Cependant, De Visé explique cela en ces termes: 'les representations en auroient encor duré plus longtems si les interests d'un Particulier n'en eussent point fait retrancher les voix' (pp. 285–6) — référence, sans aucun doute, à Lully(154).

Nous avons déjà vu que Lully avait fait stipuler le 30 avril 1673 que les compagnies de théâtre ne pouvaient employer plus de six instrumentalistes et deux vocalistes dans leurs productions, et qu'ils ne pouvaient pas employer de danseurs, mais que la troupe du Guénégaud avait ignoré ces restrictions, employant pour *Circé* sept musiciens et trois chanteurs professionnels de même que dix 'marcheurs'. Lully, cependant, n'était pas homme à laisser menacer ses intérêts, et tout juste quatre jours après la création de *Circé*, le 21 mars 1675, une nouvelle ordonnance en sa faveur fut publiée:

(153) '10 à 15 représentations représentaient un succès modeste mais certain; 15 à 22 ou 23 était un chiffre considérable. Vingt-quatre ou plus jusqu'à 30 représentait un succès remarquable, tandis que des chiffres de 30 à 40 et plus étaient tout à fait exceptionnels' (*Paris Theatre Audiences in the Seventeenth and Eighteenth Centuries*, London, 1957, p. 52).

(154) *Mercure galant* (janvier 1710), pp. 285–6.

S.M. ayant été informé qu'au préjudice de son ordonnance du 30ᵉ jour d'avril 1673, qui fait défenses à tous comédiens de se servir de musiciens externes, quelques-uns ne laissent pas de faire chanter sur leur théâtre des musiciens, qu'ils prétendent n'être pas externes, sous prétexte qu'ils sont à leurs gages, et empêchent par ce moyen que les ouvrages de musique pour le théâtre du Sieur Lully, surintendant de la musique de la chambre de S.M., ne puissent avoir tout le succès qu'on en doit attendre; à quoi voulant pourvoir, S.M. a ordonné et ordonne, veut et entend que ladite ordonnance du 30ᵉ jour d'avril 1673, soit exécutée selon sa forme et teneur; ce faisant, permet auxdits comédiens de se servir de deux comédiens de leur troupe seulement pour chanter sur le théâtre, et leur fait très-expresses défenses de se servir d'aucuns musiciens externes, ou qui soient à leurs gages, à peine de désobéissance(155).

Néanmoins, malgré un ton très dur, cette ordonnance fut, semble-t-il, en grande partie ignorée par la compagnie du Guénégaud. Les représentations de *Circé* continuèrent, et, au lieu d'une baisse des frais ordinaires de la production, correspondant au renvoi des chanteurs, musiciens supplémentaires et danseurs, on constate, en fait, que ces frais augmentèrent. Par contre, la lettre de Pierre Bayle montre que, pour la représentation à laquelle il assista, certaines restrictions furent appliquées. Mais peut-être qu'il s'agissait là tout simplement des restrictions imposées par la première ordonnance de Lully. Etant donné le montant des frais ordinaires, il semblerait que la compagnie du Guénégaud ait ignoré ces restrictions aussi longtemps que possible, cessant les représentations de *Circé* quand il leur devint impossible de continuer.

Et c'est certainement à la suite de cette ordonnance, de même que des frais énormes occasionnés par la production d'une pièce à machines de ce genre, que *Circé* ne fut plus jouée pendant presque trente ans. Elle fut finalement reprise à la Comédie-Française le 6 août 1705, à la suite de toute une série de reprises d'œuvres à spectacle, parmi lesquelles *Psyché*, *Les Amants magnifiques* et *L'Inconnu* de Thomas Corneille lui-même. Comme nous l'avons déjà vu, un nouveau Prologue et de nouveaux divertissements furent produits par Dancourt et Gilliers. Mais la reprise fut un échec; *Circé* ne fut jouée que huit fois avant de disparaître à jamais de la scène(156).

Cependant, en 1675, même si la série de représentations de *Circé* fut arrêtée prématurément à l'instigation de Lully, le succès pendant les huit mois durant

(155) Delamare, *Traité*, I, 475.

(156) Henry Carrington Lancaster, *Sunset: a history of Parisian drama in the last years of Louis XIV (1701–1715)*, Baltimore, 1945, p. 177.

lesquels elle fut jouée fut tel qu'il apporta à la compagnie du Guénégaud un certain degré de sécurité financière, qui fut consolidée encore plus par le succès des pièces que Thomas produisit par la suite pour la troupe. Par dessus tout, la production de *Circé* réussit dans son but avoué d'inscrire en lettres majuscules le nom de la compagnie du Guénégaud sur la carte des théâtres de la capitale et de justifier la confiance du Roi en celle-ci.

LA DERNIERE PIECE A MACHINES

Puisqu'on considérait comme apparemment inséparables le spectacle et l'utilisation de la musique, l'ordonnance du 21 mars dut être ressentie comme un coup terrible porté à la compagnie du Guénégaud, qui avait loué un théâtre spécialement conçu pour la production de pièces à grand spectacle, et qui était engagée financièrement pour de telles productions à la suite de son acte d'association avec les deux machinistes, Sourdéac et Champeron. Ce fut, en fait, à cause de cette ordonnance et des événements désagréables entourant la production de *Circé* que la troupe décida de se débarrasser de ses deux associés devenus inutiles. Désormais, l'histoire des pièces à machines au Guénégaud devait consister en tentatives pour satisfaire le goût du public pour le spectacle sans contrevenir aux termes de l'ordonnance royale, et finalement en efforts pour substituer d'autres formes de production, menant à l'introduction dans le répertoire de plus en plus de tragédies(157).

Mais la compagnie ne se contenta pas d'accepter cette situation sans protester, et au moment de la production du *Triomphe des dames*, elle essaya de persuader le Roi de changer d'avis lors de voyages à Compiègne le 7 juillet 1676 'pour aller demander au Roi permission de mettre deux voix dans la pièce', et à Saint-Germain-en-Laye le 10 juillet pour lui présenter une autre requête, puis à Versailles le 22 août pour recevoir une réponse négative(158)

Ce fut, donc, la suppression de la musique de théâtre qui provoqua la disparition des pièces à machines traditionnelles et mythologiques. Là-dessus, Thomas Corneille est très clair dans le Prologue de sa pièce à machines suivante pour le Guénégaud, *L'Inconnu* de novembre 1675, et dans lequel il attire l'attention du public sur la nouveauté de ce qu'il va voir par rapport à 'Semelé, Circé, la Toison, Andromede'. Thalie, la Muse de la Comédie, consulte Le Génie de la France 'sur la peine où elle se trouvoit touchant quelque Nouveauté qu'elle avoit dessein de faire paroistre':

---

(157) Voir Clarke, 'Repertory and Revival', pp. 144–6.

(158) Sylvie Chevalley, 'La Production du *Triomphe des dames*', dans *Mélanges historiques et littéraires sur le XVIIe siècle offerts à Georges Mongrédien par ses amis*, Paris, 1974, pp. 377–84 (p. 382).

Je promettrois encor des Divertissemens
    Dont on aimeroit le spéctacle,
    Si pour faire crier miracle
J'en pouvois à mon choix régler les ornemens.(159)

Cette allusion à l'ordonnance royale est encore plus évidente quand Thalie se plaint de l'impuissance du héros à divertir sa maîtresse:

    Que fera-t-il de magnifique,
    S'il n'a pour l'oreille & les yeux
Ny pompes de Balets, ny charmes de Musique?

Ainsi donc, avec *L'Inconnu*, la pièce à machines quitta l'univers de la mythologie pour trouver place dans un monde de réalité contemporaine romancée, et où elle devait rester pour les trois dernières pièces du genre de Thomas Corneille: *Le Triomphe des dames* (Guénégaud, 1676), *La Devineresse* (Guénégaud, 1679), et *La Pierre philosophale* (Comédie-Française, 1681), dans lesquelles ce dernier essaya d'éveiller un intérêt supplémentaire par des allusions à des préoccupations et à des événements contemporains. En conséquence, le spectacle de la pièce à machines ne devait plus jamais être le même; une des innovations majeures de ces dernières pièces étant précisément la substitution d'un merveilleux délibérément théâtral au merveilleux mythologique traditionnel. Désormais, le merveilleux mythologique ne devait se trouver que sur la scène de l'Académie Royale de Musique(160). Donc, étant donné la place du personnage dans l'évolution du genre, on doit considérer comme approprié le fait qu'une pièce avec Circé pour héroïne fut la dernière des pièces à machines traditionnelles créée sur la scène parisienne(161).

---

(159) Thomas Corneille, *L'Inconnu, comédie meslée d'ornemens & de musique*, Paris, 1675.
(160) Bien que *Circé* fût la seule pièce à machine mythologique de Thomas Corneille, il continua à puiser dans la mythologie pour les livrets qu'il produisit pour les opéras *Psyché* et *Bellerophon* de Lully, et *Médée* de Charpentier, tous donnés à l'Académie Royale de Musique (voir Jules Carlez, *Pierre et Thomas Corneille librettistes*, Caen, 1881, et Sylvie Spycket, 'Thomas Corneille et la musique', *Bulletin de la Société d'Etude du XVIIe siècle*, 21–2, 1954, pp. 442–55).
(161) Il y eut cependant plus tard des reprises de certaines pièces à machines à la Comédie-Française, notamment *Les Amours de Diane et d'Endimion* de Gilbert, *Le Mariage de Bacchus et d'Ariane* de De Visé, *Andromède* de Pierre Corneille et *Psyché* de Molière et de Pierre Corneille (Lancaster, *History*, IV, 922–3).

BIBLIOGRAPHIE

LE TEXTE

A CIRCÉ, // TRAGEDIE. // ORNEE DE MACHINES, // de Changemens de Théatre, // & de Musique. // *Par T. CORNEILLE.* // A PARIS, // Chez PIERRE PROMÉ, sur le Quay des // Grands Augustins, à la Charité. // M. DC. LXXV. // *AVEC PRIVILEGE DU ROY.*
B.N. Yf 7830. 12°, pp. 8 + 136. Privilège, 28 février 1675; achevé d'imprimer, 17 mai 1675.

B CIRCÉ, // TRAGEDIE // ORNEE DE MACHINES, // de Changemens de Théatre, // & de Musique. // *Par T. CORNEILLE.* // *Suivant la Copie imprimée* // A PARIS, // M. DC. LXXVI.
B.N. Z Rothschild 4080. 12°, pp. 124.

LES RECUEILS

C POEMES // DRAMATIQUES // DE // T. CORNEILLE. // *V. PARTIE.* // A PARIS, // Chez GUILLAUME DE LUYNE, // Libraire Juré, au Palais, dans la Salle des // Merciers, sous la montée de la Cour des // Aydes, à la Justice. // M. DC. LXXXII. // *AVEC PRIVILEGE DU ROY.*
B.N. Yf 2572. 12°, pp. 251–386. Privilège, 17 avril 1679; registré, 28 avril 1679; achevé d'imprimer, 23 juillet 1682.

D POEMES // DRAMATIQUES // DE // T. CORNEILLE. // *V. PARTIE.* // A PARIS, // Chez GUILLAUME DE LUYNE, Libraire // Juré, au Palais, dans la Salle des Merciers, // sous la montée de la Cour des Aydes, // à la Justice. // M. DC. LXXXXII // *AVEC PRIVILEGE DU ROY.*
B.N. Yf 2577. 12°, pp. 251–386.

E POEMES // DRAMATIQUES // DE // T. CORNEILLE. // *V. PARTIE.* // A PARIS, // Chez PIERRE TRABOUILLET, au Palais, // dans la Gallerie des Prisonniers, à l'Image saint // Hubert: Et à la Fortune, proche le // Greffe des Eaux & Forests. // M. DC. LXXXXII. // AVEC PRIVILEGE DU ROY.
B.N. Yf 2582. 12°, pp. 251–386. Identique à la version contenue dans le tome V de l'édition des *Poëmes dramatiques* publié par De Luyne en 1682 (C). L'Extrait du privilège reproduit dans ce dernier contient la clause suivante: '*Et ledit de Luyne a fait part du Privilege cy-dessus à Pierre Traboüillet, suivant l'accord fait entre eux*'.

F POEMES // DRAMATIQUES // DE // T. CORNEILLE. // *V. PARTIE.* // A PARIS, // Chez AUGUSTIN BESOIGNE, dans la Grand'Salle // du Palais, vis-à-vis la Cour des Aydes, // aux Rozes vermeilles. // M. DC. LXXXXII. // *AVEC PRIVILEGE DU ROY.*
B.N. Rés. Yf 3096. 12°, pp. 251–386. Identique aux deux autres versions contenues dans des recueils publiés à Paris en 1692 (D et E).

G LE // THEATRE // DE T. CORNEILLE, // *Reveu, corrigé, & augmenté* // *de diverses pieces nouvelles.* // V. PARTIE. // *Suivant la Copie imprimée* //

A PARIS. // M. DC. LXXXXII.

B.N. 8° Yf 1442 bis. 12°, 180 pp. Recueil factice; *Circé* est décrite de la façon suivante:

CIRCÉ // TRAGEDIE, // ORNÉE DE MACHINES, // de Changemens de Théatre, // & de Musique. // *Par T. CORNEILLE.* // *Suivant la Copie imprimée* // A PARIS. // M. DC. LXXXX.

L'éditeur de ce recueil a fait précéder chaque pièce d'une taille-douce; nous reproduisons en frontispice celle qui nous intéresse. Un autre exemplaire de cette édition est contenu dans le tome VIII du *Recueil factice de pièces de Pierre et de Thomas Corneille* conservé à la Réserve de la Bibliothèque Nationale, Recueil qui ne comporte pas de page de titre (B.N. Rés. Yf 3087).

H LE // THEATRE // DE // T. CORNEILLE. // Nouvelle Edition revûë, augmentée des Pieces // dont l'Avis au Lecteur fait mention, & // enrichie de tailles douces. // V. PARTIE. // A AMSTERDAM, // Chez HENRY DESBORDES, // dans le Kalver Straat. // M. DCCI. // avec privilege des Etats de Holl. & Westf.

B.N. Yf 2551. 12°, pp. 87–194. Les tailles douces sont les mêmes que dans l'édition de 1692 'suivant la copie imprimée à Paris' (G).

I POEMES // DRAMATIQUES // DE // T. CORNEILLE. // NOUVELLE EDITION, // revûë, corrigée, & augmentée. // CINQUIÈME PARTIE. // A PARIS, // Chez CHARLES OSMONT, ruë S. Jacques, // au coin de la ruë de la Parcheminerie, // à l'Ecu de France. // M. DCCVI. // *AVEC PRIVILEGE DU ROI.*

B.N. Yf 2587. 12°, pp. 159–282. *Circé* est suivie (pp. 283–302) du NOUVEAU // PROLOGUE // ET NOUVEAUX // DIVERTISSEMENS // POUR LA TRAGEDIE // DE CIRCÉ. // Remise au Theatre en 1705.

Nous les reproduisons en appendice.

J LE // THEATRE // DE // T. CORNEILLE. // *Nouvelle Edition revûë, augmentée des Pieces* // *dont l'Avis au Lecteur fait mention, &* // enrichie de tailles-douces. // V. PARTIE. // A AMSTERDAM, // Chez les Freres CHATELAIN, // près de la Maison de Ville. // M. DCCIX. // Avec Privilege des Etats de Holl. & de West.

B.N. 8° Yf 1341. 12°, pp. 87–194. Identique à l'édition d'Henry Labordes (Amsterdam, 1701) (H).

LE DESSEIN

K CIRCÉ, // TRAGEDIE // ORNÉE DE MACHINES, // de Changemens de Théatre, // & de Musique. // *Representée par la Troupe du Roy*, // établie au Fauxbourg S. Germain. // A PARIS, // Chez PIERRE BESSIN, au Palais, dans // la Salle Royale, à l'Image S. Loüis. // M. DC. LXXV. // *AVEC PRIVILEGE DV ROY.*

B.N. Yf 701. 4°, pp. 4 + 50. Privilège, 28 février 1675; achevé d'imprimer, 14 mars 1675. C'est l'édition du *Dessein* que nous reproduisons en appendice.

L   CIRCÉ // TRAGEDIE // ORNÉE DE MACHINES, // de Changemens de
Théatre, // & de Musique. // Par T. CORNEILLE. // *Representée par la
Troupe du Roy, // établie au Fauxbourg S. Germain.* // *Et se vend* //
A Paris, // Au Palais, dans la Salle Royale, à l'Image S. Loüis. // Et à
la Porte de la Comedie où l'on prend // les Billets. // M. DC. LXXV. //
AVEC PRIVILEGE DV ROY.

B.N. Yf 1069. 4°, pp. 4 + 50. Privilège, 28 février 1675; achevé d'imprimer, 14
mars 1675. Identique à K ci-dessus, sauf pour la page de titre.

LA PARTITION

M   Charpentier, Marc-Antoine, Mélanges Autographes, cah. XVIII–XIX, vol. XVII,
pp. 1–17.

B.N. Rés. Vm^1 259. Ce volume des Mélanges Autographes contient la partition
manuscrite de *Circé*. Pour les deux airs de 'Viens, ô mere d'Amour' et 'Il n'est
rien de si doux', Charpentier (p. 11) renvoie ses lecteurs au Livre D de ses œuvres
qui a malheureusement été perdu. Le manuscrit contient dans le divertissement
de l'acte V un trio, 'Mes soupirs vous le font trop entendre', qui semble avoir
été remplacé à la représentation par le Dialogue du Sylvain et de la Dryade, 'Il
n'est point de plaisir véritable'. Pour celui-ci et 'Il n'est rien de si doux', voir
ci-dessous, N.

N   AIRS // DE LA COMEDIE // DE CIRCÉ. // AVEC LA BASSE-CONTINUE.
// A PARIS, // Chez CHRISTOPHE BALLARD, seul Imprimeur // du Roy
pour la Musique, ruë Saint Iean // de Beauvais au Mont Parnasse. // M. DC.
LXXVI. // *Avec Privilege de Sa Majesté.*

B.N. Vm^6 38. 4°, pp. 44. Contient de *Circé*: Chanson du premier Satyre ('Deux
beaux yeux me charment'), Recit du Second Satyre ('Un jour la jeune Lysette'),
Dialogue de Tircis et de Silvie ('Pourquoy me fuyez-vous?'), Chanson de la
Dryade ('Vous estonnez-vous'), Chanson de Faune ('Il n'est rien de si doux'),
Chanson d'un Silvain ('Tout ayme'), et Dialogue du Silvain et de la Dryade ('Il
n'est point de plaisir véritable'); et du *Malade imaginaire*: Trio d'Indiennes ('Il
est doux à notre age'), (1) Sérénade italienne ('Notte e di') et Réponse de la
signora ('Zerbinetti') (2). Ballard explique l'inclusion de ces trois derniers et
l'omission de la plus grande partie du premier et du dernier divertissement de
Circé dans son avis Au Lecteur: 'J'ay crû qu'il estoit à propos d'en retrancher
les deux *Chôrus* que font les Comediens, au commencement & à la fin de la piece:
mais pour recompenser le public, j'ay adjoûté à la fin l'Intermede des Indiennes,
& les deux Airs Italiens du Malade imaginaire, que l'on a tant aymez, & qui
n'ont point encor esté mis au jour. J'espere que l'on ne sera pas fasché de cét
échange, où l'on gagne plustost que de perdre ...'. Ce volume comprend aussi
une Entrée des Indiennes ('Quand d'aimer on nous presse'), avec l'indication
qu'elle est 'De Circé'. Les vers en question, cependant, font partie du Second
Intermède du *Malade imaginaire*, tandis qu'il n'existe aucune référence à des
Indiennes ni dans le texte ni dans le Dessein de *Circé*. Ce Second Intermède

---

(1) Second Intermède, Molière, *Œuvres complètes*, éd. Couton, II, 1149.
(2) Premier Intermède, ibid., II, 116–18.

du *Malade imaginaire* se termine par une Entrée de Ballet, dans laquelle 'Tous les Mores dansent ensemble, et font sauter des singes qu'ils ont amenés avec eux' (3). Il est possible alors que cette même Entrée de Ballet ait été utilisée, en partie au moins, pour l'apparition des singes dans la scène 2 de l'acte III de *Circé*.

LA COPIE DU SOUFFLEUR

O　Archives de la Comédie-Française, Ms 60 (1–6).

Cette copie manuscrite de Circé est décrite ainsi sur sa page de titre : 'Corneille (Th) // et Visé // Circé // Copié par Lapierre 1675' (date changée pour 1705), avec la note : '1ère fois à la C.F. VIII. 1705'. Lapierre fut le copiste de la troupe de Molière, et, ensuite, de la Compagnie du Guénégaud. Le copiste fut chargé de reproduire les textes et les rôles avant le commencement des répétitions et de souffler pendant les répétitions et les représentations (4). Le texte reproduit est celui de l'édition de Pierre Promé de 1675 (A), avec quelques variantes mineures, et excluant la plupart des indications se rapportant à la décoration scénique. Les nombreuses annotations qui accompagnent le texte sont d'un intérêt considérable. Celles-ci, faites au crayon et à l'encre, consistent, pour la plupart, en coupures dont le but était, sans aucun doute, de faciliter la représentation de la pièce. L'usage du crayon ne s'étant répandu qu'au dix-huitième siècle, il est probable que les notes au crayon furent ajoutées au moment de la reprise de 1705. Par contre, il est impossible d'établir si les notes faites à l'encre le furent à la même époque ou au moment de la création. Le nouveau prologue de Dancourt et les nouvelles chansons ne sont pas inclus, malgré le fait que les anciennes chansons sont biffées dans le texte. Le prologue est donné uniquement dans la version de 1675. Il est intéressant de noter que la même copie du souffleur fut apparemment utilisée et à la création et à la reprise.

OUVRAGES ET DOCUMENTS CONSULTES

Albert, Maurice : *Les Théâtres de la foire (1660–1789)*, Paris, 1900.

Apostolidès, Jean-Marie : *Le Roi-machine: spectacle et politique au temps de Louis XIV*, Paris, 1981.

Aubignac, François Hédélin d' : *Deux Dissertations concernant le poème dramatique en forme de remarques sur deux tragédies de M. Corneille intitulées 'Sophonisbe' et 'Sertorius'*, Paris, 1663.

Troisième Dissertation concernant le poème dramatique en forme de remarques sur la tragédie de M. Corneille intitulée 'L'Œdipe' — Quatrième Dissertation concernant le poème dramatique servant de réponse aux calmonies de M. Corneille, Paris, 1663.

Bonnassies, Jules : *La Comédie-Française: histoire administrative (1658–1757)*, Paris, 1874.

---

(3) Ibid., II, 1150.
(4) Voir Clarke, 'Repertory and Revival at the Guénégaud Theatre', pp. 152–3.

Bouquet, François-Valentin : *La Troupe de Molière et les deux Corneille à Rouen en 1658*, Rouen, 1865.

Carlez, Pierre : *Pierre et Thomas Corneille librettistes*, Caen, 1881.

Chappuzeau, Samuel : *Le Théâtre françois*, éd. Georges Monval, Paris, 1876.

Chevalley, Sylvie : 'La Production du *Triomphe des dames*', dans *Mélanges historiques et littéraires sur le XVIIe siècle offerts à Georges Mongrédien par ses amis*, Paris, 1974, pp. 377–84.

'Le "Registre d'Hubert" 1672–1673: étude critique', *Revue d'Histoire du Théâtre*, 1973, pp. 145–95.

Clarke, Janet L. : 'Molière at the Guénégaud Theatre (1673–1680), *Seventeenth Century French Studies*, 8, 1986, pp. 177–84.

'Repertory and revival at the Guénégaud Theatre (1673–1680), *Seventeenth Century French Studies*, 10 1988, pp. 136–53.

Collins, David A. : *Thomas Corneille: protean dramatist*, La Haye, 1966.

Cordey, Jean : 'Lully installe l'Opéra dans le théâtre de Molière', *Bulletin de la Société de l'histoire de l'art français*, 1950, pp. 137–42.

Corneille, Pierre : *Andromède, tragédie*, éd. Christian Delmas, Paris, 1974.

Œuvres complètes, éd. Georges Couton, 3 vols, Paris, 1980–7.

Corneille, Thomas : *L'Inconnu, comédie meslée d'ornemens et de musique*, Paris, 1675.

La Pierre philosophale, comédie, meslée de spectacles, Paris, 1681.

Le Triomphe des dames, comédie meslée d'ornemens, Paris, 1676.

 et Jean Donneau De Visé, *La Devineresse, comédie*, éd. P. J. Yarrow, Exeter, 1971.

Deierkauf-Holsboer, S. Wilma : *L'Histoire de la mise en scène dans le théâtre français à Paris de 1600 à 1673*, Paris, 1960.

Le Théâtre du Marais, 2 vols, Paris, 1954–8.

Delamare, Nicolas : *Traité de la police*, 4 vols, Paris, 1722–38.

Delmas, Christian : *Mythologie et mythe dans le théâtre français (1650–1676)*, Genève, 1985.

 éd. *Recueil de tragédie à machines sous Louis XIV (1657–1672)*, Toulouse, 1985.

Despois, Eugène : *Le Théâtre français sous Louis XIV*, Paris, 1874.

Donneau De Visé : *Défense de la 'Sophonisbe' de M. de Corneille*, Paris, 1663.

Défense du 'Sertorius' de M. de Corneille, Paris, 1663.

éd., *Le Mercure galant*, Paris, 1672–4, 1677 – May 1710.

Dossier Sourdéac et Champeron : Archives de la Comédie-Française.

Ducrot, Ariane : 'Lully créateur de troupe', *XVIIᵉ Siècle*, 98–9, 1973, pp. 91–108.

Du Tralage, Jean Nicholas : *Notes et documents sur l'histoire des théâtres de Paris au XVIIᵉ siècle* Paris, 1693, éd. Paul Lacroix, Paris, 1867–90; réimpression Genève, 1969.

La Fameuse Comédienne ou Histoire de la Guérin auparavant femme et veuve de Molière, Francfort, 1688, éd. Jules Bonnassies, Paris, 1870.

Fournel, Victor éd., *Petites Comédies rares et curieuses du XVIIᵉ siècle*, 2 vols, Paris, 1884.

Gossip, C. J : 'Composition et représentation chez Thomas Corneille', *Studi francesi*, 12, 1968, pp. 471–6.

'Vers une chronologie des pièces de Thomas Corneille', *Revue d'histoire littéraire de la France*, 74, 1974, pp. 665–78, 1038–58.

Gros, Etienne : 'Les Origines de la tragédie lyrique et la place des tragédies en machines dans l'évolution du théâtre vers l'opéra', *Revue d'histoire littéraire de la France*, 35, 1928, pp. 161–93.

Hawkins, Richmond, L. : *Newly Discovered French Letters*, Cambridge, Mass., 1933.

Hitchcock : 'Marc-Antoine Charpentier and the Comédie-Française', *Journal of the American Musicological Society*, 24, 1971, pp. 255–81.

Les Œuvres de Marc-Antoine Charpentier: catalogue raisonné, Paris, 1982.

Isherwood, Robert, M. : 'The Centralization of music in the reign of Louis XIV', *French Historical Studies*, 6, 1969, pp. 157–70.

Music in the Service of the King: France in the Seventeenth Century, London, 1973.

Joannidès, A. : *La Comédie-Française de 1680 à 1900: tableau des représentations*, Paris, 1921.

Jurgens, Madeleine and Elizabeth Maxfield-Miller : *Cent ans de recherches sur Molière, sur sa famille et sur les comédiens de sa troupe*, Paris, 1963.

La Gorce, Jérome de : 'L'Opéra sous le règne de Louis XIV: le merveilleux ou les puissances surnaturelles (1671–1715)', thèse de doctorat non publiée, Université de Paris I, 1978.

La Grange, Charles Varlet dit, *Registre (1659–1685)*, éd. B. E. et G. P. Young, 2 vols, Paris, 1947.

Lancaster, Henry Carrington : *A History of French Dramatic Literature in the Seventeenth Century*, 9 vols, Baltimore, 1929–42.

Sunset: a History of Parisian Drama in the last years of Louis XIV (1701–1715), Baltimore, 1945.

Lough, John : *Paris Theatre Audiences in the Seventeenth and Eighteenth Centuries*, London, 1957.

'Mécaniques et machines de théâtre', *Le Magasin pittoresque*, 1867, pp. 27–8.

Mélèse, Pierre : *Un Homme de lettres du temps du grand roi: Donneau De Visé*, Paris, 1936.

Répertoire analytique des documents contemporains d'information et de critique concernant le théâtre à Paris sous Louis XIV (1659–1715), Paris, 1934.

Molière : *Œuvres complètes*, éd. Georges Couton, 2 vols, Paris, 1971.

Mongrédien, Georges : 'Le Fondateur du *Mercure galant*: Jean Donneau De Visé', *Mercure de France*, 1 octobre 1937, pp. 89–116.

'Molière et Lulli', *XVIIᵉ Siècle*, 98–9, 1973, pp. 3–17.

et Jean Robert, *Les Comédiens français du XVIIᵉ siècle: dictionnaire biographique*, Paris, 1981.

Montfleury, Antoine : *L'Ambigu comique ou les Amours de Didon et d'Enée, tragédie en trois actes, meslée de trois intermèdes comiques*, Amsterdam, 1697.

Monval, Georges : 'L'Affaire Auzillon', *Le Moliériste*, 8, 1886, pp. 53–9, 73–85.

Nuitter, Charles et Ernest Thoinan : *Les Origines de l'Opéra français*, Paris, 1886.

Registres du Théâtre Guénégaud (1673–1680), Archives de la Comédie-Française.

Reynier, Gustave : *Thomas Corneille: sa vie et son théâtre*, Paris, 1892.

Rousset, Jean : *La Littérature de l'âge baroque en France: Circé et le paon*, Paris, 1954.

Spycket, Sylvie : 'Thomas Corneille et la musique', *Bulletin de la Société d'Etude du XVIIᵉ siècle*, 21–2, 1954, pp. 442–55.

Thierry, Edouard : *Documents sur le 'Malade imaginaire'*, Paris, 1880.

Supplément à la notice sur Varlet de la Grange ou dossier tiré des Archives de la Comédie-Française, Paris, 1876.

Schaffer, Aaron : 'Thomas Corneille's reworking of Molière's *Dom Juan*', *Modern Philology*, 19, 1921–2, pp. 163–75.

Scherer, Jacques : *La Dramaturgie classique en France*, Paris, 1950.

TEXTE DE LA PRESENTE EDITION

Nous suivons rigoureusement ici l'édition originale de 1675, dont nous respectons partout l'orthographe et la ponctuation, sauf là où il s'agit de fautes typographiques évidentes. Voici la liste des leçons rejetées, avec nos rectifications:

v. 180	SCENE III	SCENE III.
vv. 255-6 (indication scénique)	d'un des costez da Theatre	du Theatre
	Raquettte	Raquette
v. 317	les souhaits.	les souhaits,
v. 1939	croisje	crois-je
v. 2449	assuré?	assuré.

Au v. 1174, à *Gl.*, écrit maintenant en toutes lettres, devient à *Glaucus.*

Nous donnons les variantes des éditions C, D, E, F, I, K, M, N et O ci-dessus. Les indications scéniques et les notes sur la distribution qu'on trouve dans la partition de Charpentier, de même que les détails supplémentaires inclus dans le 'Dessein' mais pas dans le texte, ne sont pas considérés comme de vraies variantes et sont, par conséquent, inclus dans les Notes sur le texte.

Nous avons imposé la distinction moderne entre *i* et *j*, *u* et *v*; et les abréviations ã, ẽ et õ, utilisées en 1675 dans certains vers plus longs que d'autres pour permettre d'imprimer tout le vers sur la même ligne, ont été remplacées respectivement par:

an: vv. 47 rang; 64 dans; 88 sans; 134 gagnant; 254 Grand; 316 panchant; 500 vanger; 803 autant; 1466 dans; 1521 Amant; 1878 grand; 2085 Quand; 2157 avantage; 2194 transport; 2267 vangeance; 2389 sans; 2666 vangeance; 2698 manquez; 2703 Quand; 2744 tant.

em: vv. 1729 semble; 1741 temps.

en: vv. 47 biens, dispense; 64 reprenoient; 88 prens; 488 auroient; 564 apprendre; 960 tendres; 1503 aspiroient; 1721 augmente; 2396 prendre.

om: vv. 316 combate; 361 nombre; 785 trompez; 1096 comme, hommage; 1935 comme; 2194 prompt; 2555 triomphe; 2718 comme.

on: vv.   66 connoist; 134 connoître; 382 donner; 608 mon; 682 tenons; 782 contr'eux; 808 longtemps; 1313 Mettront; 1399 bonheur; 1466 son; 1482 trouverions; 1697 mon; 1725 gronde; 1758 mon, connoissez; 2139 ordonner; 2231 font, connoistre; 2539 honneur; 2698 Contre, contre.

Nous avons aussi ajouté entre crochets les numéros de pages indiqués par des chiffres romains minuscules qui n'apparaissent pas dans le texte de 1675.

CIRCÉ,

TRAGEDIE.

ORNEE DE MACHINES,

de Changemens de Théatre,
& de Musique.

Par T. CORNEILLE.

A PARIS,

Chez PIERRE PROMÉ, sur le Quay des
Grands Augustins, à la Charité.

M. DC. LXXV.

AVEC PRIVILEGE DU ROY.

CIRCÉ.

ARGUMENT

Le Sujet de cette Piece est tiré du 14. Livre des Métamorphoses d'Ovide.

Glaucus de simple Pescheur qu'il estoit, ayant esté changé en Dieu Marin, devint éperduëment amoureux de Sylla, Fille de Phorcus, & ne pouvant toucher son cœur, il alla implorer le secours de Circé, qui prit le party pour elle & employa tout le pouvoir de ses Charmes pour s'en faire aimer. Le dépit de n'avoir pû en venir à bout, porta si loin son ressentiment, que pour se vanger elle empoisonna une Fontaine où Sylla avoit accoûtumé de s'aller baigner. Cette malheureuse Nymphe ne s'y [p. iv] fut pas si-tost plongée, qu'elle vit naistre des Chiens, qui s'attachant à son corps, l'effrayerent par leurs aboyemens; & l'horreur qu'elle eût d'elle-mesme dans ce déplorable état, fut si forte, qu'elle s'alla précipiter dans la Mer, où elle fut changée en un Rocher qui a conservé son nom, & contre qui les flots se brisans, imitent par le bruit qu'ils font, les aboyemens des Chiens qui avoient fait son suplice.

Je n'ay rien adjoûté à cette Fable, que Mélicerte aimé de Sylla, & cette mesme Sylla changée en Néréide apres tous ses malheurs, pour avoir lieu de finir la Piece par un Spéctacle de réjoüissance. Le succès en a esté grand, & il ne n'en faut pas étonner, puis qu'on n'a rien veu jusqu'icy de si beau, ni de si surprenant, que les Machines qui en ont fait le principal ornement.

Extrait du Privilege du Roy.

Par Grace & Privilege du Roy, Donné à Saint Germain en Laye le 28. jour de Fevrier 1675. Signé, Par le Roy en Son Conseil, DESVIEUX: Il est permis à T. de Corneille, Ecuyer, Sieur de l'Isle, de faire imprimer, vendre & debiter une Piece de Theatre de sa composition, intitulée CIRCÉ, & ce pendant le temps & espace de 20. années entieres & accomplies, à compter du jour que ladite Piece sera achevée d'imprimer pour la premiere fois: Pendant lequel temps defenses sont faites à tous Imprimeurs & Libraires, autres que ceux choisis par ledit Exposant, & à toutes autres personnes de quelque qualité & condition qu'elles soient, d'imprimer, faire imprimer, vendre, ny debiter ladite Piece, sans le consentement de l'Exposant ou de ceux qui auront droit de luy, à peine de mil livres d'amende, confiscation des Exemplaires contrefaits, & de tous despens, dommages & interests, ainsi que plus au long il est porté audit Privilege.

Registré sur le Livre de la Communauté, suivant l'Arrest de la cour de Parlement.

Signé, THIERRY, Syndic.

Achevé d'imprimer pour la premiere fois,
le 17. May 1675.

ACTEURS DU PROLOGUE.

           MARS.
           LA FORTUNE.
           LA RENOMMEE.
           L'AMOUR.
           LA GLOIRE.

ACTEURS DE LA TRAGEDIE.

           JUPITER.
           NEPTUNE.
           LE SOLEIL.
           VENUS.
           GLAUCUS,   Amant de Sylla.   } Dieux
           PALEMON,   Confident de Glaucus. } Marins.
           MELICERTE,   Prince de Thébes.
           CIRCÉ,   Fille du Soleil.
           SYLLA.
           DORINE,   }
           FLORISE,   } Nymphes de Circé.
           ASTERIE,   }
           CELIE,   } Nymphes de Sylla.
           MELISSE,   }
           CINQ SATYRES.

DECORATION DU
PROLOGUE.

La Toile qui cache le Theatre estant levée, laisse paroistre un Temple de riche Architecture, que la Gloire a fait élever pour le Roy. L'Ordre en est Composite, avec plusieurs Arcades & Colomnes de Jaspe d'Orient, dont les Bases & Chapiteaux sont d'or, aussi bien que les Modillons & les Fleurs de Lys qui sont les ornemens des Corniches & des Frises. Le haut du Temple est finy par un Atique où se voit un Buste de Héros directement au dessus de chaque milieu des Chapiteaux. Les Suposts des Colomnes sont des Pieds-d'estaux qui representent une partie des Conquestes du Roy, & les superbes Bastimens qui se sont faits ou embellis sous son Regne. Au dessus de chaque Pied-d'estal, il y a diferentes Figures peintes en saillie & isolées, qui toutes, ainsi que les Bustes, représentent par leurs attributs, ou les Vertus particulieres que possede cet Auguste Monarque, ou les Arts qu'il prend soin de faire fleurir. [p. viii] L'effet que font ces Figures est d'autant plus beau, que se trouvant chacune entre deux Colomnes, elles forment une juste simetrie, qui ne sçaurait estre que tres-agreable à la veuë. Vers le milieu du Temple s'éleve une maniere d'Arc Triomphal, soûtenu par huit Colomnes d'Ordre Ionique, avec une espece d'Atique au dessus de la Corniche, où le Roy est representé. La Victoire & la Gloire sont à ses costez, dont l'une luy presente une Couronne, & l'autre une branche de Laurier, le tout de marbre blanc. On voit dans le fonds du Temple un Autel de marbre serpentin. Il est orné de Colomnes, Figures, Festons de fleurs & Trophées d'Armes.

Les yeux se sont à peine arrestez sur toutes ces Magnificences, qu'on découvre Mars dans un Char orné de tout ce qui le peut faire connoistre pour le Dieu qui préside aux Combats. Il paroist au plus haut des nuës, & s'abaissant vers le Temple, il y voit arriver la Fortune portée sur un nuage qu'elle quitte au mesme temps que Mars descend de son Char. Apres avoir regardé ce Temple avec des marques d'indignation & de surprise, ils commencent le Prologue ensemble.

Var :   DECORATION DU PROLOGUE: ... *les superbes Bastimens qui se sont faits ou qui ont été embellis sous son Regne.* (D, E, F, I). Toute la description de la DECORATION DU PROLOGUE est omise dans O.

CIRCÉ,
TRAGEDIE.

PROLOGUE.

SCENE PREMIERE.

MARS, LA FORTUNE.

MARS.

Quoy! la Fortune sans bandeau?

LA FORTUNE.

Je viens de l'arracher moy-mesme,
Pour voir l'éclat pompeux de ce Temple nouveau.
Mais d'où vient qu'à l'aspect d'un Ouvrage si beau,
5   Le Dieu Mars fait paroistre une douleur extréme?

MARS.

Puis-je voir sans chagrin, qu'un Mortel à mes yeux,
Des honneurs qu'on me doit, emporte l'avantage?
Je sçay bien que LOUIS est un Roy glorieux,
En qui mille Vertus, par un noble assemblage,
10   Ofrent à revérer le plus parfait Ouvrage
Qui jamais ait marqué la puissance des Dieux;
Mais parce qu'il se fait admirer en tous lieux,
    Ay-je mérité qu'on m'outrage?
Voyez ce que ce Temple adjoûte à son renom;
15   Voyez sur cent Tableaux avec quel soin la Gloire
    A tracé la brillante Histoire
Des merveilleux Exploits qui consacrent son Nom.
    C'est là que les plus grands Courages,
D'un zele tout soûmis écoutant la chaleur,

Var :   'CIRCÉ, / *TRAGEDIE.*' ne paraît pas dans O. Dans O, le Prologue est
précédé par la liste des Acteurs du Prologue (voir p. XXX de la présente
édition).

20   Viennent par d'assidus hommages
      Honorer la Prudence unie à la Valeur.
      Cependant mes Autels, où par toute la Terre
      L'encens se prodiguoit pour les moindres hazards,
          Sont négligez de toutes parts,
25   On regard LOUIS comme Dieu de la Guerre,
          Et l'on ne songe plus à Mars.
      D'un si honteux mépris c'est trop soufrir l'audace,
      J'en puniray l'injure, & ce Temple détruit
      Va dans le Monde entier étaler à grand bruit
30   Ce que peut un Dieu qui menace.

LA FORTUNE.

      Si LOUIS des Mortels vous dérobe les vœux,
          N'ay-je pas mesme plainte à faire?
      Toute le monde à l'envy, pour devenir heureux,
          N'aspiroit toûjours qu'à me plaire:
35   Mais depuis que la Gloire a par tout l'Univers
      De cet Auguste Roy fait briller le mérite,
          Pour le suivre chacun me quite,
          Et je voy mes Temples deserts.   [p. 3]
      Cette foule qui plaist, quand mesme elle importune,
40   Dédaignant mes faveurs, brigue son seul appuy,
      Il me ravit mes droits, & ce n'est plus qu'en luy
          Qu'on songe à chercher la Fortune.
          Jugez à me voir sans honneurs,
          Jusqu'où va l'ennuy qui me presse;
45   Car c'est en vain que le nom de Déesse
      Me fait attendre encor quelques Adorateurs.
      De quelque rang qu'on soit, les biens seuls qu'on dispense
          Nous attirent ces vœux pressans
          Dont nous aimons la déference;
50   Et les Dieux qui sont sans puissance,
          Ne reçoivent guere d'encens.

MARS.

      Je voy venir l'Amour, qu'aura-t-il à nous dire?

LA FORTUNE.

      La Renommée arrive aussy;
      Mais lors que son employ de tous costez l'attire,

55   D'où vient qu'elle s'arreste icy?

                    L'Amour & la Renommée paroissent portez
                            chacun sur un Nüage.

SCENE II.

MARS, LA FORTUNE, LA RENOMMEE, L'AMOUR.

LA RENOMMEE.

N'en soyez point surpris; le pénible voyage
          Où jusqu'au bout de l'Univers,
Pour vanter ses Vertus chez cent Peuples divers,
Le Monarque des Lys de jour en jour m'engage,   [p. 4]
60   M'a déja tant de fois fait traverser les airs,
Qu'il faut qu'en m'arrestant enfin je me soulage.
Dans les Siecles passez j'ay bien veu des Héros,
Aléxandre & César m'ont donné de la peine,
Mais au moins dans leur course ils reprenoient haleine,
65   Et me laissoient quelque repos.
LOUIS n'en connoist point, son ame toûjours preste
          A s'éprouver dans les combats,
A peine a médité la plus haute Conqueste,
          Qu'à la Victoire il fait suivre ses pas.
70   Chaque instant de sa vie est un nouveau miracle.
               Vingt Princes dont il fut l'appuy,
               Arment vainement contre luy;
A ce qu'il entreprend rien ne peut mettre obstacle;
          Et ces jaloux de sa grandeur,
75   Forcez par tout à ceder la victoire,
Ne combatent jamais que pour luy faire honneur,
          Et donner du lustre à sa gloire.
Ainsy pour m'acquiter de ce que je luy dois,
J'ay beau presser mon vol, & me haster de dire
80   Ce qu'avec moy tout l'Univers admire,
Mes cent bouches pour luy s'ouvrent tout à la fois,
          Et je n'y puis encore suffire.

Var :   v. 67 : A remplir de l'honneur l'avide passion, (K).
Var :   v. 69 : Qu'on en voit l'exécution. (K).

MARS.

> S'il ne faut rien dissumuler,
> La plainte me paroist nouvelle.
85 Quoy, vous, qui si souvent sur des contes en l'air
> Redites mille fois la mesme bagatelle,
> Vous vous fâchez d'avoir trop à parler?

LA RENOMMEE.

> Je prens sans murmurer tout l'employ qu'on me donne,
> Mais enfin j'ay peine à soufrir
90 D'estre forcée à descourir
> Toûjours de la mesme Personne.   [p. 5]
> Sur chaque nouveauté, comme en tout elle plaist,
> J'aime à dire ce que je pense;
> Et si je ne prens intérest
95 Qu'à celébrer le Nom du Grand Roy de la France,
> Tous les Exploits que les autres feront,
> A ce compte demeureront
> Ensevelis dans le silence.
> Je veux bien toutefois ne parler que de luy;
100 Mais ce qui cause mon ennuy,
> C'est de voir que quand je publie
> Toutes ses grandes Actions,
> On les prend pour des fictions,
> Et l'on m'accuse de folie.
105 Qui pourroit croire aussy ce qu'on a veu deux fois?
> Il paroist, & soudain une Province entiere
> Se fait un heureux sort de servir de matiere
> Au triomphe éclatant qui la met sous ses Loix?
> Je croy le voir encor, toûjours infatigable,
110 Courant, volant par tout, sans jamais s'arrester,
> Estre Chef & Soldat, résoudre, exécuter,
> Et seul à soy-mesme semblable,
> Chercher dans le péril tout ce qui peut flater
> L'ardeur de gloire insatiable
115 Qui porte les Héros à s'y précipiter.
> Mais c'est peu que forcer de superbes Murailles;
> Voyez-le dans le mesme temps,
> Par l'effroy de son Nom, gagner plus de Batailles

Var :   vv. 106–8 : Que presque en moins de rien une Province entiere   /   A son
              triomphe ait servy de matiere,   /   Et se soit soûmise à ses Loix? (K).

Qu'on n'en donnoit autrefois en vingt ans.
120   Apres cela que puis-je faire?
           Toutes ces grandes Véritez
    Ne semblent-elles pas des Contes inventez,
    Et lors que je les dis, m'estime-t-on sincére?

                         L'AMOUR.   [p. 6]

        Vous en donnez si souvent à garder,
125   Qu'il est bon qu'une fois vous en soyez punie;
           Mais par LOUIS quand ma gloire est ternie,
    Moy, l'Amour, n'ay-je pas tout sujet de gronder?
            Depuis le pouvoir qu'il me vole,
              Dont il use comme du sien,
130   Je suis une vraye Idole
            Qui ne semble bon à rien.

                       LA FORTUNE.

        D'où ce chagrin vous peut-il naistre,
          Quand nous voyons que ce Grand Roy,
    En gagnant tous les cœurs, chaque jour fait connoître...

                         L'AMOUR.

135   Mais c'est par luy qu'il s'en rend maistre,
           Et ce n'est pas mon compte à moy,
    Car enfin je voudrois qu'il me dust quelque chose;
           Mais j'ay beau parmy tous mes traits,
    Pour faire que des Cœurs par mon ordre il dispose,
140   En aller choisir tout exprès:
    D'eux-mêmes à l'envy, sans qu'on les sollicite,
            Ces Cœurs tout-à-coup enflâmez,
             Se rendent tous à son mérite,
    Et sans que je m'en mesle, ils s'en trouvent charmez.

                          MARS.

145   Et c'est à quoy l'Amour prend garde?
            Pourveu que tout vous soit soûmis,
            Que vos droits soient bien affermis,
    Qu'importe ...

L'AMOUR.

Passe encor pour ce qui le regarde;
Mais ce qui fait tout mon ressentiment,
150   Et m'est une peine cruelle,
C'est que lors qu'avec une Belle
J'ay fait l'union d'un Amant,   [p. 7]
Et qu'elle en croit les nœuds serrez si fortement,
Que rien ne sçauroit plus l'arracher d'aupres d'elle,
155   Si LOUIS dans sa noble ardeur
Court où l'appelle son grand cœur,
L'Amant, quoy que plein de tendresse,
Se reproche un honteux repos,
Et quitte aussi-tost la Maistresse,
160   Pour suivre les pas du Héros.
Elle s'en plaint, elle en soûpire,
Et par sa disgrace fait voir
La foiblesse de mon Empire.

LA RENOMMEE.

Que n'usez-vous alors de tout vostre pouvoir,
165   Pour rappeller ceux que la Guerre attire?

L'AMOUR.

Il ne tient pas à le vouloir;
Mais j'ay beau faire, j'ay beau dire,
Charmez de voir LOUIS, de marcher sur ses pas,
Quelque flateur que pour eux je puisse estre,
170 C'est un Enfant qui parle, ils ne m'écoutent pas,
    Et les combats
Aupres de leur Auguste Maistre,
   Ont pour eux plus d'appas
Que les plus tendres feux qu'en leurs cœurs j'ay fait naistre.
175   Ainsy la Guerre est un malheur
Qui me rend inutile, & c'est dequoy j'enrage;
Je me trouve accablé de honte & de douleur,
Et tandis que LOUIS fait briller sa valeur,
   Je jouë un méchant personnage.
180 Mais que vois-je?

Var :   v. 151 : C'est qu'alors qu'avec une Belle (O).
Var :   v. 158 : Se reproche un heureux repos, (O).
Var :   v. 169 : O donne par erreur 'Quelque flateur que pour luy je puisse estre,'.
Var :   v. 177 : Je m'en trouve accablé de honte & de douleur, (O).

SCENE III.

LA GLOIRE, MARS, LA RENOMMEE, LA FORTUNE, L'AMOUR.

LA GLOIRE.

La Gloire, à qui le Ciel toûjours
 Donna les Héros à défendre.
De ce Temple où j'ay soin chaque jour de me rendre,
 Je viens d'entendre vos discours.
En vain, Dieu des Guerriers, dont la fiere puissance

185   Vous fait redouter des Mortels,
  Vous prétendez détruire les Autels
Que j'ay fait élever au Héros de la France;
Il mérite encor plus, & n'est point comme vous
Incessamment remply d'un aveugle couroux.

190   Lors qu'il entreprend quelque Guerre,
C'est pour mieux maintenir de légitimes Droits,
Ou pour confondre ceux, qui méprisant les Rois,
Se veulent ériger en Tyrans de la Terre.
Rendez-luy donc justice, & dans tous ses combats

195   Vous-mesme accompagnez ses pas;
Ainsy de vos fureurs on ne pourra se plaindre,
Et secondant LOUIS, qui par tout sçait charmer,
  En mesme temps que vous vous ferez craindre,
  En mesme temps vous vous ferez aimer.

A LA FORTUNE.

200   La Fortune, je le confesse,
  A sujet de se chagriner.
Elle est d'un Sexe à voir avec quelque tristesse,
Que ses Adorateurs l'osent abandonner;
  Mais qu'elle se fasse justice,

205 Ses bienfaits sont souvent suivis de trahison,
Elle ne fait jamais de bien que par caprice,
Et le Dieu des François n'en fait que par raison.
  Il récompense le mérite,
  Sans mesme qu'on l'en sollicite,

210 Et pour se rétablir, la Fortune aujourd'huy

Var :   O corrige la liste des personnages de la Scène 3 en 'LA GLOIRE, MARS,
    LA RENOMMEE, L'AMOUR, LA FORTUNE.'
Var :   v. 202 : Elle est d'un sexe à voir avec quelle tristesse, (O).

Doit se ranger aupres de luy,
On oublîra son inconstance,
Et par un surprenant effet
On luy croira de la prudence,
215 Et c'est ce qu'on n'a jamais fait.

A LA RENOMMEE.

Pour vous répondre aussy, Déesse,
Le travail est pénible à remplir vostre employ;
Mais le charme qu'on trouve à parler d'un Grand Roy,
Ne demande-t-il pas qu'on en parle sans cesse?
220 Depuis que par l'ordre des Cieux
Vous publiez les merveilles
Et des Hommes & des Dieux,
En avez-vous jamais raconté de pareilles,
Ny de qui le recit vous fût si glorieux?
225 Quant aux Demy-Héros qui prennent pour ofense,
Que de leurs noms obscurs vous fassiez peu d'état,
A quoy bon vous charger d'actions sans éclat,
Dont jamais l'Avenir ne prendra connoissance?
Malgré le vain orgüeil dont ils sont ébloüis,
230 Laissez-les dans la poussiere.
Et donnez-vous toute entiere
A publier des Exploits inoüis;
Dites plus que jamais cent Héros n'ont pû faire,
Vous n'aurez qu'à nommer LOUIS,
235 Et dans tout l'Univers on vous croira sincére.

A L'AMOUR   [p. 10]

Vous soufrez, je le connois bien,
J'entre dans vostre inquiétude;
Demeurer sans pouvoir, est un destin bien rude,
Et l'Amour est à plaindre alors qu'il ne fait rien;
240 Mais venez voir LOUIS, & tâchez de luy plaire,
Attachez-vous à le considérer,
A voir sa gloire, à l'admirer,
Et vous aurez assez à faire.

L'AMOUR.

Je veux suivre vostre conseil.

Var :   v. 239 : Et je plains fort l'Amour qui ne s'occupe à rien; (I).
Var :   v. 243 : Et vous aurez assez affaire. (C).

LA FORTUNE.

245   Chacun doit déferer aux avis de la Gloire.

LA RENOMMEE.

Ainsy que vous je la veux croire.

MARS.

Voyons auparavant ce Temple sans pareil.

LA GLOIRE.

Vous pouvez l'admirer ensemble,
Il mérite bien vos regards;
250   Mais il faut qu'en ce lieu j'assemble
Les Plaisirs & les plus beaux Arts,
Par mon ordre ils s'en vont paroistre,
Et par leurs Chansons & leurs Jeux
Marquer au plus Grand Roy que le Ciel ait fait naistre,
255   Ce qu'ils doivent au soin qu'il daigne prendre d'eux.

Dans le temps que Mars & les autres Divinitez qui ont paru dans le Prologue, s'avancent dans le Temple pour en mieux examiner les beautez, la Musique sort d'un des costez du Theatre, avec un Livre de Tablature [p. 11] *à la main; Elle est suivie des Arts, tant Libéraux que Mécaniques, qui sont l'Agriculture, avec un Habit couvert d'Epis d'or, & tenant une Besche; la Navigation, vestuë d'un Tafetas de la Chine, à la maniere des Matelots; l'Orfevrie, chargée de Chaînes d'or & de pierreries; la Peinture, tenant une Palete & un Pinceau; la Guerre une Epée; la Geometrie, un Compas; l'Astrologie, un Globe; & la Sculpture, un Ciseau. La Comédie paroist de l'autre costè, tenant un Masque, & accompagnée des Plaisirs. La Chasse, qu'on met ensemble au nombre des Plaisirs & des Arts, se fait voir la premiere vestuë de verd, & tenant un dard. La Mascarade la suit bizarement habillée, avec un Cornet à la Main. On voit en suite la Pesche qui tient une Ligne; la Paume, une Raquette; le Jeu, des Cartes; la Bonne-chere, un Flacon d'or; & la Danse, une Poche. Apres avoir par quelques figures, & par leurs diférentes actions, donné des marques de ce qu'ils representent, la Comédie & la Musique chantent ensemble le Dialogue suivant.*

Var :   vv. 255–6 : (indication scénique): '... Elle est suivie des arts, tant Libéraux que Mécaniques, qui apres avoir par quelques figures, & par leurs differentes actions donné des marques de ce qu'ils representent, La comédie & la musique chantent ensemble un Dialogue par ou le Prologue finit' (O). Cette indication est suivie de la note 'fin du Prologue'.

DIALOGUE DE LA MUSIQUE
ET DE LA COMEDIE.

[p. 12]

LA COMEDIE.

Pour divertir LOUIS, unissons-nous ensemble,
Il est le plus grand des Mortels;
Et quand pour luy la gloire éleve des Autels,
Il faut que la Musique assemble
260 *Ce que ses tons les plus charmans*
Peuvent à mon Theatre adjoûter d'ornemens.

LA MUSIQUE.

Pour ce Grand Roy qui sur la Scene
Voit si souvent tes charmes éclater,
J'aimerois assez à chanter;
265 *Mais j'ay si peu de voix qu'on ne m'entend qu'à peine.*

CEUX DES COMÉDIENS qui representent
une partie des ARTS & des PLAISIRS.

Si tu nous veux soufrir, nous pourons t'en prester.

LA COMEDIE & LA MUSIQUE ensemble.

Unissons-nous pour celebrer la gloire.
Dont brille l'Auguste LOUIS.

LA MUSIQUE seule.

De son éclat par tout les Peuples ébloüis,
270 *Consacrent son grand Nom au Temple de Mémoire.*

LA COMEDIE & LA MUSIQUE ensemble.

Unissons-nous pour celébrer sa gloire.

Tous ensemble.

Vantons ce grand Nom comme eux,
Jamais Exploits si fameux
Ne firent parler l'Histoire.

LA COMEDIE & LA MUSIQUE, avec UN DES ARTS.

[p. 13]

275 *Ils sont tels, que nos Neveux*
Refuseront de les croire.

Tous ensemble.

Chantons, unissons-nous pour celébrer sa gloire.

LA MUSIQUE seule.

Sur des Exploits moins glorieux
On a placé parmy les Dieux
280 *Les Héros dont le Nom fut grand & redoutable.*
LOUIS a droit plus qu'eux a l'Immortalitê;
LOUIS qui tous les jours fait une Verité
Des vains prodiges de la Fable.

LA COMEDIE & LA MUSIQUE.

Ses Ennemis, de ses Armes frapez,
285 *Sont à vanter son Nom eux-mesmes occupez,*
Luy voyant entasser Victoire sur Victoire.

Tous ensemble.

Vantons ce grand Nom comme eux,
Jamais Exploits si fameux
Ne firent parler l'Histoire.

LA COMEDIE & LA MUSIQUE, avec UN DES ARTS.

290 *Ils sont tels, que nos Neveux*
Refuseront de les croire.

Tous ensemble.

Chantons, unissons-nous pour celébrer sa gloire.

Var :   vv. 284–6 attribués à UN DES ARTS dans K.
Var :   vv. 256–92 : (DIALOGUE DE LA MUSIQUE ET DE LA COMEDIE)
             sont omis dans O.

[p. 14]

DECORATION

DU PREMIER ACTE.

Le Theatre du Prologue fait place à une Décoration moins régulière, mais qui dans son irrégularité ne laisse pas d'avoir des beautez qui plaisent également à la veuë. Elle represente une Plaine, où diverses Ruines marquent les restes de quelques Palais démolis, & le tout dans une si agreable varieté, qu'elle n'a aucune partie qui ne fasse paroistre quelque chose de diférent. Au bout de cette Plaine on découvre une Montagne d'une grandeur prodigieuse. Elle est fertile dans le bas en Plantes & Fleurs bâtardes; & à mesure qu'elle s'éleve, elle devient aride, formant des Rochers peu remplis de verdure, & entre-coupez de chemins. Le sommet laisse voir un Palais ruiné & désert, avec un grand Horison tout autour, en sorte que la Montagne est isolée, & paroist naturelle aux yeux.

[p. 15]

ACTE I.

SCENE PREMIERE.

GLAUCUS, PALEMON.

PALEMON.

J'admire, à dire vray, cette délicatesse.
    Sylla tient vostre cœur charmé,
295 Vous n'aspirez dans l'ardeur qui vous presse,
Qu'à l'unique bonheur de vous en voir aimé;
Et lors que vostre rang vous peut aider à plaire,
    Vous vous obstinez à le taire,

Var :   Toute la description de la DECORATION DU PREMIER ACTE est omise dans O. L'Acte I est précédé dans O par la liste des Acteurs de la Tragédie (voir p. XXX de la présente édition).

Var :   'ACTE I.' est remplacé dans O par 'Circé. / Tragedie. / Acte Premier'.

Vous passez pour un Prince illustre & glorieux,
300   Que l'on révere dans la Thrace,
      Et c'est choisir d'assez nobles Ayeux,
Que de faire Borée autheur de vostre Race.
Borée en ces Cantons de frimats & de glace,
S'est acquis un renom qui fait bruit en tous lieux;
305 Mais lors que d'un Rival l'amour vous embarasse,
Si l'aimable Sylla sçavoit qu'entre les Dieux
          Le Destin vous a donné place,   [p. 16]
      Vos desseins n'en iroient que mieux.
Laissez-là d'un Mortel la trompeuse apparence,
310 Et prenez de Glaucus la fiere majesté;
          Pour forcer un cœur qui balance,
      L'éclat de la Divinité
      Manque rarement de puissance.

GLAUCUS.

Ah Palémon, crois-tu qu'on puisse avoir jamais,
315 Quand on est bien touché, l'ame trop délicate?
Et quelque doux panchant qui pour nos cœurs combate,
          L'amour qui contraint les souhaits,
      A-t-il quelque chose qui flate?
      Si me faisant connoistre pour Glaucus,
320   J'obtiens que Sylla me préfere,
Pourray-je m'applaudir de ses dédains vaincus,
Quand son ambition voulant se satisfaire,
Aura plutost en moy, pour finir mon tourment,
          Regardé le Dieu que l'Amant?
325 Comme Prince & Mortel, dans mon amour extréme
Je voudrois luy pouvoir faire agréer mes vœux,
          Obtenir son cœur d'elle-mesme,
      Et la voir sensible à mes feux,
Sans qu'elle sçeust que c'est un Dieu qui l'aime.

PALEMON.

330 Si comme dans Borée il vous a plû choisir
Le sang que vous feignez vous avoir donné l'estre,
          Vous l'imitiez dans le brulant desir
Que l'amour autrefois dans son ame fit naistre,
Vous n'auriez pas le goust si différent du sien.

Var :   v. 299 : Pour passer pour un Prince illustre & glorieux, (O).
Var :   vv. 330–44 sont biffés à l'encre dans O.

335   Charmé de la belle Orithie,
Il fit l'Amant soûmis, en prit le doux maintien,
Et d'abord les soûpirs furent de la partie;
Mais voyant qu'aupres d'elle ils ne servoient de rien,
Sans tenir au respect sa flame assujettie,   [p. 17]
340   Il employa la force, & s'en trouva fort bien.

GLAUCUS.

Ah ne me parle point de suivre son exemple.
Moy, tâcher d'estre heureux par un Enlevement!

PALEMON.

Soûpirez donc toûjours, la matiere est bien ample,
         Quand un Rival en est le fondement;
345   Sylla, vous le sçavez, regrete Mélicerte,
Pour ce Prince Thébain son cœur est enflamé.

GLAUCUS.

         Oüy, je sçay qu'il en est aimé,
         Et c'est la cause de ma perte.
Mais enfin tout-à-coup disparu de ces lieux,
350   Sans l'avoir préparée aux chagrins de l'absence,
         Par ce depart injurieux
         Il semble qu'à mon espérance
         Il abandonne un bien si prétieux.
Il me faut ménager un temps si favorable.
355   Ainsy je veux, pour fléchir sa rigueur,
Luy jurer tout l'amour dont le plus tendre cœur
         Se soit jamais trouvé capable;
Et si les vifs transports d'une si belle ardeur
La laissent à mes vœux toûjours inéxorable,
360   Je feray briller à ses yeux
L'honneur que j'ay reçu d'estre au nombre des Dieux.
Peut-estre que déja la Nymphe Galatée,
Qui sçait tout le secret de mon déguisement,
Aura nommé Glaucus à Sylla pour Amant;
365   La chose entr'elle & moy s'est ainsy concertée,
         Pour découvrir son sentiment;

Var :   vv. 345–6 : Mais le cœur de Sylla pour un autre enflamé / Luy fait regretter
         Melicerte. (O).
Var :   vv. 354–76 sont biffés au crayon dans O.

Et pour peu que d'un Dieu l'hommage l'ait flatée,
Si comme Prince enfin je me vois sans espoir,
Parlant comme Glaucus, j'auray quelque pouvoir.
370   Ce n'est pas qu'il soit seûr qu'elle veüille se rendre,   [p. 18]
  Il est d'orgueilleuses Beautez
  Qui font gloire de se défendre
  De l'amour des Divinitez;
Apollon autrefois fut l'Amant le plus tendre,
375   Et l'ofre de son cœur soûmis, passionné,
  Ne pût toucher la trop fiere Daphné.

PALEMON.

Mais à quand découvrir que le Prince de Thrace
Cache en vous ce Glaucus que l'on ne connoist pas?

GLAUCUS.

Laisse à ma flame encor rendre quelques combats;
380   Malgré ce que je soufre à voir Sylla de glace,
Je pers ce que l'amour a de plus doux appas,
Si Glaucus dans son cœur peut seul me donner place.

PALEMON.

L'Estre Divin sans doute est un grand bien,
  Le privilege en est commode;
385   Mais pour moy je voudrois qu'au moins ce fust la mode,
Que les Dieux pûssent tout, & ne soufrissent rien.

GLAUCUS.

  C'est l'Arrest du Sort; nous ne sommes
  En matieres de passions,
  Que ce qu'icy bas sont les Hommes;
390   Et si des Transformations
  Les miracles nous sont possibles,
  L'heur d'estre plus ou moins sensibles
  Ne suit pas nos intentions.
Par nous les volontez ne sont jamais forcées;
395   Et quand l'Amour nous a touchez,
Penétrer dans les cœurs, lire dans les pensées,
  Sont droits qui nous sont retranchez.
Il est bon apres tout, qu'une telle impuissance

Var :   **v. 379 : Laisse à ma flame encor livrer quelques combats; (O).**

Laissant craindre & douter, irrite le desir,
400   L'incertitude anime l'espérance,   [p. 19]
         Et nous aimerions sans plaisir,
      Si nous n'aimions qu'avec pleine assurance
      De ne trouver aucune resistance
Dans l'Objet que l'Amour nous auroit fait choisir.

PALEMON.

405   Comme je n'aime pas la peine,
J'y serois, je l'avoüe, un peu moins délicat;
         Et quoy que vaincre sans combat
         Ne soit pas pour une ame vaine
         Un triomphe de grand éclat,
410 J'aimerois à trouver la Victoire certaine;
         Témoin les Belles que voicy
Dont chacune avec moy prend diférente route;
         Je vois la fiere, sans soucy,
         Et je ne fais le radoucy
415   Qu'aupres de celle qui m'écoute.

SCENE II.

GLAUCUS, PALEMON, CELIE, MELISSE.

GLAUCUS.

Quoy, seules sans Sylla?

CELIE.

         Derriere ce Costeau
      Elle a trouvé la Nymphe Galatée,
Avec qui par respect elle s'est arrestée.

GLAUCUS.

      Sans cette occasion il m'eust paru nouveau
420 Que vous l'eussiez ainsy l'une & l'autre quittée.
      Que m'en apprendrez-vous & que dois-je espérer   [p. 20]
         Du pur amour que je luy fais paroistre?

Var :   **v. 420** : O donne par erreur 'Que vous l'eussiez l'un & l'autre quitté.'

CELIE.

Sa fierté peut ne pas durer;
Mais qui risque sur un peut-estre,
425   A quelquefois longtemps à soûpirer.

MELISSE.

Seigneur, si vous m'en voulez croire,
Vous cesserez d'aimer qui ne vous aime pas.
Vous devez cet effort au soin de vostre gloire,
      Et c'est vous ravalez trop bas,
430   Que de ceder une victoire
Dont vous voyez qu'on fait si peu de cas.

CELIE.

Contre l'Amour Melisse est toûjours animée,
      Et dit plus qu'elle ne feroit.

MELISSE.

Il est vray que jamais je n'eus l'ame enflamée;
435   Mais le dépit me guériroit,
Si j'aimois un moment sans que je fusse aimée.

GLAUCUS.

Non, vos conseils sont superflus,
Melisse, il faut que j'aime, & le Destin l'ordonne;
Mais lors que tout mon cœur à Sylla s'abandonne,
440   Qu'ay-je en moy qui me doive attirer ses refus?
Mon Rival vaut-il tant qu'elle me le préfere,
      Quand il s'agit de choisir un Epoux?
Et suis-je fait d'un air...

CELIE.

      Non, Seigneur, au contraire,
Air, taille, mine, port, tout est brillant en vous;
445   Et vous auriez le cœur de quelqu'une de nous,
Si quelqu'une de nous avoit l'heur de vous plaire.

MELISSE.   [p. 21]

Qui cherche à prévenir d'un air si gratieux,
Doit se sentir d'humeur à ne se point défendre.

CELIE.

Sans doute, je tiendrois le party glorieux,
450   Car comme vous je ne veux pas le prendre
      Sur le ton fier & sérieux;
Mais soit dit sans blesser le pouvoir de vos yeux
    Qui vous donnent droit de prétendre
      Jusqu'à la tendresse des Dieux,
455   Celle qu'on voit qui se défend le mieux,
    Est quelquefois la plus preste à se rendre.

PALEMON.

Celie est sans façon, & je l'aime par là.

CELIE.

A quoy peut servir la grimace?

GLAUCUS.

Quoy, toûjours Mélicerte est aimé de Sylla,
460 Quoy que par son absence il m'ait quitté la place?
Il l'ose abandonner, sans qu'on sçache en quel lieu
    Son ingratitude l'entraîne,
    Point d'excuses, aucun adieu,
Et les soûpirs d'un Prince, & peut-estre d'un Dieu,
465 Ne pourront contre luy revolter l'inhumaine?
La constance est sans doute un peu hors de saison.

CELIE.

Voila ce que c'est qu'une Femme.
    Quand de l'amour le douceureux poison
    S'est une fois emparé de son ame,
470 Il la broüille si bien avecque sa raison,
    Que la plus noire trahison
    Peut à peine éteindre sa flame.
J'ay beau pour vous servir peindre vostre Rival
De toutes les couleurs qui repoussent l'estime;
475 De son éloignement j'ay beau luy faire un crime,   [p. 22]
    Sylla soûtient que je le connois mal,
Et crois bruler pour luy d'un feu si légitime,
    Que dans l'ardeur de le revoir
Elle veut de Circé faire agir le pouvoir.

GLAUCUS.

480   De Circé! Quoy, Célie...

CELIE.

Oüy, dès aujourd'huy mesme
Elle songe à se rendre au Palais de Circé.

GLAUCUS.

Je l'apperçois qui vient. Ciel, faut-il que je l'aime,
    Si de son cœur par ma tendresse extréme
Mon indigne Rival ne peut estre chassé?

SCENE III.

GLAUCUS, SYLLA, PALEMON, CELIE, MELISSE.

GLAUCUS.

485   Qu'avez-vous résolu, Madame,
Dois-je toûjours languir, & languir sans espoir?

SYLLA.

Je vous l'ay déja dit, j'estime vostre flame,
Prince, & vos vœux offerts auroient touché mon ame,
Si sur moy Mélicerte eust eu moins de pouvoir.

GLAUCUS.

490   Doit-il le conserver ce pouvoir qui me tuë,
Quand il aime assez peu pour vous abandonner?
        Sa fuite est-elle à pardonner?
Il vous quitte, il renonce au bien de vostre veuë,   [p. 23]
        Et vous voulez vous obstiner
495   A luy garder la foy qu'il a reçeuë.

SYLLA.

Qu'il en soit digne, ou non, tout est égal pour vous;
Je dois toûjours l'aimer, s'il m'est toûjours fidelle;
Et si de son depart la cause est criminelle,
Tous les Hommes par luy méritent le couroux
500   Où pour vanger ma gloire un juste orgüeil m'appelle;
      Et je leur dois jurer à tous,
Pour le crime d'un seul, une haine éternelle.

GLAUCUS.

Quoy, regarder ce crime ainsy qu'un attentat
Que partagent tous ceux qu'un beau feu vous attire?

SYLLA.

505   De l'Amour une fois on peut suivre l'empire,
      Au péril de faire un Ingrat;
Mais dés qu'on est trompé, l'épreuve doit suffire,
      Et pour peu qu'elle ait fait d'éclat,
Qui de nouveau peut croire un Amant qui soûpire,
510   N'a pas sur la fierté le cœur bien délicat.

GLAUCUS.

Rigoureuse maxime! A quoy me réduit-elle,
    Si rien ne vous la fait changer?

SYLLA.

    Je n'ay pas l'esprit léger;
    Et si j'aime un Infidelle,
515   Jamais passion nouvelle
    N'aura dequoy m'engager.

GLAUCUS.

Ah, si vous connoissiez jusqu'où pour vous la mienne
Pousse les transports de mon cœur!

SYLLA.

Je les croy pleins de la plus vive ardeur;
520   Mais que voulez-vous qu'elle obtienne,   [p. 24]
Lors qu'un Dieu mesme éprouve ma rigueur?

Je viens de quiter Galatée,
Qui m'a peint de Glaucus le violent amour;
Je ne l'ay qu'à peine écoutée,
525   Tout cede à Mélicerte, & j'attens son retour.

GLAUCUS.

Il est juste qu'un Dieu sur un Mortel l'emporte;
Et si Glaucus brule pour vous,
Ce choix à vostre gloire importe,
Je le verray sans en estre jaloux.
530   Au moins ce me sera quelque chose de doux,
Que mon malheur au plus haut rang vous porte,
Et ma douleur sera moins forte
Par l'avantage de l'Epoux.

SYLLA.

Prince, l'ambition ne regle point ma flame,
535   Et si j'avois encor à choisir un Amant,
Je ne m'attacherois qu'au seul empressement,
Luy seul pourroit tout sur mon ame.
Ainsy tout Dieu qu'il est, si Glaucus écouté
De mon cœur se rendoit le maistre,
540   Ce seroit moins par la Divinité,
Que par l'amour qu'il me feroit paroistre.

GLAUCUS.

Quoy, d'un Dieu pour Epoux faire si peu de cas,
Qu'un Mortel luy soit préferable?

SYLLA.

C'est à force d'aimer que l'on se rend aimable,
545   Et je ne me figure pas
Que d'un amour solide & stable
Un Dieu chérisse assez l'appas,
Pour en estre longtemps capable.

GLAUCUS. [p. 25]

C'est mal juger des Dieux, qu'avoir ce sentiment.

SYLLA.

550   Leur flame est si-tost amortie,
          Qu'on les peut croire tous portez au changement.
          Le Soleil n'a-t-il pas abandonné Clytie,
              Luy qui sembloit l'aimer si tendrement?
          Croyez-moy, leur amour aproche point du nostre.
555   Si c'est gloire qu'un Dieu, quand on l'a pour Epoux,
          Il en faut essuyer mille chagrins jaloux;
          Et Jupiter luy-mesme, à le dire entre nous,
              N'est pas meilleur Mary qu'un autre.

GLAUCUS.

          Mais par son peu d'amour quels ennuis aujourd'huy
560   Ne vous cause pas Mélicerte?

SYLLA.

          Il est vray, je soûpire, & ce n'est que par luy
              Qu'aux soûpirs mon ame est ouverte.
              Il s'est éloigné sans me voir,
          Sans m'aprendre en quel lieu son mauvais sort l'exile.
565   A le faire chercher mon soin est inutile,
          Je demande, m'informe, & n'en puis rien sçavoir.
              Son incertaine destinée
          A mon esprit flotant cause mille embarras,
          Il peut estre infidelle, il peut ne l'estre pas;
570   Mais enfin je puis voir ma peine terminée,
              Et sortir de ce mauvais pas.
          Il est un seûr moyen d'éclaircir le mystere
              De son depart précipité.

GLAUCUS.

          Employez-le, Madame, & faites vanité
575   D'étaler à mes yeux ce qui me desespere.
              Pour moy qui vois que de vous plaire
          Tout espoir desormais à ma flame est osté,
              Je ne seray plus arresté   [p. 26]
              Par un respect qui m'est contraire,
580   Je vay devenir teméraire,
          Et pour réduire enfin vostre ingrate fierté,
              Il n'est rien que je n'ose faire.

Var :   v. 564 : Sans m'aprendre en quels lieux son mauvais sort l'exile. (O).

SYLLA.

C'est pour l'amour un assez doux appas,
  Que chercher à se faire craindre.

GLAUCUS.

585 Si le mien va trop loin, ne m'en accusez pas,
       C'est vous qui le voulez contraindre
       A recourir aux attentats.
     Pour forcer vos desirs, je vais mettre en usage
     Ce qu'en vain...

SYLLA.

         Adieu, Prince, il faut me retirer
590   Pour ne rien oüir davantage.
     Je voy que vostre amour commence à s'égarer,
     Et vous estime assez pour vouloir ignorer
     L'indiscrete chaleur où son transport l'engage.

GLAUCUS.

Madame, encor un mot.

SYLLA.

         Je n'écoute plus rien.

GLAUCUS.

595 Je vous suivray partout, & malgré vous, sans cesse
     Je me plaindray de l'ennuy qui me presse.

SCENE IV.   [p. 27]

PALEMON, CELIE.

PALEMON.

Tout-de-bon, Celie, est-il bien
De se montrer ainsy Tygresse?

CELIE.

600 Sylla se pique trop d'avoir le cœur constant
Pour un Ingrat qui l'a quittée.
Pour moy qui serois rebutée,
Si l'on m'en avoit fait autant,
Je prendrois sans façon l'ofre de Galatée.

PALEMON.

Ainsy l'amour d'un Dieu te toucheroit le cœur?

CELIE.

605 N'en déplaise au Prince ton Maistre,
Un Dieu, plus qu'un Mortel, en aimant fait honneur;
Et si le moindre d'eux me montroit quelque ardeur,
Malgré ce qu'en mon ame un autre auroit fait naistre,
Je m'en ferois un sensible bonheur.

PALEMON.

610 Voila comme au brillant courent toutes les Femmes;
Elles ont beau jurer fidelité,
L'amour ne tient jamais contre la qualité,
Et malgé les plus belles flames
L'Amant au plus haut rang monté
615 Est celuy qui toûjours peut le plus sur leurs ames.

CELIE.

Va, va, tu n'en ferois pas moins,
Malgré ce que tu m'as debité de fleurettes,   [p. 28]
Si parmy nos Nymphes coquettes
Quelqu'une estoit d'humeur à recevoir tes soins...

PALEMON.

620 Tes affaires alors pourroient bien estre faites,
Car tu veux qu'avec toy je parle franchement.

CELIE.

Sans doute; mais Sylla s'avance dans la Plaine,
Il me la faut rejoindre promptement.

Var :   v. 616 : On donne par erreur 'Va, va, tu n'en serois pas moins,'.

PALEMON.

625 Nous la ratraperons, ne t'en mets point en peine,
J'ay beaucoup à te dire, écoute seulement.

CELIE.

Pas deux mots.

PALEMON.

Pas deux mots! Quoy, refuser d'apprendre...

CELIE.

Si le cœur te dit d'en conter,
Ces trois Belles auront tout loisir de t'entendre,
Et je veux bien te laisser coqueter.

PALEMON.

630 Elles pourront longtemps m'attendre,
Je t'aime trop, pour te pouvoir quiter.

SCENE V.

FLORISE, DORINE, ASTERIE.

FLORISE.

Circé doit préparer un Charme d'importance,
Puis qu'en cette Montagne elle a voulu chercher
Les Herbes qu'elle-mesme elle vient d'arracher,
635   Et dont l'entiere connoissance   [p. 29]
Est un secret qu'elle aime à nous cacher.

ASTERIE.

Seroit-ce que déja lasse de sa conqueste,
Au Prince Mélicerte elle manque de foy,
     Qu'à s'en défaire elle s'apreste,
640   Et qu'elle cüeille icy dequoy
     Le métamorphoser en Beste?

DORINE.

C'est de tous ses Amans le déplorable sort.
        Apres les plus fortes tendresses
        Dont elle est prodigue d'abord,
645   Un état mille fois plus fâcheux que la mort
        Devient le fruit de ses promesses.

ASTERIE.

    Voir les uns transformez en Loups,
Les autres d'un Lyon endosser la figure,
    C'est une terrible avanture.

DORINE.

650   Ne vaudroit-il pas mieux qu'à quelqu'une de nous,
    Quand Circé d'un Amant a juré la disgrace,
    Elle cedast les vœux dont l'ofre l'embarasse?

ASTERIE.

        Pour moy je verrois sans couroux,
        Si dans son cœur Mélicerte s'efface,
655   Qu'il me vinst faire les yeux doux,
    Et je sens je ne sçay quel mouvement jaloux
    De ce qu'un autre Objet le rend pour moy de glace.

DORINE.

    Ainsy, ma Sœur, vous croyez bonnement,
    S'il pouvoit à Circé devenir infidelle,
660   Que vous l'engageriez à quelque attachement?

ASTERIE.

    Et ne suis-je pas assez belle
    Pour meriter son radoucissement?   [p. 30]

FLORISE.

    Pour moy je vous admire, & ne voy pas comment
    Ecouter des douceurs peut donner tant de joye.
665   C'est bien du temps perdu, que celuy qui s'employe
    A tourner sur le tendre un fade sentiment,
    Et je ne sçache rien...

ASTERIE.

Ma Sœur, c'est vainement
Que vostre pruderie avec nous se ploye;
A quoy bon ce déguisement?
670   Vous décriez l'Amour, & pensez autrement,
Car enfin vostre cœur est fait comme le nostre;
Et s'il vous venoit un Amant,
Vous le prendriez comme une autre.

DORINE.

En voicy pour nous à choisir,
675   Trois Satyres icy viennent pour nous surprendre.

ASTERIE.

Comme sans nul péril nous pouvons les entendre,
Il faut s'en donner le plaisir.

FLORISE.

Vous n'en craignez point l'insolence?

ASTERIE.

Circé n'est qu'à dix pas de nous,
680   Et nous aurons par elle une seûre vangeance,
S'ils méritent nostre couroux.

SCENE VI.   [p. 31]

FLORISE, DORINE, ASTERIE, Trois SATYRES.

1. SATYRE.

Vous n'échaperez pas; nous vous tenons, les Belles.

FLORISE.

Ah, ma Sœur.

Var :   vv. **676–7** attribués à DORINE dans I.

2. SATYRE.

Contre nous vos efforts seront vains;
Le seul moyen de sortir de nos mains,
685   C'est de n'estre point trop cruelles.

ASTERIE.

Vous estes d'accommodement?
Encor est-ce pour nous une assez bonne affaire;
  Çà, regardons ce qu'il faut faire,
  Mais, sur tout point d'emportement.

1. SATYRE.

690   Il faut vivre pour nous, & chercher à nous plaire.

ASTERIE.

Il est bon de sçavoir comment.
Avec vous volontiers, en nous prenant pour Femmes,
  Nous irons habiter les Bois.

3. SATYRE.

C'est bien nostre affaire à tous trois.

1. SATYRE.

695   S'il ne tient qu'à cela, l'Hymen joindra nos ames;
  Voicy celle dont je fais choix.

2. SATYRE.   [p. 32]

Ne te haste point tant, c'est celle
A qui je veux donner ma foy.

1. SATYRE.

J'ay parlé le premier, je l'auray.

2. SATYRE.

        Bagatelle;
700   Tu prétens me faire la loy?

1. SATYRE.

C'est un Arrest donné sans retour.

3. SATYRE.

J'en appelle.

1. SATYRE.

Tu t'en veux mesler?

3. SATYRE.

Et pourquoy
Voudrez-vous tous deux la plus belle,
Estant tous deux plus laids que moy?

2. SATYRE.

705   Je suis plus laid? Voyez sa mine,
Mal figuré, trapu, courtaut.

3. SATYRE.

A cause de sa taille, il veut le porter haut;
Mais qu'il approche, il est d'une odeur fine
A mettre le cœur en defaut.

ASTERIE.

710   C'est pousser trop loin la querelle,
Je sçay pour la finir un moyen glorieux.
Celuy des trois qui chantera le mieux,
Choisira de nous la plus belle.

1. SATYRE.

D'accord.

2. SATYRE.

Je le veux bien.

3. SATYRE.   [p. 33]

Rien ne peut estre mieux.

1. SATYRE.

715   Silence à ma Chanson nouvelle.

Var :   vv. 705–9 : sont biffés au crayon dans O.

CHANSON DU PREMIER SATYRE.

Deux beaux yeux me charment,
Leurs traits me desarment;
Mais s'ils ne sont doux,
Nargue de leurs coups.
720 *J'aime une Maistresse*
Qui me tend les bras;
Fy de la rudesse;
Avec mille appas
La Beauté Tygresse
725 *Ne me plairoit pas.*

Qu'est-ce? hé bien? n'ay je pas une voix qui résonne?

ASTERIE.

Elle a dequoy nous charmer.

2. SATYRE.

Pour cesser de l'estimer,
Ecoutez comme j'entonne.

CHANSON DU SECOND SATYRE.

730 *Un jour la jeune Lysette*
Couchée à l'ombre d'un Bois,
Disoit d'une triste voix,
Helas! helas! faut-il resver seulete,
Et ne pourroit-on quelquefois
735 *Se trouver deux à rire sur l'herbete?*

Un Berger survint [p. 34]
Qui luy tint
Bonne & douce compagnie.
Sur la rencontre au Bois, des qu'on en eut le vent,
740 *On fit jazer la Calomnie,*
Qui mit cent contes en avant;
Mais Lysette laissa médire,
Le Berger l'avoit fait rire,
Elle y retourna souvent.

745 Ma Voix? est-il rien de si doux?

Var : vv. 716–25 (CHANSON DU PREMIER SATYRE) sont biffés au crayon
dans O.
Var : vv. 730–44 (CHANSON DU SECOND SATYRE) sont biffés au crayon
dans O.

DORINE.

Vous avez fait tous deux merveilles.

3. SATYRE.

Ce n'est encor là rien, apprestez vos oreilles.

SCENE VII.

FLORISE, DORINE, ASTERIE, Trois SATYRES,
Deux autres SATYRES qui surviennent.

4. SATYRE.

Ah, ah, Troupe gaillarde, il fait bon avec vous.

1. SATYRE.

Alte-là.

5. SATYRE.

Vous pensiez avoir chacun la vostre,
750   Mais vous n'avez qu'à déconter.

2. SATYRE.

Ah, s'il ne tient qu'à disputer...

4. SATYRE.   [p. 35]

Prenez-en vostre part, & nous donnez la nostre;
Quand on parle raison, il la faut écouter.

ASTERIE.

Avec eux avant vous nos pactions sont faites;
755   Sous les loix de l'Hymen ils nous donnent leur foy.

Var :   La liste des personnages de la Scène 7 est donnée dans O comme 'FLORISE,
DORINE, ASTERIE, Les trois SATYRES, et deux autres qui surviennent.'

5. SATYRE.

De l'Hymen? Ah, je m'en ris, moy,
Ce sont là de belles défaites.

3. SATYRE.

Le pas est un peu hazardeux:
Si nous faisons joüer une fois la massuë...

4. SATYRE.

760   Pour n'avoir rien à debatre avec eux,
De ce costé tourne la veuë,
Celle qui vient suffira pour nous deux,
Elle seule elle vaut plus que les trois ensemble.

3. SATYRE.

J'en suis charmé.

SCENE VIII.

FLORISE, DORINE, ASTERIE, CIRCÉ, Cinq SATYRES.

5. SATYRE *à Circé*.

Ma Reyne, il se peut...

CIRCÉ.

               Insolens,
765   C'est Circé qui paroist, que chacun de vous tremble.

ASTERIE.   [p. 36]

L'amour à fuir ne les rend pas trop lents.

Var :   **v. 759** : O donne par erreur 'Si nous faisons joüer une foi. la massuë ...'.
Var :   La liste des personnages de la Scène 8 est donnée dans O comme 'FLORISE, DORINE, ASTERIE, CIRCÉ, Les Cinq SATYRES.'

DORINE.

Voicy pour eux des paroles terribles.

FLORISE.

Ils ne s'attendoient guére à ce fâcheux revers.

4. SATYRE.

Pourquoy fuir? à l'honneur c'est estre peu sensibles,
770   Tenons bon.

CIRCÉ.

Contre moy?

4. SATYRE

                    Voir tant de biens offerts,
Et ne pas...

CIRCÉ.

C'en est trop. Vous, Esprits invisibles,
A qui je rends toutes choses possibles,
Portez les loin d'icy par le milieu des airs.

> *Les cinq Satyres sont enlevez, deux dans les deux*
> *costez du Theatre, & les trois autres sur le Cintre.*

ASTERIE.

C'est là pour nous tirer d'affaires
775   Prendre des chemins assez courts.

CIRCÉ *à ses Nymphes.*

Allez, laissez-moy seule en ces lieux solitaires.

SCENE IX.   [p. 37]

GLAUCUS, CIRCÉ.

Var :   v. 767 : Voicy pour eux des paroles sensibles. (O).
Var :   v. 769 omis de toutes les éditions à partir de 1682.

GLAUCUS.

Madame, je venois vous ofrir du secours
  Contre d'infames Teméraires;
Mais le prompt chastiment que vient de recevoir
780   Leur insolence extréme,
  Me convainc de vostre pouvoir.
Vous n'avez eu contr'eux besoin que de vous-méme,
  Et d'un seul mot leur espoir renversé,
Me fait connoistre en vous la fameuse Circé.

CIRCÉ.

785 Vous ne vous trompez point, j'ay le Soleil pour Pere,
  Et je tiens de luy ce grand Art,
  Qui dans tous les lieux qu'il éclaire,
Aux honneurs de son rang me donnent tant de part.
Je ne puis cependant m'applaudir trop du zele
790 Qui vous intéresse pour moy,
  Il part de l'ame la plus belle,
  Et je voudrois sçavoir à qui je doy
Ce qui rendra pour vous mon estime eternelle.
  Si par ce qui brille à mes yeux,
795 L'air, le port, la taille, la mine,
Je puis de vostre sang penétrer l'origine,
  La source en doit venir des Dieux,
Et pour vous le Destin...

GLAUCUS.

   Je l'avoüeray, Madame,
Le Destin m'a comblé d'honneur jusqu'à ce jour,
800 Et le rang que je tiens dans une illustre Cour   [p. 38]
  Auroit dequoy satisfaire mon ame,
  Si j'estois content de l'Amour:
Mais une Nymphe ingrate autant qu'elle est aimable,
  Sylla, la charmante Sylla,
805 Par une rigueur incroyable,
Ne peut soufrir mes vœux, les rejette, & c'est là
De tous les maux pour moy le plus insuportable;
Son cœur d'un autre amour dés longtemps prévenu,

Var :   v. 799 : Le Destin m'a comblé d'honneurs jusqu'à ce jour, (O).
Var :   v. 806 : O donne par erreur 'Ne peut souffrir mes vœux, me rebute, & c'est
     là'.

Traite mes plaintes d'indiscrettes.
810   Mélicerte...

CIRCÉ.

Ce nom ne m'est pas inconnu,
Et je sçay par luy qui vous estes.
Jusque dans mon Palais vostre amour a fait bruit,
On y plaint le Prince de Thrace,
Que trop d'aveuglement réduit
815   A la honteuse & sensible disgrace
De pousser des soûpirs dont un autre a le fruit.

GLAUCUS.

Il n'en est point de plus cruelle,
Mes maux passent tous ceux qui se peuvent ofrir;
Mais est-il honteux de soufrir,
820   Lors que la cause en est si belle?
Tout ce qu'un rare Objet eut jamais de charmant,
Tout ce qui peut toucher une ame,
Sylla...

CIRCÉ.

Vous parlez en Amant;
Mais enfin vos chagrins naissant de vostre flame,
825   J'y puis donner quelque soulagement.

GLAUCUS.

Que me dites-vous? Quoy, Madame,
Vous ferez que Sylla finisse mon tourment?

CIRCÉ.   [p. 39]

Je feray que l'Amour propice
Repare vos transports jaloux
830   Par tout ce qu'il a de plus doux;
Mais il faut que le Charme avec vous s'accomplisse,
Ce sont vos intérests, je ne puis rien sans vous.
Dans mon Char je vous ofre place,
Mes Dragons emplumez qui le tiennent en l'air,

Var :   v. 824 : Mais enfin vos chagrins naissent de vostre flame, (O).
Var :   v. 831 : Mais il faut qu'avec vous le charme s'accomplisse, (O).

835   Vers moy seront prests à voler
        Au moindre signe que je fasse.
    Le voila qui descend. Prince, ne craignez rien,
        Lors que Circé vous sert de guide.

GLAUCUS.

    Est-il quelques périls dont l'amour s'intimide,
840   Quand il est fort comme le mien?

Glaucus entre dans le Char de Circé, qui
l'enleve par l'air avec elle dans son Palais.

Fin du Premier Acte.

[p. 40]

DECORATION

DU SECOND ACTE.

L'Art & la Nature ont également part à ce qui fait la Décoration de cet Acte. Cette grande Montagne qui a paru dans le premier, s'abysme d'une maniere aussi surprenante qu'elle s'estoit élevée, & laisse paroistre en sa place un Jardin remply de Berceaux, de Fontaines, de Plantes, de Fleurs & de Vases, sur lesquels sont des Enfans montez sur des Cygnes qui jettent de l'eau. On y voit encor d'autres Vases de porcelaine, de terre cizelée, & de marbre blanc. Les ornemens en sont d'or, & ces Vases sont remplis d'Orangers, d'Arbres fruitiers, & de Fleurs naturelles.

[p. 41]

ACTE II

SCENE PREMIERE.

PALEMON, FLORISE, DORINE, ASTERIE.

FLORISE.

Allez rejoindre vostre Maistre,
Et nous laissez icy travailler en repos.

PALEMON.

C'est me chasser un peu mal-à-propos.
Comme nouveau venu, peut-estre
845   J'ay droit de vous dire trois mots.

Var :   Toute la description de la DECORATION DU SECOND ACTE est omise
              dans O.

ASTERIE.

Ma Sœur, quand il en diroit quatre,
Je croy qu'il n'en seroit que mieux.
Pourquoy de vostre sérieux
Ne vouloir jamais rien rabatre?
850   Il faut rire, autrement les jours sont ennuyeux.

PALEMON.

Vous avez le goust bon, ma Chere,
La joye est toujours de saison.

DORINE.   [p. 42]

Je le croy d'humeur...

PALEMON.

A tout faire,
Badin, tant qu'il est necessaire,
855   Mesme un peu plus que de raison.

ASTERIE.

Il faudra faire connoissance,
Apres, ne sois point en soucy;
Les plaisirs semblent naistre icy,
On les y trouve en abondance.
860   Mais qui t'a découvert qu'au Palais de Circé
Ton Maistre parmy nous s'estoit laissé conduire?

PALEMON.

Quand dans le Char il s'est placé,
Je n'estois qu'à vingt pas, & venois pour l'instruire
Du depart de l'Objet dont son cœur est blessé.
865   Sylla vers ce Palais a déja pris sa route,
Pour en donner avis je suis viste accouru.

DORINE.

Quoy, presque en un moment?

PALEMON.

Sans doute,
Circé sortoit du Char lors qu'icy j'ay paru.
Comme mon Maistre est du sang de Borée,
870 Pour tous ceux de sa Suite il a des Vents folets
Qui pour les transporter où tendent leurs souhaits,
Sont une voiture assurée;
L'un d'eux d'un vol léger m'a mis dans ce Palais.

ASTERIE.

Pour ton Maistre Sylla va n'estre plus à craindre,
875 Il est d'autres appas qui toucheront son cœur.

PALEMON.

Je doute qu'à changer on le puisse contraindre,
Sylla seule lui plaist, & malgré sa rigueur   [p. 43]
Il chérit trop ses feux pour les laisser éteindre.

DORINE.

Ce n'est pas avec nous qu'il doit faire le fier;
880 Pour confondre l'orgüeil, le réduire aux prieres,
Nos Herbes sont à craindre, & les ames altieres
Trouvent icy peu de quartier.

PALEMON.

Faites de vostre mieux, mon Maistre a des lumieres
Qui le rendront aussi Sorcier
885 Que vous pourrez estre Sorcieres.

ASTERIE.

Puis que tu nous braves pour luy,
Tu n'as qu'à l'avertir qu'il songe à se défendre.

PALEMON.

J'y cours. Si vous voulez le forcer à se rendre,
Travaillez-y dés aujourd'huy,
890 Et gardez seulement d'estre prises sans prendre.

Var :   v. 888 : J'y cours. Si vous voulez le forcer de se rendre, (O).

SCENE II.

FLORISE, DORINE, ASTERIE.

DORINE.

Je ne sçay s'il croit qu'au besoin
Son Maistre contre nous aura dequoy suffire;
Mais de nous épargner il ne prend guére soin.

FLORISE.

En badinant voila ce qu'on s'attire.
895   Le grand plaisir de vous estre fait dire
Qu'on ne vous craint ny de pres, ny de loin!
Pour moy, qui me suis mise à composer un Charme
Pour guérir un Mary de son ombre jaloux,   [p. 44]
Je pense avoir fait mieux que vous;
900   C'estoit un eternel vacarme,
Je l'appaise, & rejoins l'Epouse avec l'Epoux.

ASTERIE.

La paix ainsy par moy n'auroit pas esté faite;
Et comme des Jaloux de tout temps on a ry,
Pour faire créver le Mary,
905   J'aurois rendu la Femme si coquette,
Que rien n'auroit jamais guéry
Les visions de son ame inquiéte.
Apres tout, qui voudroit de pres y regarder,
C'est bien aux Marys à gronder,
910   Si quelquefois de tendres flames
S'allument dans nos jeunes cœurs.
Que ne sont-ils les Galants de leurs Femmes?
On n'en chercheroit point ailleurs.

DORINE.

Tous les Marys n'ont pas tant de délicatesse,
915   Et j'en sçay de moins scrupuleux,
Qui des Galants qui vont chez eux
Ménageant l'utile tendresse,
N'ont besoin de nostre pouvoir
Que pour estre sans yeux quand il ne faut rien voir.

Var :   **vv. 914–40 sont biffés au crayon dans O.**

ASTERIE.

920   Que direz-vous d'un tas de Belles
            Qui donnent le champ libre à cent regards errans,
            Et qui pour voir leur Cour grossir de Soûpirans,
                Me font à tous momens pour elles
                Faire des Charmes diférens.
925   Encor tout de nouveau j'en ay deux de commande
            Pour reblanchir des Lys effacez par les ans;
                A moins qu'avec nous l'on s'entende,
                L'âge fait de vilains présens
            Dont la Beauté n'est pas bonne marchande.   [p. 45]

FLORISE.

930   Ce sont là des emplois légers,
                Les miens sont de plus d'importance;
            Un Brave qui n'a pas une entiere assurance,
                Quand il s'agit d'affronter les dangers,
                A mis en moy son espérance.
935   Pour le garantir de l'effroy
            Qui rend des plus hardis la valeur étoufée,
                J'ay promis de le rendre Fée.
            Estant invulnérable, il trouvera dequoy
            S'acquerir les honneurs du plus brillant Trophée;
940   Et pour combler ses vœux, Circé... Mais je la voy.

SCENE III.

CIRCÉ, FLORISE, DORINE, ASTERIE.

CIRCÉ.

            Allez dire au Prince de Thrace,
            Que s'il veut me parler, je vay l'attendre icy.
            Et vous par qui la joye en tous lieux trouve place,
            Préparez quelque Voix dont la douceur efface
945   Les chagrins que luy cause un amoureux soucy.

                                    Florise & Astérie rentrent.

Var :   v. 920 : Que dites-vous d'un tas de belles (O).
Var :   vv. 945–6 : L'indication scénique est omise dans O.

DORINE.

Quand pour favoriser l'ardeur qu'il a de plaire
A l'Objet inhumain qui confond son espoir,
  Vous employez vostre pouvoir,
  S'il m'est permis de ne rien taire,
950 Je crains bien qu'en vous laissant voir,
Vous-mesme n'empeschiez ce que vous pensez faire. [p. 46]
Vos yeux n'eurent jamais un si brillant éclat,
Pour le Prince déja ma pitié s'en alarme;
Tout ce qu'a la Beauté de fin, de délicat...

CIRCÉ

955 Tout de bon, trouves-tu que mes yeux...

DORINE.

         C'est un charme.

CIRCÉ

Te parois-je touchante; & si dans cet état
A quelque cœur altier je vay livrer combat,
  Penses-tu que je le desarme?

DORINE.

N'en doutez point; pour moy je ne le cache pas.
960 Quand mes plus tendres vœux offerts à quelque Belle,
M'auroient par cent sermens soûmis à ses appas,
Dés que je vous verrois, je serois infidelle.

CIRCÉ

J'ay l'affront cependant (& tu m'en vois rougir)
Que le Prince m'ait veuë, & ne m'ait point aimée.
965 L'ardeur de le toucher a beau me faire agir,
  Sylla seule en est estimée,
Sylla l'occupe tout, & s'il pousse un soûpir,
C'est Sylla qui l'arrache à son ame charmée.
Je l'ai quitté d'abord pour luy donner le temps
970 De refléchir sur ma rencontre;

Mais en vain à ses yeux de nouveau je me montre,
Le nom de ce qu'il aime est tout ce que j'entens;
Et quand Sylla par moy devroit estre effacée,
Sylla plus que jamais regne dans sa pensée.

DORINE.

975 J'avois crû qu'exprés avec luy
Vous aviez suspendu le pouvoir de vos Charmes.

CIRCÉ.   [p. 47]

Non, Dorine, & par là juge de mon ennuy,
  Si mes yeux sont de seûres armes;
 Pour l'attaquer j'en ay cherché l'appuy.
980 Ils n'ont pû rien ces yeux à qui je dois la gloire
  De m'assujettir tous les cœurs;
 Ils m'ont sur Mélicerte obtenu la victoire,
  Luy pour qui, si l'en veux croire,
 Cette mesme Sylla n'eut jamais de rigueurs;
985 Et le Prince de Thrace auroit seul l'avantage
  De ne pas soûpirer pour moy?
 Non, non, il me viendra soûmettre son hommage,
  C'est une indispensable loy
  Dont il n'est rien qui le dégage.
990 Mon Art de sa fierté sera victorieux,
 Je viens de m'en servir pour estre plus aimable,
 Et c'est de là que vient cet éclat redoutable
  Que tu vois briller dans mes yeux.
  Non que le Prince à tel point m'ait charmée,
995 Que la douceur d'en estre aimée
 Ait dequoy plus longtemps mériter mes desirs,
 Ses peines seulement à mon cœur seront cheres,
  Et je mettray tous mes plaisirs
  A luy voir perdre des soûpirs
1000 Que j'auray rendu nécessaires.

DORINE.

  Et dans cet impréveu revers
 Que deviendra l'amoureux Mélicerte?

CIRCÉ.

Qu'il reprenne ses premiers fers,
Ils le pourront consoler de ma perte.
1005 Pourquoy, quand par le temps l'amour est abatu,
Opposer la constance au dégoust qui l'accable,
Et ne pas s'affranchir par un choix agreable,
De la ridicule vertu   [p. 48]
D'aimer ce que le cœur ne trouve plus aimable?
1010 D'abord pour Mélicerte, il le faut confesser,
Tout mon plaisir estoit de le voir s'empresser
A me venir expliquer sa tendresse.
Ses soins ne pouvoient me lasser.
Je sens qu'enfin ce plaisir cesse,
1015 C'est assez pour permettre à l'amour de cesser.

DORINE.

Ainsy se piquer de constance,
N'est pas une vertu propre à nos jeunes ans?

CIRCÉ.

Sans te dire ce que je pense
De ces feux tendres & constans
1020 Dont tu veux prendre la défence,
Je m'en tiens à l'expérience.
Tout plaisir ne l'est plus, s'il dure trop longtemps,
L'habitude d'aimer porte à l'indiférence;
Et si jamais deux cœurs en amour sont contens,
1025 C'est seulement lors qu'il commence.

DORINE.

Si l'amour en naissant charme tous nos desirs,
Il est malaisé… Mais, Madame,
Mélicerte…

CIRCÉ.

Il luy va coûter quelques soûpirs,
S'il vient me parler de sa flame.

Var : vv. 1005–13 : Dans O, ces vers sont entourés de lignes faites au crayon. Il
         semble donc fort probable que l'intention était de les supprimer.
Var : vv. 1014–5 : Dans O, ces vers sont précédés par le symbole '[' fait au
         crayon, sans qu'il soit clair si l'intention était de les supprimer.

SCENE IV.

CIRCÉ, MELICERTE, DORINE.

MELICERTE.

1030 Enfin, vous voila de retour,
Vous, ma Princesse, en qui je vis plus qu'en moy-mesme;
Je vous avois perduë. Helas! qu'un demy-jour
  A passer sans voir ce qu'on aime,
  Est un dur suplice à l'amour!
1035 Depuis que vous estes rentrée,
En vain j'ay fait deux fois le tour de ce Palais,
Toûjours vostre retraite a trompé mes souhaits,
  Vous ne vous estes point montrée;
Consolez-m'en, de grace, & puis que tous mes soins
1040 Regardent celuy de vous plaire...

CIRCÉ.

J'avois cherché ce lieu pour resver sans témoins,
Laissez-m'en la douceur, elle m'est nécessaire
Contre certains chagrins que j'attendois le moins.

MELICERTE.

  De cet accueil que faut-il que j'augure?
1045 L'orage est prest à s'élever,
De la Foudre déja j'entens le sourd murmure,
Madame...

CIRCÉ.

  Je ne sçay ce qui peut arriver;
Mais qui n'a jusqu'icy demandé qu'à resver,
  Ne vous a pas fait grande injure.

MELICERTE.

1050 Me le demandiez-vous, quand vos desirs contens
Renfermoient vostre joye au plaisir de m'entendre?
  Plus je cherchois à vous faire comprendre
  Jusqu'où...

CIRCÉ.

Chaque chose a son temps;
Puis que vous l'ignorez, je veux bien vous l'aprendre.

MELICERTE.

1055   Ainsy je ne suis plus ce trop heureux Amant
Dont l'amour sembloit seul estre digne du vostre;
Vous allez oublier son tendre emportement,
Et ce qu'il eut pour vous de flateur, de charmant,
Vous le sentirez pour un autre.

CIRCÉ.

1060   L'Amant qui veut empescher
Un changement qui l'irrite,
S'y prend mal de reprocher
Que pour un autre on le quite.
Sans se montrer alarmé
1065   De la peur qu'on ne préfere
Un Rival plus estimé;
Qu'il trouve toûjours à plaire,
Il sera toûjours aimé.

MELICERTE.

Je suis pour vous toûjours le mesme,
1070   Toûjours la mesme ardeur vous répond de ma foy;
Mais que peut cet amour extréme,
A moins que vostre cœur ne soit toûjours pour moy?

CIRCÉ.

S'il est vray que malgré l'outrage
Qu'en recevront vos feux jaloux,
1075   L'intérest de mon cœur à vous quiter m'engage,
S'agissant de me faire un sort heureux & doux,
A qui de mon cœur, ou de vous,
Dois-je déferer davantage?

MELICERTE.   [p. 51]

Ah, puis que vous estiez capable de changer,
1080   Pourquoy m'avoir tiré de mes premieres chaînes?
Le poids m'en paroissoit léger;

Et ravy que l'Amour m'en eust voulu charger,
J'ignorais qu'en aimant il pût estre des peines.
M'enlevant en ces lieux, vous m'avez malgré moy
1085   Fait à Sylla manquer de foy...

CIRCÉ.

Vous luy pouviez estre fidelle,
Mais c'est un feu facile à rallumer.

MELICERTE.

Que je cesse de vous aimer!
Ah plutost...

CIRCÉ.

Non, suivez l'amour qui vous appelle,
1090   Sylla vaut ce retour, elle est jeune, elle est belle,
          Sçait mieux que moy l'art de charmer,
          Et je ne suis rien aupres d'elle.

MELICERTE.

Faites donc que les Dieux affoiblissent ces traits
Qui nous ofrent en vous leur plus brillante image.
1095   Rien n'est capable ailleurs d'attirer mes souhaits;
Et comme un nouveau charme à qui tout doit hommage
          Semble aujourd'huy de vos attraits
Avecque plus de force étaler l'avantage,
J'ay pour vous plus d'amour que je n'en eus jamais.

CIRCÉ.

1100   C'est trop; en attendant des réponses plus claires,
Songez qu'aux Importuns je sçay ce que je doy,
Et que mes volontez estant ma seule loy,
Ce n'est pas le moyen d'avancer ses affaires,
          Que de s'obstiner avec moy.

MELICERTE.   [p. 52]

1105   Madame...

Var :   vv. 1089–99 : Ces vers sont biffés au crayon dans O.

CIRCÉ.

Allez, & craignez ma vangeance,
Si vous osez mériter mon couroux.

MELICERTE.

Ciel, à quoy me réduisez-vous,
S'il faut aimer sans espérance
De recevoir jamais un traitement plus doux?

SCENE V.

CIRCÉ, DORINE.

DORINE.

1110   On est à moins inconsolable.
Quand à sa flame il voit l'espoir osté,
Vous vous montrez à ses yeux plus aimable
Que vous n'avez jamais esté;
Et vous voulez qu'il soit capable
1115   De soufrir le coup qui l'accable,
Sans se plaindre qu'on l'a quité?

CIRCÉ.

Qu'il s'en plaigne, qu'il en murmure,
Je verray ses ennuis d'un esprit satisfait,
Pourveu qu'à reparer ce qu'on m'a fait d'injure
1120   Mon Charme ait fait son entier effet.
Le Prince en me voyant, ne m'a pas estimée
Digne de son attachement;
Pour l'en punir, je veux en estre aimée,
Je veux que le plaisir de traiter fierement
1125   Ce qu'un impréveu changement
Fera sentir d'ardeur à son ame enflamée,   [p. 53]
Serve dans mon ressentiment
A vanger ma gloire, alarmée
De n'avoir pû d'abord l'acquérir pour Amant.

DORINE.

1130   Quand pour tâcher à vous rendre sensible
            Vous le verrez à vos genoux,
        Vous n'en croirez plus tant l'emportement jaloux
            Qui contre luy vous montre tout possible;
        Et comme laisser vaincre un orgueilleux couroux
1135   Est en amour quelque chose de doux,
            Vous ne serez pas invincible.

CIRCÉ.

        Tu verras si ma gloire oublie à se vanger,
            Quand elle a reçeu quelque outrage.
            Mais il vient, prenons un visage
1140   Dont la douceur ait dequoy l'engager
        A m'ofrir de ses vœux le plus soûmis hommage.

SCENE VI.

GLAUCUS, CIRCÉ, PALEMON, DORINE.

CIRCÉ.

        Hé bien, Prince, avez-vous trouvé dans mon Palais
            Les merveilles qu'on en publie?
            Et l'heur d'y pouvoir vivre en paix
1145   Peut-il mériter qu'on oublie
        Qu'il soit ailleurs des biens à flater les souhaits?

GLAUCUS.

        Ce qui s'ofre à mes yeux passe toute croyance,
        Tout brille icy par tout d'un éclat sans pareil,   [p. 54]
            Et par plus de magnificence
1150   L'Illustre Fille du Soleil
        Ne pouvoit soûtenir l'honneur de sa naissance.

Var :   v. 1130 : O donne par erreur 'Quand pour tâcher à le rendre sensible'.

CIRCÉ.

Je puis à ce Jardin adjoûter des beautez
    Capables de toucher vostre ame.
Naissez, Berceaux, & par vos raretez
1155   Charmez si bien ses yeux, qu'il se plaise...

Un Berceau s'éleve tout-à-coup, soûtenu par des Statuës de bronze qui le forment, & en sont comme les Suposts. Il est embelly d'un Bassin avec un Jet d'eau, & environné de plusieurs Grenoüilles, sur lesquelles il y a de petits Enfans assis.

GLAUCUS.

                      Ah, Madame,
   Perdez cet obligeant soucy,
Il n'en faudroit pas tant pour me charmer icy.
Un seul bien...

CIRCÉ.

     Quel qu'il soit, s'il est en ma puissance,
  Parlez, je ne reserve rien.

GLAUCUS.

1160   Apres une telle assurance,
    Quel bonheur est égal au mien!
Oüy, Madame, de vous dépend ce que j'espere,
C'est dans vostre Palais que mon cœur satisfait
  Peut n'avoir plus aucuns souhaits à faire,
1165   J'y joüiray d'un heur parfait;
Et si de vos bontez rien n'empesche l'effet,
Point de felicité qui puisse ailleurs me plaire.
    Charmé, dégagé de soucy,
    Vous me verrez par d'eternels hommages   [p. 55]
1170   Tâcher de mériter les heureux avantages
    Que je puis rencontrer icy.

DORINE *à Circé.*

Il vous aime, en voila d'assez clairs témoignages.

Var :   v. 1155 : **Charmez si bien ses yeux qu'il se puisse** ... (O).

CIRCÉ.

Dorine, tout va bien, le Charme a réüssy.

à Glaucus

    Sans m'expliquer vostre reconnoissance,
1175   Dites-moy seulement ce que je puis pour vous.

GLAUCUS.

Prendre pitié d'un feu dont les charmes trop doux
    Ont trouvé mon cœur sans defence.
    Tout ce que du Ciel en couroux
    Peut la plus severe vangeance,
1180   C'est de faire qu'on aime avecque violence,
    Sans estre aimé de qui peut tout sur nous.

CIRCÉ.

Cet amour sur vostre ame a-t-il assez d'empire
Pour vous faire immoler à sa naissante ardeur...

GLAUCUS.

Quoy, vous doutez des transports qu'il m'inspire?
1185   Ah, si vous ne pouvez penétrer dans mon cœur,
Croyez ce que mes yeux s'empressent de vous dire.
Voyez-les tous remplis de ce brulant amour
    Qui cherche par eux une voye
    A pouvoir se montrer au jour.
1190   J'ay sçeu que Sylla vient dans ce charmant sejour,
Daignez l'y retenir; pourveu que je la voye,
Tous les plaisirs pour moy vont estre de retour,
Vivre avec elle icy, me comblera de joye.
    Malgré ses indignes mépris,
1195   Mes soins fortifiez du secours de vos Charmes,
Forceront sa rigueur à rendre enfin les armes;
    Soufrez l'espoir que j'en ay pris;
Si vous estes pour moy, ma flame est sans alarmes.   [p. 56]

CIRCÉ.

    J'ay crû qu'ayant à faire choix...
1200   Songez-vous que peut-estre...

Var :   vv. 1173–4 : L'indication scénique est omise dans O.

SCENE VII.

GLAUCUS, CIRCÉ, ASTERIE, PALEMON, DORINE.

CIRCÉ.

Approchez, Astérie;
Est-on prest à chanter?

ASTERIE.

Oüy, Madame.

CIRCÉ

La Voix
M'a toûjours fort touchée. Ecoutons, je vous prie,
Vous me direz le reste une autre fois.

DIALOGUE de SYLVIE & de TYRCIS,
qui se chante.

TYRCIS.

Pourquoy me fuyez-vous, ô Beauté trop sevére,
1205 *Quand d'un si tendre amour j'ay le cœur enflâmé?*

SYLVIE.

Je fuis ce que je sens qui commence à me plaire;
Si je vous écoutois, vous pourriez estre aimé.

TYRCIS.

Quoy, toûjours, aimable Inhumaine,
Refuser de m'entendre? Eh de grace, deux mots.

SYLVIE. [p. 57]

1210 *L'Amour cause de la peine,*
Et je veux vivre en repos.

Var : vv. 1204–36 (DIALOGUE de SYLVIE & de TYRCIS) sont biffés au crayon
dans O.
Var : v. 1210 : *L'Amour cause trop de peine*, (M).

TYRCIS.

Est-il des Plaisirs sans tendresse?

SYLVIE.

Est-il de l'Amour sans chagrin?

TYRCIS.

Par l'Amour tout chagrin cesse.

SYLVIE.

1215   *Tous les Plaisirs par l'Amour prennent fin.*

TYRCIS.

C'est une erreur; dans le bel âge,
Il faut aimer pour vivre heureux.

SYLVIE.

Ne me dites rien davantage.

TYRCIS.

Soulagez les ennuis de mon cœur amoureux.

SYLVIE.

1220   *Que vous sert que le mien soûpire?*

TYRCIS.

Ah Sylvie!

SYLVIE.

Ah Tyrcis!

Tous deux ensemble.

Unissons nos soûpirs.

TYRCIS.

Aimons-nous.

SYLVIE.

Douce peine!

TYRCIS.

Agreable martyre!

SYLVIE.

Il fait tout mon bonheur.

TYRCIS. [p. 58]

Il fait tous mes desirs.

Tous deux ensemble.

Pour goûter les plus doux Plaisirs,
1225   *Ne nous lassons jamais de nous le dire:*
Aimons-nous; douce peine! agreable martyre!

SYLVIE.

La liberté m'estoit un bien si doux!

TYRCIS.

Vaut-il ceux que l'Amour ofre dans son Empire?

SYLVIE.

Je la pers, ç'en est fait.

TYRCIS.

Vous en repentez-vous?

SYLVIE.

1230   *Ce n'est pas dequoy je soûpire.*

TYRCIS.

Ah Sylvie!

Var :   vv. 1225–26 : *Ne nous lassons jamais de nous le dire: / Ah! Silvie, Ah!*
Tircis, / Unissons nos soûpirs! / Aymons nous. Douce peine! Agreable
martyre. (N).

SYLVIE.

Ah Tyrcis!

Tous deux ensemble.

Unissons nos soûpirs.

TYRCIS.

Aimons-nous.

SYLVIE.

Douce peine!

TYRCIS.

Agreable martyre!

SYLVIE.

Il fait tout mon bonheur.

TYRCIS.

Il fait tous mes desirs.

Tous deux ensemble.

Pour goûter les plus doux Plaisirs,
1235 *Ne nous lassons jamais de nous le dire;*   [p. 59]
Aimons-nous; douce peine! agreable martyre!

CIRCÉ.

Vous voyez de quelles douceurs
L'Amour soufre aux Amans la flateuse espérance,
Quand il prend soin d'unir leurs cœurs?

Var : v. 1232 : Ensemble. *Agreable martyre!* (N).
Var : v. 1233 : SILVIE. *Il fait tout mon bonheur.*
TIRCIS. *Il fait tout mon bonheur.*
Ensemble. *Il fait tous mes desirs.* (N).

GLAUCUS.

1240   On oublie aisément ce qu'il eut de rigueurs,
Lors que cette union en est la récompense.
Par vous avec Sylla je la puis espérer,
Vos Charmes n'ont jamais trouvé rien d'impossible;
    Et cette charmante Infléxible
1245   Pour qui l'amour me force à soûpirer,
Dés que vous parlerez, aura le cœur sensible.

CIRCÉ.

    Si vous n'obtenez que par moy
L'heureux succés que vostre amour espere,
    Cette douceur aura-t-elle dequoy
1250   Vous assurer ce qui doit seul vous plaire?
    Pour bien goûter le plaisir d'estre aimé,
Il faut ne le devoir qu'à l'ardeur de sa flame.
De Sylla qui vous fuit estes-vous si charmé,
    Qu'un autre Objet dont vous toucheriez l'ame
1255   Ne pût de vous estre estimé?
    Laissez agir vostre mérite.
Il est mille Beautez, qui pour vous rendre heureux,
Se plairont à répondre à vos soins amoureux;
    La gloire à changer vous invite.

GLAUCUS.

1260   Est-il rien de plus rigoureux?
Quel conseil! à Sylla devenir infidelle!
Sylla qu'on ne peut voir sans se faire une loy...

CIRCÉ.

Elle a tout ce qui peut mériter vostre foy;
    Mais si vous ne changiez pour elle,   [p. 60]
1265   Qu'afin de vous donner à moy,
Heureux par cet amour, auriez-vous tant dequoy
    Nommer la Fortune cruelle?

Var :   vv. 1247–52 : Dans O, ces vers sont précédés de '[' au crayon dans la marge.
L'intention était probablement de les supprimer.

GLAUCUS.

La gloire d'estre aimé de vous,
Devroit m'estre un bonheur sensible
1270   A remplir mes vœux les plus doux;
Mais, Madame, l'amour par un charme invincible,
Dispose de nous malgré nous.
Quoy que Sylla me livre à cent peines secretes,
Sylla seule peut plaire à mon cœur amoureux;
1275   Pour Sylla seule il peut former des vœux,
Et toute aimable que vous estes,
Vous ne pourriez me rendre heureux.

CIRCÉ.

Tremblez de l'aveu que vous faites.
Oser à mon amour préferer d'autres feux!
1280   J'en dis trop, mais Circé n'est pas accoutûmée
A contraindre ses sentimens.
S'il me plaist de choisir, je n'ay que trop d'Amans,
Mais lors que je m'abaisse à soufrir d'estre aimée,
C'est vouloir voir ma haine à punir animée,
1285   Que m'opposer d'autres engagemens.
Pour de moindres mépris j'ay répandu la honte
Du Sort le plus injurieux,
Sur des Rois dont j'ay fait la terreur de ces lieux.
Il faut d'une vangeance aussi juste que prompte,
1290   Etaler la peine à vos yeux.

On voit paroistre divers Animaux, Lyons,
Ours, Tygres, Dragons, & Serpens.

En Bestes transformez pour m'avoir sçeu déplaire,
Voyez-les à regret soufrir encor le jour;
Et si vous dédaignez l'ofre de mon amour,
Craignez l'horreur de ma colere.

[p. 61]

GLAUCUS.

1295   La menace, Madame, est pour se faire aimer
Un moyen dont je croy le succés un peu rare.
Je l'entens sans m'en alarmer;
Et quoy que ces Objets me fassent présumer
Du sort honteux qu'on me prépare,
1300   L'amour regne en mon cœur, & l'a trop sçeu charmer,
Pour soufrir lâchement que l'effroy s'en empare.

CIRCÉ.

Quoy, jusqu'à me braver vous poussez vos dédains?
Connoissant qui je suis, & ce que je puis faire,
  Encor un coup redoutez ma colere,
1305 A me fléchir vos efforts seront vains,
Si j'étoufe l'amour qui la force à se taire.
Je n'ay que dire un mot, & ces fiers Animaux
  Fondant sur vous pour vanger mon injure,
De l'un d'eux aussi-tost vous prendrez la figure;
1310 Vous me regreterez, & pour comble de maux...

GLAUCUS.

 Le Ciel pourra détourner l'avanture,
 Et les secrets dont les Dieux m'ont fait part
Mettront peut-estre obstacle au pouvoir de vostre Art.

CIRCÉ.

De la temérité passer à l'insolence!
1315 Prétendre que les Dieux appuyant vos projets...
Ah! ç'en est trop, il faut punir cette arrogance.
  Fiers Ministres de ma vangeance,
Avancez, il est temps, & je vous le permets.

GLAUCUS.

Et moy qui sçais confondre une injuste puissance,
1320 Je vous défens de vous montrer jamais.

     Tous les Animaux sont engloutis dans la Terre.

CIRCÉ.   [p. 62]

 Ciel! que vois-je? la Terre s'ouvre,
Et par ces Animaux employez vainement,
  Ma foiblesse qui se découvre,
Le laisse triompher de mon ressentiment.
1325 Quoy, voir par son pouvoir mes forces abatuës?
Non, non, animez-vous, immobiles Statuës,
  Et vous armez contre un Ingrat.

  Les dix Statuës de bronze qui servent de Suposts

au Berceau, commencent à remuër.

GLAUCUS.

De ce que vous pouvez vostre Art vous fait trop croire,
J'en sçauray contre vous repoussez l'attentat;
1330   Et ces vains ,Ennemis opposez à ma gloire,
Bien loin de la ternir, en vont croistre l'éclat.
      Disparoissez, & sans combat,
Vous perdant dans les airs, cedez-moy la victoire.

> *Les Statuës s'envolent, & le Berceau fond*
> *dans la Terre.*

Par l'inutile essay qui suit vostre couroux,
1335   Si-tost qu'à ses transports ma volonté s'oppose,
Madame, vous voyez ce que j'ay fait pour vous,
    Quand j'ay voulu vous devoir quelque chose.

SCENE VIII.

CIRCÉ, DORINE.

CIRCÉ.

Est-ce une illusion, & suis-je encor Circé?
    Quoy, dans mon Art un autre me surmonte?
1340   Par un pouvoir plus fort cet Art est renversé,
Et tout ce qu'entreprend le couroux qui me dompte,   [p. 63]
Pour vanger mon honneur mortellement blessé,
    Je ne l'entreprens qu'à ma honte?
Ah Dorine!

DORINE.

    Madame, un tel évenement
1345   A porté si loin ma surprise,
Que j'ay peine à sortir de mon étonnement.
    Qu'à vous braver un Mortel s'autorise!

Var :   v. 1331 : Bien loin de la ternir, en accroîtront l'éclat. (D, E, F, I).

CIRCÉ.

Mes Charmes n'ont encor agy que foiblement.
Je voulois l'épargner; mais apres l'avantage
1350   Qu'il vient de s'acquérir sur moy,
        Je n'ay plus recours qu'à ma rage,
D'elle seule aujourd'huy je veux prendre la loy.
C'en est fait, contre luy je vay mettre en usage
        Ce que moy-mesme j'envisage
1355   Avec des sentimens d'effroy.
        Viens, malgré ces dures atteintes,
Mon cœur doit estre ferme, & j'ay lieu de rougir
        De perdre le temps à des plaintes,
        Quand l'honneur me presse d'agir.

Fin du Second Acte.

[p. 64]

DECORATION
DU TROISIEME ACTE.

Le magnifique Jardin qui a servy de Décoration à l'Acte précedent, fait place à un superbe Palais, dont l'Architecture est d'ordre Corintien, avec les Frises & Corniches. Les Pilastres sont de lapis veiné d'or. Une Balustrade regne au dessus en forme d'Atique. La masse du Palais est toute de marbre blanc, avec les chapiteaux des Pilastres & les bases d'or. On voit sur des Pieds-d'estaux qui sortent en saillie, des Vases d'or, de lapis, & de marbre; & au bout de ce Palais on découvre un Jardin, avec ses ornemens d'Arbres, de Fleurs, de Jets-d'eau, & de Fontaines.

[p. 65]

ACTE III

SCENE PREMIERE.

MELICERTE, ASTERIE

MELICERTE.

1360	Moy, me contraindre, moy? Non, non, belle Astérie,
	Quoy qu'ose le couroux où je puis l'engager,
	Vous en voulez pour moi craindre en vain le danger;
	Si je pers ce qui fait tout le bien de ma vie,
	Mes jours sont-ils à ménager?
1365	Circé me quitte, m'abandonne,
	Elle qui paroissoit faire tout son bonheur
	De l'empire absolu qu'elle avoit sur mon cœur,
	Et je dois recevoir la mort qu'elle me donne,
	Sans me plaindre de sa rigueur?
1370	Par tout j'en parleray sans cesse,
	Sans cesse mes soûpirs demanderont raison
	De cette lâche trahison.

Var :   Toute la description de la DECORATION DU TROISIEME ACTE est omise dans O.

ASTERIE. [p. 66]

Et quel fruit espérer d'une telle foiblesse?
Quant à moy, j'en voudrois user tout autrement;
1375   Et si l'on me venoit apprendre
    L'infidélité d'un Amant,
Sans luy donner le plaisir de m'entendre
    Soûpirer de son changement,
    Fust-ce des amours le plus tendre,
1380   J'irois dans le mesme moment
De mon cœur avec luy rompre l'engagement;
    Et s'agissant de le reprendre,
    J'en aurois plus d'empressement,
    Qu'il n'en auroit de me le rendre.

MELICERTE.

1385   Helas! quel remede à m'offrir!
L'amour d'un tel effort rend-il nos cœurs capables,
    Et dans les maux au mien semblables
N'a-t-on qu'à le vouloir pour cesser de soufrir?

ASTERIE.

    Il n'en est guére d'incurables,
1390   Quand on se met en teste d'en guérir.
    J'en parle sans expérience,
Et je n'ay pas vescu ce qu'il faut pour avoir
    Une parfaite connoissance
De ce que sur un cœur l'amour prend de pouvoir;
1395 Mais comme l'on soûtient avec tant d'assurance,
Que toûjours là-dessus on sçait plus qu'on ne pense,
    Sans sçavoir rien, je pense tout sçavoir.

MELICERTE.

Je connoy d'où vient ma disgrace;
L'Amour dans ce Palais, pour troubler mon bonheur,
1400   A conduit le Prince de Thrace,
C'est luy qui de Circé me dérobe le cœur.
J'aurois déja puny ce Rival teméraire,
Si je n'avois appris qu'il l'ose dédaigner;   [p. 67]
    Ainsy je le veux épargner,

Var :   v. 1387 : Et dans des maux au mien semblables (O).

1405   Pour le livrer à sa colere.
            Bizarre destinée! à l'ardeur de ses vœux
            J'abandonne Sylla que je sçay qu'il adore;
                Et lors qu'icy ma retraite s'ignore,
            Il y vient malgré luy mettre obstacle à mes feux;
1410   Malgré luy je le vois aimé de l'Infidelle,
                A qui j'ay sçeu tout immoler.

                        ASTERIE.

            Il est insensible pour elle,
            C'est dequoy vous en consoler.

                        MELICERTE.

            Mais au lieu d'écouter dans un pareil outrage
1415   Le couroux qui doit l'animer,
                S'il falloit, pour s'en faire aimer,
            Qu'elle mist contre luy quelque Charme en usage?

                        ASTERIE.

            Avant le temps pourquoy vous alarmer?

                        MELICERTE.

            Sçait-on ce qu'a produit leur derniere entreveuë?

                        ASTERIE.

1420   Circé m'en a paru triste, toute abatuë;
            Mais j'ay pressé Dorine en vain de s'expliquer,
            Elle estoit avec eux, & contre l'ordinaire
            Il semble qu'elle veüille aujourd'huy se piquer,
                De pouvoir entendre & se taire.

                        MELICERTE.

1425   Non, j'ay beau me flater du bien que je poursuis
                L'espérance m'est interdite.
            Pour joüir du malheur où mes jours sont réduits,
            Mon Rival de Circé connoistra le mérite.

ASTERIE.

Hé bien, alors, faite comme je suis,
1430 Si vous me trouvez propre à guérir vos ennuis,   [p. 68]
Vous oublîrez pour moy l'Ingrate qui vous quite.
Quoy que jeune, un peu folle, & ce qu'il vous plaira,
(Car il faut que chacun à son âge réponde,)
  Je seray pour qui m'aimera
1435   De la meilleure foy du monde.
  Tant que le cœur nous en dira,
Tendresse des deux parts à nulle autre seconde,
Mais bonne clause aussy, que l'on se quitera
  Sans soufrir que l'Amour en gronde,
1440   Si-tost qu'on s'en dégoûtera.

MELICERTE.

Dans les vives douleurs où mon ame est en proye,
  Vous pouvez me parler ainsy?

ASTERIE.

Que voulez-vous? j'ay le cœur à la joye,
Et quand je ris d'un Amoureux transy,
1445   C'est mon panchant qui se déploye.
  Mais enfin sortez de soucy,
Vous bruliez pour Sylla, le Ciel vous la renvoye.
Aujourd'huy mesme elle doit estre icy.

MELICERTE.

Sylla dans ce Palais?

ASTERIE.

  Elle est encor capable,
1450 Quand vous la reverrez, d'attirer vos desirs.

MELICERTE.

Ah, ne m'en parlez point; malgré tous les soûpirs
Que m'a déja coustez le malheur qui m'accable,
  Pour moy Circé seule est aimable;
Et si vous luy vouliez peindre mes déplaisirs,
1455 Elle ne seroit pas peut-estre inéxorable.

ASTERIE.

Voicy le Confident du Rival qui vous perd,
Laissez-moy découvrir par luy ce qui se passe,   [p. 69]
Pour empescher le coup dont l'amour vous menace;
   Nous pourrons agir de concert,
1460 S'il m'apprend que son Maistre ait toûjours mesme audace.

MELICERTE.

Parlez, je luy quite la place,
Heureux qu'un tel secours à mon feu soit offert.

SCENE II.

PALEMON, ASTERIE.

ASTERIE.

Approche. Que fait-on? que dit-on?

PALEMON.

      Sur mon Maistre
  On a quelques prétentions
1465 Qui se font un peu trop connoistre.

ASTERIE.

Quelqu'amour que Sylla dans son cœur ait fait naistre,
  S'il est sujet aux belles passions,
Peut-estre que Circé...

PALEMON.

     N'y mets point de peut-estre.
  Que Circé pour changer son cœur,
1470 Fasse dans sa colere agir Charmes sur Charmes,
   Ce seront d'impuissantes armes;
  Un autre Objet s'en est rendu vainqueur,

Var :   v. 1466 : Quelqu'amour que Sylla dans son ame ait fait naistre, (O).

Et son pouvoir luy cause peu d'alarmes.
Ce n'est pas qu'il ne fust à souhaiter pour moy
1475 Que Circé le touchast de mesme qu'il la touche,
Pour ta beauté je sens je ne sçay quoy,
Et si tu n'estois point farouche,
Je m'aprivoiserois aisément avec toy.

[p. 70]

ASTERIE.

Franchement, je ne sçay quelle Etoile est la nostre;
1480 Si je te plais, tu ne me déplais pas;
Et dans ce que pour moy ce panchant a d'appas,
Nous nous trouverions nez au besoin l'un pour l'autre.
Le Prince songe-t-il si-tost à nous quiter,
Qu'en vain nous prétendions établir connoissance?

PALEMON.

1485 Sans Sylla qu'il attend, je pense
Qu'icy l'on auroit beau le vouloir arrester.
Comme il sçait qu'elle vient, il se fait une joye
De pouvoir luy montrer qu'il dédaigne Circé;
Souvent, pour voir son feu récompensé,
1490 Un pareil sacrifice est une seûre voye.

ASTERIE.

J'ay peur qu'il ne s'en trouve mal,
Circé n'est pas d'humeur à soufrir qu'on l'outrage;
Il n'en faut pour témoin que ce pauvre Animal,
Dont, si pour moy l'amour t'engage,
1495 Tu vas devenir le Rival.

On voit paroistre un Singe.

PALEMON.

Moy, le Rival d'un Singe? Ah! croy que...

ASTERIE.

Sans colere.

C'est seulement depuis un mois,
Que d'Homme il est ce que tu vois;
Pour son malheur je luy fus chere.

Var : vv. 1491–56 sont biffés à l'encre dans O.

1500   Circé l'aimoit, il luy cacha son choix,
            Et feignant, il sçeut si bien faire,
            Qu'il sembloit vivre sous ses loix,
       Tandis que tous ses vœux n'aspiroient qu'à me plaire.
            C'estoit le plus badin Amant   [p. 71]
1505   Qui jamais ait esté capable de tendresse.
            Il me parloit des yeux sans cesse,
            S'il ne le pouvoit autrement;
            Mais enfin malheureusement
         De ses soins affectez Circé connut l'adresse,
1510   Et le fit Singe en un moment;
            Mesme destinée à deux Pages
         Qu'au Palais parmy nous il avoit amenez.
         Les voicy. Tous les trois par mille badinages
            Semblent se tenir fortunez
1515   De venir chaque jour me rendre leurs hommages.
         La souplesse des sauts dont pour me divertir
            Ensemble ils ont pris l'habitude,
            Fait leur plus agreable étude.
         Voila comme l'Amour ne se peut démentir.

PALEMON.

1520   La récompense est fort honneste.
         Lors que de quelque Amant ton cœur se trouve épris,
            On le métamorphose en Beste.

ASTERIE.

Tu ne le voudrois pas acquérir à ce prix?

PALEMON.

            Je me loüerois du sortilege,
1525   Pourveu qu'en Epagneul je pûsse estre changé;
            Du moins par là j'aurois le privilege
         De me voir jour & nuit entre tes bras logé:
            Flateur pour toy, pour toute autre farouche,
         Sans cesse je tiendrois mes pates sur ta peau,
1530   Et j'aboyerois d'un ton nouveau,
            Lors que tu froterois ta bouche
            Avecque mon petit museau.

Var :   v. 1528 : Ce vers est corrigé dans O en 'Flateur pour toy, pour tout autre farouche,'.

ASTERIE.

Nous songerons à la métamorphose.
Cependant je veux bien te faire partager   [p. 72]
1535   Le plaisir qu'en sautant mon Singe Amant me cause.
    Allons, mon Singe, il faut estre léger,
S'il est vray que de vous ma volonté dispose.

Les trois Singes font icy quelques sauts.

PALEMON.

Rien ne peut estre égal à son agilité;
    Mais lors qu'il s'agit de te plaire,
1540   Quoy qu'on veüille entreprendre, autant d'exécuté.
Si jamais de ton cœur je suis dépositaire...
Ah Monsieur le Magot, vous estes en colere.

ASTERIE.

Pour peu que l'on m'approche, il s'en montre irrité,
    Pour luy seul il veut mes carresses.
1545   Vois-tu comme il baise ma main?
    Mais il est temps que tu me laisses,
    Circé vient, le reste à demain.

SCENE III.

CIRCÉ, DORINE, ASTERIE.

CIRCÉ.

Vous parliez du Prince de Thrace?
Que vous en a-t-on dit?

ASTERIE.

    Que malgré les mépris
1550   Qui chaque jour augmentent sa disgrace,
C'est toûjours de Sylla que son cœur est épris.

Var :   v. 1547 : Ce vers est précédé dans O par le vers 'Et pour ne pas aimer en vain' prononcé, semble-t-il, par Palémon.

CIRCÉ.

Et Mélicerte, il vous a veuë?

ASTERIE.   [p. 73]

Il m'a de ses ennuis longtemps entretenuë;
    Mais en peut-on blâmer l'excès?
1555 Apres mille sermens d'une entiere constance,
    Voir son amour payé d'indiférence,
      Est le déplorable succès
    Qui suit sa crédule espérance.

CIRCÉ.

Un Charme par un autre aisément est détruit;
1560   Et si je suis la cause de ses peines,
Au moins de mon amour il tirera ce fruit,
Que je sçauray le rendre à ses premieres chaînes.
    Faites-luy toucher cet Anneau,
Et soudain oubliant qu'il m'ait jamais aimée,
1565   Il se sentira de nouveau
Des beautez de Sylla l'ame toute charmée.
    Sa guérison dépend de vous,
Allez, sans perdre temps, mettre fin à ses plaintes.

SCENE IV.

CIRCÉ, DORINE.

DORINE.

Ainsy pour luy vos flames sont éteintes,
1570   Et ces tendres ardeurs dont il vous fut si doux
De luy voir partager les sensibles atteintes,
N'ont plus aucun pouvoir sur vostre cœur jaloux?
Il est tout occupé de la juste colere
Que du Prince de Thrace allument les refus.

Var :   vv. 1569–82 sont biffés au crayon dans O.

CIRCÉ. [p. 74]

1575 Il devroit l'estre au moins, tant j'ay l'esprit confus
De l'affront que l'Ingrat à ma flame ose faire;
Mais en vain la vangeance a dequoy me charmer,
En vain elle me porte à résoudre sa peine,
Malgré ce que je sçay que je luy dois de haine,
1580 Un fatal Ascendant me force de l'aimer;
Et plus à le punir je me veux animer,
Plus je sens que je cede à l'amour qui m'entraîne.
Il n'en faut point douter, l'implacable Vénus
Est toûjours sensible à l'outrage.
1585 Ce fut par le Soleil, par son seul témoignage,
Que ses feux avec Mars aux Dieux furent connus;
Et ce cruel amour qu'elle a mis dans mon ame
La vange sur moy de l'affront
Dont mon Pere autrefois, en découvrant sa flame,
1590 Laissa la tache sur son front.

DORINE.

Vous devez espérer...

CIRCÉ.

Que veux-tu que j'espere?
Malgré ce que ma gloire y couroit de hazard,
Pour m'acquérir le cœur d'un Teméraire,
Ay-je rien épargné des secrets de mon Art?
1595 Moy qui cent fois d'un seul regard
Ay gagné des plus fiers l'hommage volontaire?
Ce dernier Charme encor dont je viens à tes yeux
De faire l'inutile épreuve,
N'est-il pas de ma honte une trop forte preuve?
1600 Qu'a-t-il fait? Qu'a-t-il pû sur cet Audacieux?
Sylla toûjours pour luy n'est-elle pas la mesme?
N'est-elle pas toûjours l'objet de son amour?
Ah, c'est trop en soufrir; dans ma fureur extréme
Ne pouvant obtenir qu'il m'aime,
1605 Satisfaisons ma gloire, en le privant du jour. [p. 75]

Var : v. 1575 : Il le devroit au moins, tant j'ay l'esprit confus (O).
Var : vv. 1595–62 : Dans O, vv. 1595–61 sont précédés par des lignes faites au crayon dans la marge. Ces lignes semblent avoir été continuées plus tard jusqu'à inclure v. 1562.

Les Charmes contre luy n'ont qu'une vaine amorce;
Mais au moins ce doit m'estre un bonheur assez doux,
    Que s'il me plaist d'en croire mon couroux
    Il est des poisons dont la force
1610   Donnera plein triomphe à mes transports jaloux.
      Eteignons une ardeur fatale,
      Qui de mon cœur troublant la paix...

SCENE V.

CIRCÉ, FLORISE, DORINE.

FLORISE.

Sylla, pour vous parler, entre dans le Palais.

CIRCÉ.

Sylla? mon sang s'émeut au nom de ma Rivale.
1615   Qu'on l'améne, il faut voir ces dangereux attraits
Qui rendent ma puissance à la sienne inégale.
S'il est vray que toûjours le Prince dédaigné
Ait servy de victime à son humeur altiere;
    Je veux pour luy la rendre encor plus fiere,
1620   Et croiray dans ma perte avoir assez gagné,
S'il n'a pas sur ma flame une victoire entiere.

SCENE VI.   [p. 76]

CIRCÉ, SYLLA, DORINE.

SYLLA.

Ne vous étonnez point, Madame, de me voir
Mettre en vous tout l'espoir que mon malheur me laisse.
    Je sçay quel est vostre pouvoir,

1625   Et que si la pitié pour moy vous intéresse,
         Vos bontez n'auront qu'à vouloir,
         Pour finir l'ennuy qui me presse.
     J'aime; avec moy tant d'autres ont aimé,
     Que l'on doit faire grace à l'ardeur qui m'anime;
1630   Et quand l'amour seroit un crime,
     On s'est à l'excuser si bien accoûtumé,
     Qu'on ne reprocheroit à mon cœur enflamé
     Qu'un foible que l'usage a rendu légitime.
     Je ne vous diray point sur quels flateurs attraits
1635   Du Prince qui m'aima je partageay la flame.
     L'hommage qu'il m'ofrit méritoit mes souhaits,
         Et je laissay toucher mon ame
         Au plus beau feu qui fut jamais.
     Mais enfin sur le point qu'un heureux hymenée
1640   Des soins qu'il me rendoit alloit estre le prix...

CIRCÉ.

Le seul nom de Sylla m'a d'abord tout appris;
C'est assez, je connoy qu'elle est sa destinée.
Mélicerte party sans vous en consulter...

SYLLA.

Oüy, c'est de là que naist le trouble qui m'agite,
1645   S'il s'est veu malgré luy forcé de me quiter,
         Dites-moy quels lieux il habite,
     Et rien pour le revoir ne pourra m'arrester.
     Que si son changement a causé sa retraite,
         Pour me dégager d'un Ingrat,
1650   Arrachez-moy du cœur cette flame indiscrete
     A qui je n'ay déja soufert que trop d'éclat.
     Voila ce qui m'améne, & sur quelle espérance
         J'ose recourir à vostre Art.

[p. 77]

CIRCÉ.

Prenez sur Mélicerte une entiere assurance.
1655   Quoy qu'à ne voir que l'apparence
     Vous ayez pû trouver du crime en son depart,
         Je vous répons de sa constance.

SYLLA.

Ah! puis qu'il me garde sa foy,
Pour le trouver, Madame, où faut-il que je vole?

CIRCÉ.

1660   Et le Prince de Thrace?

SYLLA.

Il soûpire pour moy;
Mais il n'est rien que je n'immole
Au beau feu dont je suy la loy;
Et s'il espere encor, c'est un espoir frivole.

CIRCÉ.

Demeurez dans ces sentimens,
1665   Et pour prix d'une ardeur si belle
Je vay vous faire voir Mélicerte fidelle
Dans les plus vifs empressemens
Que vous puissiez attendre de son zele.
Suivez-moy.

SCENE VII.   [p. 78]

GLAUCUS, CIRCÉ, SYLLA, PALEMON, DORINE.

GLAUCUS.

Quoy, toûjours vous me fuirez ainsy,
1670   Belle Ingrate?

SYLLA.

Quelle surprise!
Voir le Prince de Thrace icy?

Var :   v. 1666 : Je vous vay faire voir Mélicerte fidelle (O).

GLAUCUS.

Ecoutez-moy de grace, & d'un œil adoucy
Regardez un Amant que sa flame autorise...

CIRCÉ.

Quelle est vostre temerité,
1675   Prince? Quoy, vous avez la coupable insolence
D'étaler à mes yeux un amour qui m'offence,
Un amour qui déja n'a que trop mérité
Ma plus redoutable vangeance?

GLAUCUS.

Pouvez-vous nommer crime un amour où toûjours
1680   Mon cœur a mis toute sa gloire?
Et pour vous avoir voulu croire
Sur cet infaillible secours
Qui devoit à ma flame assurer la victoire,
Ay-je dû mériter de vous
1685   Les transports où vous jette un aveugle couroux?
Voyez Sylla, Madame, & la voyez pourveuë
De tout ce qui jamais fut en droit de charmer;
Je l'aimois quand je vous ay veuë,   [p. 79]
Est-il en mon pouvoir de ne la plus aimer?
1690   J'en ay trop crû l'inutile promesse
Qui m'a fait vous suivre en ces lieux;
Vostre Art devoit forcer l'obstacle injurieux
Que sa rigueur oppose à ma tendresse,
Il me devoit rendre aimable à ses yeux;
1695   Peut-estre un changement semblable
Auroit à vostre gloire adjoûté quelque éclat.
Vous pouvez tout encor, mon cœur n'est point ingrat,
Et vous sçavez dequoy je suis capable
Pour rompre un injuste attentat.
1700   Songez-y de grace.

SYLLA.

Ah Madame,
Vous laissez-vous séduire contre moy?
Et pour favoriser sa flame,
Me forçant à manquer de foy,
Voulez-vous au parjure abandonner mon ame?

Var :   vv. 1686–9 sont entourés de lignes faites au crayon dans O.

CIRCÉ.

1705   Non, n'appréhendez rien; si de vostre rigueur
    Je me suis engagée à luy faire justice,
    Je ne l'ay prétendu que par le sacrifice
        Que je luy faisois de mon cœur.
    Il l'ose refuser, je le vois avec honte;
1710   Quand je le cacherois, ma rougeur vous le dit;
        Et si mon amour interdit
      Ne soufre pas ma vangeance aussy prompte
      Que la demande un violent dépit,
    Elle en est plus à craindre, & peut-estre il suffit
1715   Qu'en pouvoir l'Univers n'a rien qui me surmonte.

SYLLA.

    Prince, je ne vaux pas les malheurs que je crains,
    Voyez-en le péril, & rentrez en vous-mesme;
    Oubliez qui vous fuit, pour aimer qui vous aime,   [p. 80]
    Et faites-vous enfin raison de mes dédains,
1720   Un seul mot peut calmer l'orage qui s'appreste.

GLAUCUS.

    Moy, qu'aux dépens d'un feu qui s'augmente toûjours
        Je cherche à garantir ma teste
        Du fier éclat de la tempeste
        Qui vous fait trembler pour mes jours?
1725   Qu'elle gronde à loisir; bien loin que je m'en plaigne,
    J'aimeray d'autant plus à me trouver surpris
        Des malheurs qu'on veut que j'en craigne,
    Que pour tout autre Objet n'ayant que du mépris,
    L'amour que j'ay pour vous semble augmenter de prix
1730   Par les périls que je dédaigne.
    Ce tendre emportement ne peut-il mériter
        Que pour moy la pitié vous touche?
        N'adoucira-t-il point cette rigueur farouche?
    Et quand un peu d'espoir commence à me flater,
1735   Ne sçauriez-vous ouvrir la bouche,
        Que ce ne soit pour me l'oster?

Var :   v. 1712 : O donne par erreur 'Ne souffre pas ma vangeance assez prompte'.

CIRCÉ.

Joindre sans cesse outrage sur outrage!
 Tombe la Foudre sur ces lieux,
 Et puisse par un prompt ravage,
1740 La flame dévorant ce Palais à ses yeux,
Luy faire en mesme temps craindre & sentir ma rage?

SYLLA.

Ah, Prince, redoutez ce que peut son couroux,
 Et voyez mieux ce que vous faites.
Ne l'entendez-vous pas dans son transport jaloux
1745 Presser les Elémens...

GLAUCUS.

   Non, Madame, où vous estes,
 Je ne voy, je n'entens que vous;
 C'est l'effet de vostre présence.   [p. 81]

CIRCÉ.

Quoy, la Terre, le Ciel, tout est sourd à mes cris;
Et voyant à toute heure avorter ma vangeance,
1750 L'Ingrat, par de plus fiers mépris,
  Triomphe de mon impuissance?
  Que me sert que du sang des Dieux
  Avec éclat le Destin m'ait fait naistre,
 S'il me faut endurer qu'un lâche Audacieux
1755 Confonde, en me bravant, la gloire de mon estre?
Mais de noires vapeurs obscurcissent les Cieux,
L'air se trouble, & pour moy ce sont d'heureux présages.
Soûtenez mon espoir, Dieux, qui le connoissez.

*On voit paroistre en l'air plusieurs nüages, qui s'estant ramassez pour
enfermer Circé & Sylla, leur donnent lieu à l'une & à l'autre de se dérober aux
yeux de Glaucus; en suite dequoy le Nüage s'ouvre, & se dissipe des deux costez du
Theatre.*

GLAUCUS.

Qu'espérez-vous de ces Nüages

Var :   vv. 1752–5 sont entourés de lignes faites au crayon dans O.
Var :   vv. 1758–9 (indication scénique) : ... *se dérober aux yeux de Glaucus.*
      Ensuite le Nuage ... (D, E, F, I).

1760   Dans l'air par le vent dispersez?
             Ce sont pour vous de foibles avantages;
             Mais tout-à-coup je les voy ramassez,
                 Ils renferment Sylla. Madame,
             Des Charmes de Circé n'ayez aucun effroy,
1765   Son Art ne tient point contre moy,
             Accordez seulement quelque espoir à ma flame,
             Et je dissiperay... Mais qu'est-ce que je voy?
                 Le nüage s'ouvre, il s'envole,
             Et Sylla, ny Circé... Quel pouvoir absolu
1770   Rend le mien contr'elle frivole?

                        PALEMON.

             Pour cette fois vous manquez de parole,
                 Et la Magie a prévalu.

                        GLAUCUS.   [p. 82]

Dorine.

                        DORINE.

                 Qui d'un mot fait descendre les nües,
             A quelque pouvoir dans son Art.

                        GLAUCUS.

1775   Voy ce qu'elles sont devenües.

                        DORINE.

             Je vay chercher Circé; mais à parler sans fard,
                 Ses vangeances me sont connuës,
                 Vous y passerez tost ou tard.
                 L'Amour seul vous en peut defendre,
1780   Je vous en donne avis, c'est à vous d'y songer.

Var :   vv. 1762–5 sont entourés de lignes faites au crayon dans O.
Var :   v. 1766 est biffé au crayon dans O.
Var :   v. 1767 : Je sauray dissiper ... Mais qu'est-ce que je voy? (O).

SCENE VIII.

GLAUCUS, PALEMON.

GLAUCUS.

Si jusque sur Sylla sa fureur s'ose étendre...
Ciel!

PALEMON.

Vous deviez la ménager.

GLAUCUS.

Sa retraite n'est point un effet de ses Charmes.
Si par l'air à sa fuite un chemin s'est ouvert,
1785   C'est un Dieu contre moy qui luy preste des armes,
Je ne l'ay que trop découvert.

PALEMON.

Tant-pis si quelque Dieu la sert,
J'en prendrois encor plus d'alarmes.

GLAUCUS.

Tu me verrois inquiété
1790   De voir agir la supréme Puissance,
Si je n'avois quelque assurance   [p. 83]
D'avoir Divinité contre Divinité.
Vénus hait le Soleil, & prendra ma défence.
La voicy qui paroist au milieu des Amours.
1795   Venez, & par vos chants rendez-la moy propice,
Vous, dont icy la voix m'est un charmant secours
Pour adoucir l'ennuy qui cause mon suplice.

Icy on voit descendre Vénus dans son Palais, dont l'Architecture est com-
posée & ornée de quantité d'Amours qui soûtiennent la Corniche. Ils sont de mar-
bre blanc jusqu'au milieu du corps, dont le bas se forme en Fleurons d'or, & se

---

Var :   vv. 1797–8 (indication scénique) : '*Il est fait de Feüillages & de Jasmins*
           ...' (D, E, F, I). Dans O, l'indication scénique est réduite à 'Icy on voit
           descendre Vénus dans son Palais, dont l'Architecture est composée & ornée
           de quantité d'amours qui soutiennent la corniche, et dans tout le reste de
           ce Palais quantité d'autres ornemens tres riches. Tandis que Vénus descent
           ...'.

termine en Consoles enrichies d'ornemens aussi d'or. Ils portent sur leurs testes
des Paniers de Fleurs, d'où pendent de grands Festons qu'ils retiennent avec leurs
mains, en sorte qu'ils retombent entre les feüillages de leurs queuës, & font une chute
sur la Console. Le Pied-d'estal se trouve directement dessous, orné de Paneaux
d'azur veiné d'or. De grands Festons de Fleurs tombent du milieu des Frises, dans
lesquelles d'espace en espace sont peints des Cœurs percez de Fleches, avec des Car-
quois & d'autres ornemens. L'Optique represente deux Amours de mesme symetrie
que les autres, avec un Berceau soûtenu par quatre Amours en forme de Termes qui
le suportent. Il est formé de Feüillages & [p. 84] de Jasmins, au milieu desquels on
voit une Table de marbre blanc, remplie de Corbeilles de Fleurs, & de Vases. Tandis
que Vénus descend dans ce magnifique Palais, on chante les Paroles suivantes.

CHANSON.

Viens, ô Mere d'Amour, viens recevoir nos vœux,
    C'est toy qui nous fais vivre heureux,
1800   *Par les biens qu'à chérir le bel age convie.*
Tu disposes nos cœurs à se laisser charmer;
    Et sans le doux plaisir d'aimer,
    Est-il de beaux jours dans la vie?

SCENE IX.

VENUS sur le Globe, environnée d'Amours,

GLAUCUS, PALEMON.

GLAUCUS.

Déesse, à qui ma flame a toûjours eu recours,
1805   Voy ma peine, & me daigne accorder ton secours.
Comme Dieu de la Mer j'ay sujet de l'attendre
De celle à qui les eaux ont servy de Berceau.
    Ainsy toûjours de quelque encens nouveau
L'odeur sur tes Autels soit preste à se répandre.
1810   Par un pouvoir du mien victorieux,
Sylla qui m'a cousté les plus tendres hommages,
    A peine a paru dans ces lieux,

Var :   vv. 1798–803 (CHANSON) sont biffés au crayon dans O.

Que l'air s'est couvert de nüages
Qui l'ont dérobée à mes yeux.
1815   Où Circé la tient-elle? apprens-le-moy de grace,
Et sois favorable à mes vœux.

VENUS.   [p. 85]

Le Soleil, de sa Fille a soûtenu l'audace;
Mais Glaucus, persevere, & malgré la disgrace
Qui semble attachée à tes feux,
1820   Sors du trouble qui t'embarasse.
De ces Amours que j'ay fait suivre exprés,
Icy de tous costez la Troupe répanduë,
Aux desseins de Circé veillera de si prés,
Qu'en vain elle croiroit échaper à leur veuë.
1825   Amours, séparez-vous autour de ce Palais,
Et penétrez si bien les lieux les plus secrets,
Qu'à Glaucus Sylla soit renduë;
C'est tout ce que je puis pour remplir tes souhaits.

Les Amours s'envolent de tous costez,
& Vénus remonte dans son Globe.

GLAUCUS.

C'en est assez, Déesse, & je ne doy rien craindre,
1830   Puis qu'enfin ta bonté s'intéresse pour moy.
Suy-moy, viens.

PALEMON.

A ce que je voy,
Vous croyez n'estre plus à plaindre;
Tout vous rit, & Vénus qui jamais ne sçeut feindre,
Vous a parlé de bonne-foy.

GLAUCUS.

1835   Oüy, je cede à l'espoir qu'elle vient de me rendre;
Apres ce qu'elle a dit, ce seroit l'offencer,
Que de songer à m'en défendre.

PALEMON.

Je croy qu'il en faut tout attendre;
Mais fust l'Amour tout prest à vous récompenser,

1840   C'est courir longtemps sans rien prendre,
        Et la peine au plaisir me feroit renoncer.

Fin du Troisiéme Acte.

[p. 86]

DECORATION

DU QUATRIEME ACTE.

Cet Acte qui se passe dans le lieu le plus desert du Palais de Circé, n'a point d'autre Décoration que de grands Arbres toufus, qui forment un Bois dont l'épaisseur semble estre impénetrable à la clarté du Soleil.

[p. 87]

ACTE IV.

SCENE PREMIERE.

PALEMON, ASTERIE.

ASTERIE.

Te rencontrer icy! ma surprise est extréme;
Que cherches-tu dans ces lieux écartez?

PALEMON.

L'Amour tient-il en place? il va de tous costez;
1845   Je suis pour tes beaux yeux ce que tu sçais, je t'aime;
Et dans l'heur de te voir, ces Bois inhabitez,
    Pour peu que tu fusses de mesme,
    Auroient pour moy mille beautez.
    Mais toy, quel est le sujet qui t'attire
1850   Dans cet abandonné sejour?

Var :   Toute la description de la DECORATION DU QUATRIEME ACTE est omise dans O.

Var :   vv. 1842–908 (toute la première scène) sont biffés à l'encre dans O.

ASTERIE.

Je cherche Mélicerte, à qui sur son amour
    J'ay pour Circé deux mots à dire.
Du Palais, mais en vain, j'ay fait déja le tour;
    Et comme un Amant qui soûpire   [p. 88]
1855   Assez souvent fuit le grand jour,
    J'ay crû, pour conter son martyre,
Qu'il seroit à ce Bois venu faire sa Cour.

PALEMON.

    Circé vient d'attraper mon Maistre,
A Sylla devant elle il peignoit son tourment,
1860   Quand à nos yeux, en un moment
    L'une & l'autre a sçeu disparoistre.

ASTERIE.

Qu'il y songe, à la fin luy-mesme y sera pris,
Il est jeune, bien fait, & ce seroit dommage,
Que faute de vouloir déguiser le mépris
1865   Où Sylla pour Circé l'engage,
Il se laissast changer en quelque vieux Loup gris
Dont peut-estre il joüera bientost le personnage.

PALEMON.

    Que veux-tu? c'est un Eventé
    Qui ne croit jamais que sa teste.
1870 Pour retrouver Sylla dont il est la conqueste,
En cent lieux diférens j'ay déja fureté,
Et tandis qu'en ce Bois j'en viens faire l'enqueste,
    Il la cherche de son costé.
Ne me diras-tu point où Circé l'a cachée?

ASTERIE.

1875 Mon âge incompatible avecque le secret,
Du conseil de Circé m'a toûjours retranchée;
Je parois étourdie, & puis l'estre en effet,
C'est un malheur pour moy, mais j'aurois grand regret,
Si la discretion aux ans est attachée,
1880   D'avoir l'esprit moins indiscret.

PALEMON.

Fort bien; quoy que les ans donnent de la sagesse,
Tu n'as point haste de vieillir.

ASTERIE.   [p. 89]

L'Automne est douce à qui s'empresse
D'avoir des fruits meurs à cueillir;
1885   Mais quoy qu'exposée à faillir,
Je tiens toûjours pour la jeunesse.

PALEMON.

C'est bien fait, le Printemps est la belle saison;
Tu peux faire du tien un agreable usage

ASTERIE.

Du moins quand je m'échape à quelque badinage
1890   Qui semble s'écarter un peu de la raison,
Je dis qu'un jour je seray sage,
Et j'aime assez à chanter sur ce ton.
Ah, combien il en est dont les desirs partagent
L'état riant où je me voy,
1895   Qui sans en rien dire envisagent
Comme un sujet mortel d'effroy,
L'incommode sagesse où les ans les engagent,
Et qui de tout leur cœur enragent
De n'oser estre aussy foles que moy!
1900   Sur l'avenir je me trompe peut-estre,
Mais enfin je prétens, lors que j'en seray là,
Pour fuir leur ridicule, assez bien me connoistre...
Mais adieu, va chercher Sylla,
Je voy Mélicerte paroistre.

PALEMON.

1905   Que ton humeur me plaist!

ASTERIE.

De grace, éloigne-toy,
Il faut que je luy parle, & Circé me l'ordonne.

PALEMON.

Je te quitte à regret. Friponne,
Si tu n'as rien à faire autre chose, aime-moy.

SCENE II.   [p. 91]

MELICERTE, ASTERIE.

ASTERIE.

  A vous trouver j'ay bien eu de la peine,
1910 Depuis longtemps je vous cherche par tout.

MELICERTE.

Confus, triste, inquiet, je sens que tout me gesne;
  Et sans sçavoir ce que mon cœur résout,
J'entretiens dans ce Bois le chagrin qui m'y mene.
  Mais enfin que m'apprendrez-vous?
1915 Parlez, belle Astérie, & s'il vous est possible,
  Soulagez un Amant jaloux.

ASTERIE.

  La jalousie est un mal bien terrible;
Mais n'importe, le Ciel vous voit d'un œil plus doux,
  Et Circé n'est pas insensible.

MELICERTE.

1920 Quoy, Circé me rendroit son cœur?
D'un si prompt repentir Circé seroit capable,
  Et cette farouche rigueur
  Qui la rendoit inéxorable,
  Auroit fait place à la douceur?
1925 Je l'avois bien préveu, qu'en luy faisant comprendre
  Le dur excés de mes ennuis,
  Vous la forceriez à se rendre.

Var : v. 1907 : Je te quitte à regret friponne, (O).
Var : vv. 1908–9 : Dans O, 'ACTE 4' est inséré au crayon avant v. 1909.
Var : v. 1917 : La jalousie est un feu bien terrible; (O).

ASTERIE.

Toute badine que je suis,
J'ay le cœur tourné sur le tendre,
1930 Et pour les malheureux je fais ce que je puis.
Voyez-vous cet Anneau que Circé vous envoye? [p. 91]

MELICERTE.

Que ne dois-je point à vos soins?
Donnez, de grace, & de ma joye
Allons chercher mille témoins.

ASTERIE.

1935 Voila comme souvent l'Amour pour nous s'employe,
Lors que nous l'espérons le moins.

MELICERTE.

Il est vray. Qui l'eust crû, que pour finir ma peine,
L'Amour dût amener Sylla dans ce Palais?
Mais n'en crois-je point trop mes amoureux souhaits,
1940 Et la nouvelle est-elle bien certaine?
L'a-t-on veuë arriver? est-elle avec Circé?
Et de sa part cherchez-vous Mélicerte?

ASTERIE.

Le Portrait de Sylla n'est donc pas effacé?

MELICERTE.

Non, toûjours son Image à mes yeux s'est offerte.
1945 Que de temps à pleurer sa perte
S'est inutilement passé!
Sçait-elle qu'en ce lieu l'Amour m'a fait l'attendre?
Qu'on m'avoit assuré qu'elle s'y feroit voir?

ASTERIE.

C'est ce que par vous-méme elle pourra sçavoir;
1950 Mais Circé, vous l'aimiez? une amitié si tendre
Déja sur vous est-elle sans pouvoir?

Var : v. 1937 : MELICERTE *ayant l'anneau.* (D, E, F, I).

MELICERTE.

Moy, qui chéris Sylla d'une ardeur empressée
Qu'à peine égaleroit le plus parfait Amant,
J'aurois pris pour Circé le moindre attachement?
1955   Du seul soupçon ma gloire est offencée;
Par où le méritay-je, & sur quel fondement
     M'imputez-vous un changement
     Dont je n'eus jamais la pensée?   [p. 92]

ASTERIE.

J'avois pris pour amour certains soins complaisans
1960   Qu'à Circé je vous ay veu rendre.
     On s'attache aux Objets présens,
Et pour peu que l'absence aide à se laisser prendre,
Les Hommes la plûpart sont d'une foy si tendre,
Qu'il ne faut qu'un bel œil, & quelques jeunes ans,
1965   Pour les réduire à ne se point défendre.

MELICERTE.

Non, si j'ay veu Circé, j'ay voulu seulement
    Apprendre d'elle où Sylla pouvoit estre.
Dans ces lieux à toute heure elle devoit paroistre,
Et j'attendois toûjours ce bienheureux moment.
1970 Enfin il est venu, mais suis-je encor moy-mesme?
Elle est dans le Palais, & je m'arreste icy?

SCENE III.

FLORISE, ASTERIE.

FLORISE.

Seule avec Mélicerte ainsy?
Dans un Bois? c'est pousser la franchise à l'extréme;
Qu'en dira-t-on?

ASTERIE.

       Hé bien, on dira que je l'aime.
1975 Le grand malheur pour en estre en soucy!

FLORISE.

Vous tournez tout en raillerie;
Mais, ma Sœur, à ne rien déguiser entre nous,
    Si la mesme galanterie
    Arrivoit à d'autres qu'à vous,   [p. 93]
1980   Qu'en penseriez-vous, je vous prie?

ASTERIE.

    Que ce seroit un rendez vous.
Comme à suivre mon cœur ma bouche est toûjours preste,
J'avoûray sans façon, qu'il n'est rien selon moy
De plus satisfaisant qu'un peu de teste à teste;
1985   Et quand on peut l'avoir, pourquoy
    Voulez-vous qu'on soit assez beste,
Pour n'oser témoigner qu'on veut vivre pour soy?

FLORISE.

Mais l'exacte vertu nous doit faire la loy,
    Et le plaisant cede à l'honneste.

ASTERIE.

1990   Voila l'ordinaire chanson
    De qui fait le métier de Prude.
    Elle met son unique étude
    A se garantir du soupçon;
    Et pour l'essentiel, en bonne solitude
1995   Elle n'y fait point de façon.

FLORISE.

    C'est se tirer avec adresse
D'un pas dont avec peine un autre sortiroit;
    Mais, ma Sœur, qui vous entendroit...

ASTERIE.

J'agis comme je parle, & jamais de finesse,
2000   C'est le moyen de marcher droit.
    Pour vous, qui n'avez point d'égale
    En vertueux tempérament,
    Et qui sur le moindre enjoüement

Var :   vv. 1981–9 sont encadrés à l'encre dans O.

Me faites la Mercuriale,
2005   Dites-moy, de grace, comment
Vous vous trouvez dans ce lieu solitaire;
Car comme moy qui n'en fais point mystere,
Vous n'y cherchez pas un Amant?   [p. 94]

FLORISE.

Je venois voir les aimables Dryades
2010   Qui font leur demeure en ce Bois;
Les doux accens de leurs charmantes voix
Méritent bien les promenades
Que je fais icy quelquefois.

ASTERIE.

Ne viendroit-il jamais quelque Faune avec elle
2015   Qui vous parleroit à l'écart?
Avec un Mortel, c'est hazard
Si vous quittez le party des Cruelles;
Mais pour un Demy-Dieu, c'est une affaire à part.

FLORISE.

Il faut que vostre humeur badine
2020   Trouve toûjours à s'exercer.

ASTERIE.

A croire en vous l'air prude qui domine,
De vostre retenuë on ne peut trop penser,
Mais rien n'est si trompeur quelquefois que la mine.

FLORISE.

La vostre ne l'est point; & vous voir une fois,
2025   C'est assez pour juger qu'au talent de Coquete...
Mais Circé qui par l'air du Palais s'est soustraite,
Amene Sylla dans ce Bois.
Quel est son dessein?

Var :   v. 2014 : Corrigé dans O en 'Ne viendroit-il jamais quelque Faune avec
             elles'.
Var :   v. 2017 : Si vous quittiez le party des cruelles; (O).

ASTERIE.

Pour l'apprendre,
Peut-estre il ne faut qu'écouter.

SCENE IV. [p. 95]

CIRCÉ, SYLLA, FLORISE, ASTERIE.

CIRCÉ.

2030 Vostre amour en ce lieu n'a rien à redouter,
Nymphe; & puis que pour vous je veux tout entreprendre,
 Aimez sans vous inquiéter.

SYLLA.

 J'aurois tort de garder encor quelques alarmes,
  Apres ce que je viens de voir.
2035 Si l'air en nous cachant cede à vostre pouvoir,
  Quel sera celuy de vos Charmes
  Pour confondre un injuste espoir?
D'abord, je l'avoüeray, quand le Prince de Thrace
  S'ofrant tout-à-coup à mes yeux,
2040 M'a fait voir qu'il m'avoit prévenuë en ces lieux,
J'ay craint que vostre appuy redoublant son audace
 Ne rendist de ma foy son feu victorieux;
Mais puis qu'à Mélicerte il vous plaist faire grace,
Seûre de mon bonheur, je n'ay plus à soufrir
2045 Que par la juste impatience
 De voir finir une trop dure absence.

CIRCÉ.

 Si vous soufrez par-là , je puis vous secourir.
  Mon intérest est joint au vostre,
  Je vous l'ay fait connoistre; ainsy
2050 Du succés de vos feux n'ayez aucun soucy,
  Je m'en charge. Allez l'une & l'autre,
  Amenez Mélicerte ici.

     Florise & Astérie sortent.

SYLLA.

[p. 96]

Vous m'allez rendre ce que j'aime?
Madame, pardonnez si je ne vous dis rien.
2055   Quoy que pense l'Amour quand la joye est extréme,
    Jamais il ne s'explique bien.
Si vous sçavez aimer, jugez-en par vous-mesme.

CIRCÉ.

Puis que l'Amour vous rend Mélicerte si cher,
Pour voir de vos desseins le succés plus facile,
2060   Il faut à son Rival quelque temps vous cacher,
    Et de ses soins à vous chercher
Rendre dans un lieu seûr l'entreprise inutile.
    Si l'obscur sejour de ce Bois
    N'a rien pour vous de trop mélancolique,
2065   D'un seul mot j'y puis faire un Palais magnifique
    Où les plaisirs naistront à vostre choix.
      C'est là que le Prince de Thrace
      Ne vous découvrira jamais,
Et que dans vostre cœur le trouble fera place
2070   Aux charmes d'une douce paix.
      Tandis que l'heureux Mélicerte
      Dans Thébes ira préparer
Les honneurs que l'Hymen vous y doit assurer,
    Dans cette demeure deserte
2075 Vous serez à couvert du desespoir jaloux
Qu'un Amant dédaigné peut suivre contre vous.

SYLLA.

Ma flame en ce conseil trouve trop d'avantage,
    Pour ne s'en pas faire une loy.
    Mélicerte a reçeu ma foy,
2080 Et pour fuir son Rival, il n'est lieu si sauvage
    Qui n'ait mille charmes pour moy.
Mais qu'entens-je?

On voit paroistre un Faune avec une Dryade qui sort en chantant, & qui veut se retirer quand elle apperçoit Circé.

CIRCÉ *à la Dryade.*

[p. 97]

D'où vient qu'en nous voyant paroistre,

Var :   v. 2053 : Vous m'allez rendre à ce que j'ayme? (O).

Vous détournez vos pas, & cessez de chanter?
Continuez de grace, il est doux d'écouter,
2085   Quand on sçait comme moy quel plaisir en peut naistre.

    à Sylla.
        Ce sont Nymphes & Demy-Dieux,
        Qui dans ce Bois font leur demeure,
    Et qui de leurs concerts les plus mélodieux
    Vous viendront à l'envy divertir à toute heure.

CHANSON DE LA DRYADE.

2090   *Vous étonnez-vous*
        D'un peu de martyre?
        C'est quand on soûpire,
        Que l'amour est doux.
        La plus belle chaîne
2095   *Ne sçauroit charmer,*
    Si l'on n'a de la peine
        A se faire aimer.

        J'aime les plaisirs
        Qu'on me fait attendre;
2100   *Un Objet trop tendre*
        Eteint les desirs.
        La plus grande gloire
        Qu'on trouve en aimant,
    C'est lors que la victoire
2105   *Coûte un long tourment.*

    Cette Chanson est suivie de ces Paroles,
qui sont chantées par un Faune, & par la mesme Dryade.

LE FAUNE.   [p. 98]

Il n'est rien de si doux que de changer sans cesse;
    L'Amour pour les cœurs inconstans
    Ne peut avoir que d'heureux temps;
Toûjours plaisirs nouveaux, & jamais de tristesse,
2110 *Il n'est rien de si doux que de changer sans cesse.*

Var :	vv. 2085–6 : L'indication scénique est omise dans O.
Var :	vv. 2090–105 (CHANSON DE LA DRYADE) sont biffés au crayon dans O.
Var :	vv. 2105–6 : L'indication scénique est remplacée dans O par 'Dialogue du Faune et de la Dryade'.
Var :	vv. 2105–6 (indication scénique) : ... qui sont chantées par deux Faunes, & par la mesme Dryade (K).
Var :	vv. 2106–20 sont biffés au crayon dans O.

LA DRYADE.

L'inconstance détruit les douceurs de l'Amour;
Pour estimer un bien, il faut qu'il soit durable.

LE FAUNE.

L'Amour qui dure trop, est un mal véritable;
Pour aimer sans chagrin, il faut n'aimer qu'un jour.

LA DRYADE.

2115　　*Ridicule folie!*

LE FAUNE.

Incommode sagesse!
Il n'est rien de si doux que de changer sans cesse.

LA DRYADE.

Ridicule folie!

LE FAUNE.

Incommode sagesse!

LA DRYADE.

Il n'est rien de si doux qu'une longue tendresse.

LE FAUNE.

A cent Objets divers on doit faire sa cour.

LA DRYADE.

2120　　*Ridicule folie!*

LE FAUNE.

Incommode sagesse!

Var :	vv. 2113-4 attribués au 2. FAUNE dans K.
Var :	v. 2118 attribué au FAUNE dans C.
Var :	v. 2119 attribué au 2. FAUNE dans K.
Var :	v. 2120 : *Incommode sagesse!* chanté par LES DEUX FAUNES dans K.

Tous les deux ensemble.

Le Faune.
Il n'est rien de si doux que de changer sans cesse.
La Dryade.
Il n'est rien de si doux qu'une longue tendresse.

SYLLA.

[p. 99]

La seule douceur de leur voix
Fait que pour ces beaux lieux déja je m'intéresse.

CIRCÉ.

2125   C'en est assez pour cette fois,
Allez. Que veut Dorine, & quel ennuy la presse?

SCENE V.

CIRCÉ, SYLLA, DORINE.

DORINE.

Ah, Madame!

CIRCÉ.

Dorine.

DORINE.

A quel ardent couroux
Vous va porter ce qui se passe?
Il n'est que trop certain, Vénus prend contre vous
2130   Le Party du Prince de Thrace.
En vain vous avez crû pouvoir l'assujetir.
Inquiet pour Sylla qu'il a longtemps cherchée,
Il proféroit son nom, le faisoit retentir,
Quand deux Amours sont venus l'avertir

2135   Que dans ce Bois vous la teniez cachée.
     L'un d'eux prend soin de l'amener,
     Vous l'allez voir icy paroistre,
     Et dans l'appuy qu'il a, peut-estre
   Vostre Art de son pouvoir, quoy qu'il veüille ordonner,
2140   Aura peine à se rendre maistre.

SYLLA.   [p. 100]

Madame, au nom des Dieux, ne m'abandonnez pas,
Vous pouvez tout pour moy dans un destin si rude.

CIRCÉ.

Le remede à ce mal veut de la promptitude,
Et vostre seule fuite en d'éloignez Climats
2145   Peut calmer vostre inquiétude.
  Thébes où Mélicerte est aussy craint qu'aimé,
   Par son hymen vous doit avoir pour Reyne.
  Par les routes de l'air soufrez qu'on vous y mene,
  Il vous suivra de pres, & de son cœur charmé
2150 La conqueste par là vous deviendra certaine.

SYLLA.

Je m'abandonne à vous.

CIRCÉ.

      Paroissez devant moy,
Esprits qui m'écoutez.

SYLLA.

Ah Ciel! Madame.

CIRCÉ.

        Quoy,
Vous fuyez à les voir? que rien ne vous étonne,
   Je répons de vostre personne,
2155 Vous pouvez les soufrir sans en prendre d'effroy.
Partez, & pour Sylla faites ce que j'ordonne.

Var :   vv. **2156–7** (indication scénique) : ... quatre amours se détachent du
     Ceintre ... (O).

Quatre Esprits viennent enlever Sylla; & quand elle est au milieu de l'air, quatre Amours se détachent du haut du Cintre, & apres avoir combatu quelque temps les Esprits, ils l'arrachent de leurs mains, & l'emportent dans le Palais de Vénus.

J'ay l'avantage au moins... Mais qu'est-ce que je voy,
Dorine? les Amours à mes projets s'opposent.

DORINE.

L'obstacle me surprend, qui l'auroit pû prévoir?

CIRCÉ.   [p. 101]

2160   Quoy, de tout mes Charmes disposent,
        Et l'on entreprendra d'en borner le pouvoir?
        Animez-vous, Esprits, qui toûjours invincibles,
        M'avez fait triompher en cent divers combats,
        Forcez vos Ennemis, & ne vous rendez pas,
2165   A ma gloire contr'eux seriez-vous insensibles?
        Mais quoy? vous reculez? vous cedez, Sylla? Dieux!
        C'en est fait, les Amours l'enlevent à mes yeux.
        Tu l'emportes, Vénus, & je me voy réduite
        Au plus mortel ennuy qui pouvoit m'accabler;
2170   Mais le lâche pour qui l'Amour m'a trop séduite,
                Verra peut-estre par la suite,
            Que qui m'outrage, a sujet de trembler.
        Plus pour luy de tendresse; il faut que de ma gloire
        L'horreur de son destin réponde à ma fierté.

DORINE.

2175   Armez-vous pour sa perte, il l'a trop mérité;
                Mais, Madame, j'ay peine à croire,
        Apres l'heureux succès de sa temérité,
        Que sur luy vostre haine emporte la victoire.

CIRCÉ.

            Je serois forcée à céder,
2180   Moy qui puis, arrestant les Fleuves dans leur course,
        Les faire d'un seul mot remonter vers leur source?
        J'aimois, & cet amour a pû m'intimider;
        Mais puis que de mon Art la honteuse impuissance
        M'oblige à recourir aux dernières horreurs,

Var :   v. 2160 : O donne par erreur 'Quoy, de tous mes Charmes disposent.'.

2185   Ma gloire veut une pleine vangeance,
       Je m'abandonne à mes justes fureurs.
         Sus, Divinitez implacables,
       Qu'autrefois l'Achéron engendra de la Nuit,
       Terreur, Desespoir, Rage, & tout ce qui vous suit,
2190   Quand pour des projets effroyables
       A quitter les Enfers mon ordre vous réduit,   [p. 102]
       Hastez-vous de sortir de vos Demeures sombres,
       C'est Circé qui le veut.

Les Furies paroissent suivies des plus noires Divinitez de l'Enfer; & apres avoir répondu dans le commencement de cette Scene aux divers mouvemens de Circé par leurs diferentes actions, elles luy font connoistre sur la fin, que le Ciel les a mises dans l'impuissance de la vanger.

DORINE.

Madame.

CIRCÉ.

            Tu le vois
     Avec quel prompt transport du noir sejour des Ombres
2195   Elles accourent à ma voix.

     Je triomphe, & leur veuë en me tirant de peine,
     De cent plaisirs secrets me fait goûter l'appas.

       Contre un Ingrat il faut servir ma haine;
       N'y consentez-vous pas?

2200   C'est assez; pour punir un lâche qui m'outrage,
     Je veux que dans son sein vous versiez à l'envy...
     Quoy, cet Amant si cher me sera donc ravy?
     Cruelle, sçais-tu bien ce qu'ordonne ta rage?

       Tendresse indigne de Circé!
2205   On me brave, & je crains d'en trop croire ma haine.
     Allez, c'est... Qu'à nommer un Amant fait de peine,
       Quand apres son nom prononcé
       On en voit la perte certaine!

     Quelle indigne pitié tâche de m'arrester!   [p. 103]
2210   Les Elémens à ma voix obeïssent,

Var :   v. 2193 (indication scénique) : ... apres avoir répondu d'abord aux divers
mouvemens de Circé par leurs diferentes actions. Elles luy font connoistre
que le Ciel ... (O).

La Lune en fuit d'effroy, les Enfers en frémissent,
Et le cœur d'un Mortel m'osera résister?
Partez, courez, volez,

              C'est le Prince de Thrace
Qui s'est noircy vers moy de mille trahisons.
2215   Pour le punir de sa coupable audace,
Répandez dans son cœur vos plus mortels poisons.

    Quoy, vous demeurez immobiles?
Je parle, & n'obtiens rien de vous.

Non, vous avez pour moy des craintes inutiles,
2220   L'Amour est étoufé, croyez-en mon couroux.

Le Ciel pour me vanger, vous défend de rien faire,
Et vous m'abandonnez dans cet affreux revers?

    Ah, refus qui me desespere!
Que ne peut ma fureur... Je m'égare, me pers.

2225   Donc, pour avoir raison d'un teméraire,
Je ne trouve aujourd'huy qu'impuissance aux Enfers?
Helas! fut-il jamais un sort plus déplorable?

    Vous me plaignez? ah c'est trop m'outrager.
Fuyez, vostre présence & me gesne & m'accable,
2230   Si vous ne pouvez me vanger.

                    Les Furies disparoissent.

DORINE.

Tous vos Charmes détruits vous le font trop connoistre,
Madame, vous tentez d'inutiles combats;   [p. 104]
Pour triompher de vous, Vénus arme son bras.

CIRCÉ.

    Quoy, le Soleil de qui j'ay reçeu l'estre,
2235   Luy voit chercher ma honte, & ne l'empesche pas?
    Il peut soufrir... Mais le moment s'aproche
Où pour moy sa bonté va peut-estre éclater.
Je le voy, c'est luy-mesme, il le faut écouter.

*Le Soleil paroist dans son Palais. Il est d'or, composé avec des Colomnes
torses d'or poly; elles sont revestuës de branches de Laurier qui les environnent,*

Var :   v. 2216 : Repandez dans son sein vos plus mortels poisons. (O).
Var :   v. 2220 : L'amour est étouffé, croyez en mon courroux. (O).

de couleur naturelle. Les chapiteaux sont d'or fin cizelé, & les bases des Colomnes de mesme maniere, aussi-bien que la frise & la corniche. Le corps du massif de ce Palais est de Pierres prétieuses, & tous les Pieds-d'estaux de marbre blanc, au milieu desquels on voit de gros Rubis; Les Paneaux sont enrichis de veines d'or sur un fond de lapis. Au dessus de la Corniche on voit, dans une espece de petit Attique d'où naissent les Cintres, des Lyres d'or, avec plusieurs ornemens; & dans le milieu des Voûtes sont peints de grands Soleils d'or poly, avec quantité d'autres ornemens. L'Optique de ce Palais est toute transparante, & jette un éclat qui éblouït.

SCENE VI. [p. 105]

LE SOLEIL dans son Palais, CIRCÉ, DORINE.

LE SOLEIL.

	Cesse ton injuste reproche,
2240	Ma Fille, tes ennuis ont beau m'inquiéter.

Celuy dont tu voudrois me voir punir l'audace,
    N'est point sujet à m'en faire raison,
C'est un Dieu, c'est Glaucus, qui du Prince de Thrace
    A pris le visage & le nom.

2245   Ainsy ne pouvant rien contre luy par tes Charmes,
      Contente-toy du plaisir de le voir
        Languir sous les dures alarmes
Dont l'Amour est suivy quand il est sans espoir.

SCENE VII. [p. 106]

CIRCÉ, DORINE.

DORINE.

	Enfin vous n'avez plus à vous faire une honte
2250	Du peu de pouvoir de vostre Art.

    Si vous cedez, un Dieu seul vous surmonte,
      Et les Dieux ont leur droits à part.

Var :	vv. 2238–9 (indication scénique) : ... des Colomnes torses d'or poly, qui sont revêtües de branches de Laurier ... . Les chapiteaux sont d'or fin cizelé, & les bases des Colomnes de même matiere ... (D, E, F, I); ... des Colomnes torses d'or poly. Et embelly de quantité d'autres riches ornemens. (O).
Var :	vv. 2249–57 sont biffés à l'encre et au crayon dans O.

CIRCÉ.

Glaucus est Dieu, je le confesse;
Mais si contre les Dieux mon Art ne peut agir,
2255   Du costé de l'amour, ay-je moins à rougir,
D'avoir montré tant de foiblesse,
Sans pouvoir de Glaucus mériter un soûpir.
C'est là sur tout ce qui m'outrage.
La Fille du Soleil tient-elle un rang si bas,
2260   Qu'ayant offert son cœur, elle ne vaille pas
Qu'un Dieu comme Glaucus se fasse un avantage
De soûpirer pour ses appas?
Luy-mesme qui me traite avec tant d'arrogance,
Qu'estoit-il qu'un Pescheur, avant que le Destin
2265   Luy fit des Dieux partager la puissance?
Ne nous démentons point, & jusques à la fin,
De l'affront qu'on me fait poursuivons la vangeance.

DORINE.

Que pouvez-vous contre l'Estre Divin?

CIRCÉ.

Encor si Galatée, ou quelque Nereïde,
2270   Avoit disposé de son cœur,
Je me plaindrois de mon malheur,
Et du couroux du Ciel qui contre moy décide,   [p. 107]
Le rang de ma Rivale adouciroit l'aigreur:
Mais que Sylla sur moy l'emporte,
2275   Qu'il m'ose de Sylla...

DORINE.

Madame, je le voy.
Calmez l'ennuy qui vous transporte,
Et contre une douleur si forte,
De vous-mesme pour vous daignez prendre la loy.

Var :   v. 2267 : De l'affront qu'on me fait partageons la vangeance. (O).
Var :   vv. 2268–75, 'Qu'il m'ose de Sylla' y compris, sont biffés à l'encre et au
crayon dans O.

SCENE VIII.

GLAUCUS, CIRCÉ, DORINE.

GLAUCUS.

Le Ciel enfin s'explique, & vous le devez croire,
2280 Madame, contre vous il a donné l'Arrest,
Il veut que ma constance eternise ma gloire,
Et je dois pour Sylla vouloir ce qui luy plaist;
J'ay sçeu que dans ce Bois vous l'avez amenée,
Rendez-la moy, de grace; & puisqu'enfin les Dieux
2285 A ma flame l'ont destinée,
Faites-la paroistre à mes yeux.

CIRCÉ.

Sylla n'est plus en ma puissance,
Vénus par les Amours me la vient d'enlever,
Et n'a rien commencé, prenant vostre défence,
2290 Qu'elle n'ait dessein d'achever.
Mais un si grand secours n'estoit point nécessaire,
Vous n'aviez qu'à cesser de vous rendre inconnu,
Il n'est rien qu'aussi-tost je n'eusse voulu faire,
Et Glaucus par luy-mesme auroit tout obtenu.

GLAUCUS.   [p. 108]

2295 Madame...

CIRCÉ.

Il ne faut point vous cacher davantage,
J'ay sçeu par le Soleil vostre déguisement,
Et ne m'étonne plus si j'ay mis en usage
Tout ce qui me devoit assurer l'avantage
  De vous acquérir pour Amant.
2300 Le malheureux succès d'une flame si prompte
A causé quelque peine à mon cœur abusé;
Mais à quelque refus qu'il se soit exposé,
  L'amour ne peut faire de honte
  Quand c'est un Dieu qui l'a causé.

Var :   vv. 2279–95, 'Madame ...' y compris, sont biffés au crayon dans O.
Var :   v. 2298 : Tout ce qui me pouvoit assurer l'avantage (O).

GLAUCUS.

2305 Vous sçavez quelles loix le Destin nous impose,
C'est sans nous consulter qu'il dispose de nous;
Et lors que de l'amour nous ressentons les coups,
La nécessité qui le cause...

SCENE IX.

GLAUCUS, CIRCÉ, PALEMON, DORINE.

PALEMON.

Venez viste, Seigneur, on a besoin de vous.
2310 D'Amours en l'air environnée,
Sylla vient avec eux de descendre au Palais,
Et je crains bien que pour son Hymenée
Vostre amour n'ait formé d'inutiles projets;
Elle a de loin reconnu Mélicerte,
2315 Que deux Amours empeschent d'approcher;
Ravis de se revoir, ils n'ont pû se cacher   [p. 109]
Le vif excés de joye où leur ame est ouverte.
Voila ce qui m'a fait en haste vous chercher.

GLAUCUS.

Quoy, les Amours qui pour moy s'intéressent,
2320 Ne luy peuvent changer le cœur,
Et toûjours avec mesme ardeur
Ses vœux pour mon Rival s'empressent?

CIRCÉ.

C'est ainsy qu'en suivant un transport amoureux,
On a peu de douceurs qui ne soient inquiétes.
2325 Un Rival vous alarme, & tout Dieu que vous estes,
Sans moy vous aurez peine à devenir heureux.
Pour me vanger du faux mystere

Var :   vv. 2319–26 sont biffés au crayon dans O.
Var :   v. 2324 : On n'a point de douceurs qui ne soient inquietes. (O).

    Qui m'a fait si longtemps méconnoistre Glaucus,
      J'aurois sujet dans ma juste colere
2330   De vous abandonner aux soûpirs superflus
    Où vous réduit l'impuissance de plaire;
    Mais je suis bonne, allez, je ne m'en souviens plus,
      Et feray tout ce qu'il faut faire.

GLAUCUS.

    Vous vous rendez enfin, & je puis espérer
2335   Que Sylla de ma flame acceptera l'hommage?

CIRCÉ.

    Il suffit que pour vous j'ose me déclarer;
    Laissez-moy seule icy, j'ay pour ce grand ouvrage
      Quelques Herbes à préparer,
    Dont la recherche à vous quiter m'engage.

GLAUCUS.

2340   Madame...

CIRCÉ.

      J'agiray pour vous sans diférer,
    Ne me demandez rien davantage.

SCENE X.

[p. 110]

CIRCÉ, DORINE.

DORINE.

Il s'en va tout remply de l'espoir d'estre aimé.

CIRCÉ.

Je viens de le promettre, il le sera sans doute.

Var :   v. 2328 : Qui m'a fait si souvent meconnoistre Glaucus (O).
Var :   v. 2341 : Ne demandez rien davantage. (O).

DORINE.

D'une telle promesse il doit estre charmé,
2345   Mais, Madame, je la redoute;
Un violent couroux n'est point si-tost calmé,
Et qui court où l'entraîne un transport enflamé,
          Change mal-aisément de route.

CIRCÉ.

Moy changer! non Dorine, à l'affront qu'il m'a fait
2350   Je dois pour m'en vanger une fureur extréme
          Dont tu verras bientost l'effet.
         Glaucus ne peut rien soufrir par luy-mesme,
Je veux à ce defaut qu'il soufre en ce qu'il aime;
         Et je n'aurois qu'un plaisir imparfait,
2355   Si l'amour que Sylla luy va faire paroistre
          N'augmentoit pas le desespoir
          Que dans son cœur doit faire naistre
L'état épouvantable où je la feray voir.

DORINE.

Vous puniriez Sylla? sa mort pourroit vous plaire?
2360   Quel crime a-t-elle fait, & quelle dure loy
Autorise contr'elle un Arrest si severe?

CIRCÉ.

Elle s'est fait aimer, & je ne l'ay pû faire.
         N'est-ce pas un crime envers moy   [p. 111]
         Digne de toute ma colere?

DORINE.

2365   Mais, Madame, songez...

CIRCÉ.

               Viens, c'est trop t'écouter.
      La vangeance où l'honneur engage
      Est un torrent dont le ravage
Redouble d'autant plus qu'on cherche à l'arrester.

Fin du Quatriéme Acte.

[p. 112]

DECORATION
DU CINQUIEME ACTE.

Une longue Allée de Cyprés qui forment une Perspective tres-agreable à la veuë, succede au Lieu desert qui a paru dans l'Acte précedent.

[p. 113]

ACTE V.

SCENE PREMIERE.

SYLLA, FLORISE, ASTERIE.

SYLLA.

Où donc est le Prince de Thrace?
2370   Plus sans le voir je passe de momens,
Plus mon impatience à pour moy de tourmens;
Dans mille vains soucis mon esprit s'embarasse,
    Et de ces lieux, quoy que charmans,
Il semble que sans luy tout l'ornement s'efface.

FLORISE.

2375   Ravy de voir enfin par un heureux retour
     Vostre cœur à ses vœux sensible,
Circé l'autorisant, il veut dans ce grand jour
     Avec tout l'appareil possible
De sa felicité rendre grace à l'Amour.
2380   La pompe qu'il prépare à quelque ordre l'oblige,
     Qui l'a forcé de vous quitter.

Var :   Toute la description de la DECORATION DU CINQUIEME ACTE est omise dans O.

Var :   vv. 2375–99 sont biffés au crayon dans O.

Var :   v. 2379 : O donne par erreur 'De sa felicité rende grace à l'amour.'

SYLLA.   [p. 114]

Je le sçay, mais de luy quelques soins qu'elle exige,
Il s'y devroit moins arrester.

FLORISE.

2385
Vous le verrez bientost, mais craignez Mélicerte,
Son Rival préferé l'a mis au desespoir,
Il se plaint, il murmure, & surpris de vous voir...

SYLLA.

Si par là de mon cœur il repare la perte,
Les plaintes sont en son pouvoir.

FLORISE.

Quoy, l'Amour sans regret soufre ainsy qu'on se quite?

SYLLA.

2390
Mais peut-on estre juste, & voir d'un œil égal
Le fort & le foible mérite?
Regardons Mélicerte aupres de son Rival,
La diférence est-elle si petite,
Que ce soit m'y connoistre mal,
2395
Qu'écouter contre luy ce qui me sollicite?
Oüy, sans doute, & mon cœur y doit prendre intérest,
Ce Rival n'est que trop digne qu'on le préfere,
Une noble fierté fait briller ce qu'il est,
Et sur son front est peint le caractere...

ASTERIE.

2400
Enfin, Madame, il suffit qu'il vous plaist,
C'est tout en amour que de plaire.

SYLLA.

Quand par un accueil obligeant
Mon cœur pour luy s'est fait connoistre,
Quelle joye à vos yeux n'a-t-il pas fait paroistre?
2405
Que ne m'a-t-il point dit de flateur, d'engageant?
J'ay dû, j'ay dû me rendre, & toute autre en ma place
Dés l'abord l'auroit préferé.

Il ne s'est pas encor tout-à-fait declaré;
　Mais si j'en croy l'image qu'il me trace   [p. 115]
2410　　　Du bonheur qui m'est préparé,
　Un plus haut rang par luy m'est assuré,
　　Que celuy de Reyne de Thrace.
Vous l'avez entendu toutes deux?

FLORISE.

　　　　　　　　Il est vray;
Et ce qui me feroit soupçonner quelque chose,
2415　　　C'est que des Amours il dispose.
De son pouvoir sur eux vous avez fait l'essay.

ASTERIE.

Vénus toûjours un peu coquete
Ne pourroit-elle pas avoir aimé sans bruit,
　Et fait quelque intrigue secrete
2420　　　Dont il auroit esté le fruit?
Ce qu'il a fait icy, sent bien son parentage
　　Avecque la Divinité.

SYLLA.

Je ne penétre point dans cette obscurité,
Il m'aime, c'est assez, apres cet avantage
2425　Rien ne sçauroit manquer à ma felicité.

ASTERIE.

Reposez-vous sur moy, je sçauray le mystere,
　S'il est du mystere à sçavoir.
　De ses secrets certain Dépositaire
　Sur qui mes yeux ont tout pouvoir,
2430　Pour peu que je le presse, aura peine à se taire.
　Mais vers vous Mélicerte...

SYLLA.

　　　　　　Ah Dieux,
Quel malheur icy me l'envoye?

SCENE II.   [p. 116]

Var :　　　　vv. 2422–93 sont biffés au crayon dans O.

SYLLA, MELICERTE, FLORISE, ASTERIE.

MELICERTE.

Ma présence ne peut que déplaire en ces lieux,
Madame, & je voy trop que m'ofrir à vos yeux,
2435   C'est venir troubler vostre joye.

SYLLA.

Si vous le connoissez, vous pouvez m'épargner
Ce qu'un fâcheux Objet cause d'impatience.

MELICERTE.

  Quoy, jusque-là me dédaigner!
De mon fidelle amour est-ce la récompense?
2440 Apres avoir pour vous si longtemps soûpiré.
  Apres...

SYLLA.

   Finissons-là, de grace.
  Quand vous aurez bien murmuré
  De voir un Rival préferé,
Les choses ne sont pas pour prendre une autre face.
2445 Si pour vous autrefois mon cœur s'est déclaré,
Ce cœur sent aujourd'huy qu'un autre vous efface,
Et se trouve contraint, quoy qu'il vous ait juré,
  A donner au Prince de Thrace
  Ce qui vous sembloit assuré.

MELICERTE.

2450 Quel aveu! Quoy, Madame, il se peut que vous-méme
Vous m'osiez prononcer l'Arrest de mon trépas;
  Et malgré mon amour extréme,   [p. 117]
La honte de changer a pour vous tant d'appas,
Que vous la regardez comme un bonheur supréme
2455 Qui remplit tous vos vœux? Helas,
Quand malgré les Amours dont l'injuste puissance
  M'empeschoit de vous approcher,
Vous m'assuriez tantost d'une entiere constance,

Var :   v. 2434 : Madame, je voy trop que m'offrir à vos yeux, (O).
Var :   v. 2451 : Vous m'osiez annoncer l'Arrest de mon trepas, (O).

Ce Rival qui vous est si cher
2460   Méritoit-il la préference,
Luy qui jamais n'avoit sçeu vous toucher?

SYLLA.

Les Amours l'ont crû nécessaire;
Et si mon cœur change de vœux,
Ce changement n'arrive que par eux,
2465   Leur conseil m'autorise à ce que j'ose faire.
Ils m'ont fait voir vostre Rival
Toûjours ferme, toûjours glorieux de ses peines,
Tandis que refroidy, lâche, foible, inégal,
Par un éloignement fatal
2470   Vous cherchiez à briser mes chaînes.
Ils m'ont fait voir... mais pourquoy m'excuser?
Je ne vous blâme point d'avoir fuy ma présence.
Vous avez au dégoust qu'elle a pû vous causer
Cherché remede par l'absence;
2475   C'est ainsy qu'il en faut user,
Nous n'avons point un cœur pour le tyranniser,
Et rien n'est tant à nous que nostre complaisance.

MELICERTE.

Ah, ne vous armez point de ces fausses raisons
Pour tâcher à rendre plausible
2480   La plus noire des trahisons;
Jamais autre que vous ne m'a trouvé sensible,
Et malgré vostre éloignement
J'ay fait gloire toûjours du nom de vostre Amant;
Mais croyez-moy, Madame, il entre icy du Charme,   [p. 118]
2485   On contraint vos desirs, je le connois trop bien.
Si jamais vostre amour fut satisfait du mien,
Daignez craindre ce qui m'alarme,
Et pour vous & pour moy ne précipitez rien.

SYLLA.

Le Charme est grand, je le confesse,
2490   Puis qu'en vostre Rival il m'a fait découvrir
Tout ce qui peut mériter ma tendresse:
Mais adieu, ce discours vous blesse,
Et c'est trop vous faire soufrir.

Var :   v. 2480 : La plus noire des trahisons. (O).

SCENE III.

SYLLA, MELICERTE, PALEMON, [ASTERIE], FLORISE.

SYLLA.

Ou pourray-je trouver ton Maistre?

PALEMON.

2495   Circé qui l'entretient, l'arreste en ce Jardin
        D'où vous voyez la Mer paroistre.

Sylla sort.

MELICERTE.

Je vous suivray par tout, & jusques à la fin
        J'approfondiray mon Destin,
        Quelque rigoureux qu'il puisse estre.

Mélicerte sort.

FLORISE.

2500   Je plains le malheur qui le suit.
        Quand l'Anneau de Circé le rend à ce qu'il aime,
        Il trouve que pour luy Sylla n'est plus la mesme,
            Et qu'en son cœur l'absence l'a détruit.
        Insensible aux ennuis que traîne sa disgrace,   [p. 119]
2505   Elle ferme les yeux...

ASTERIE.

                            N'a-t-elle pas raison?
        Nommez son changement parjure, trahison,
        Quand le cœur n'en dit plus, que voulez-vous qu'on fasse?
        Comme on ne doit chercher que la joye en aimant,

Var :   vv. 2493–4 : Le nom d'Astérie manque de la liste des personnages dans A
             et C et O. 'SCENE III.' et la liste des personnages sont biffés au crayon
             dans O.
Var :   vv. 2497–8 sont biffés à l'encre dans O et remplacés par les vers 'Circé se
             rend donc à la fin / elle qui fesoit tant la fiere / at'elle emporté le dessus'
             prononcés par Palémon.
Var :   vv. 2499–517 sont biffés au crayon dans O.

Tant qu'on s'en trouve bien, j'aprouve que l'on aime
2510   Avec l'entier attachement
       Que demande un amour extréme;
Mais pour ne pas vouloir chagriner un Amant,
Quand on ne sent plus rien, s'obstiner sotement
       A se faire enrager soy-mesme!
2515   Il faut avoir perdu le jugement.

PALEMON.

C'est bien dit, la constance est d'une ame grossiere
Qui voudroit du vieux temps ramener les vertus.
Mais Circé, qu'est-ce? a-t-elle remporté le dessus,
       Elle qui faisoit tant la fiere?

ASTERIE.

2520   A dire vray, je ne m'y connois plus.

PALEMON.

Rien n'est si dangeureux qu'une jeune Sorciere
Qui comme toy sçait l'art de vaincre les refus,
       L'entreprise en est meurtriere;
       Mais craindre des Herbes, abus.

FLORISE.

2525 Vous n'en parlez ainsy que sur la confiance
D'un supréme pouvoir qui nous est inconnu.
Depuis qu'en ce Palais vostre Maistre est venu,
Circé de ce qu'elle est n'a plus que l'apparence,
Et son Art, dont cent fois elle a tout obtenu,
2530   Semble réduit à l'impuissance.

PALEMON.   [p. 120]

       Nous sommes gens, s'il faut ne cacher rien,
            Fort seurs par tout de la victoire.
       Mon Maistre... sur sa mine on a peine à le croire,
            C'est le plus grand Magicien
2535   Dont jamais on ait eu mémoire;

Var :   vv. 2518–9 sont biffés à l'encre dans O, et l'annotation 'Bein' au crayon
            apparaît dans la marge.
Var :   v. 2534 : C'est le plus grand Magicien ... (O).
Var :   vv. 2535–62 sont biffés à l'encre et au crayon dans O.

Et pour peu que tu fisses gloire
De me vouloir un peu de bien,
Je t'en dirois toute l'histoire.

FLORISE.

L'honneur défend que j'aime, il n'y faut point songer,
2540   Toute intrigue m'effraye, & j'ignore...

PALEMON.

Courage.
A te donner leçon je veux bien m'engager.
Il ne t'en coûtera qu'un droit d'apprentissage
Qui te paroistra si leger,
Que tu croiras me devoir davantage;
2545   Malgré ton point-d'honneur, tu n'es pas si sauvage,
Qu'à n'estre plus farouche on ne pût t'obliger.

FLORISE.

Sans perdre temps à m'entreprendre,
Si vous avez des douceurs à conter,
Ma Compagne est toûjours en humeur d'écouter,
2550   Et sçaura mieux que moy...

ASTERIE.

Pourquoy vous en defendre?
Est-ce que vous craignez d'avoir l'ame si tendre,
Que vous ne puissiez résister...

FLORISE.

Mais c'est vous faire tort...

ASTERIE.

Tort, ou non, sans querelle.
Si j'estois ce qu'il est, je serois de son goust,   [p. 121]
2555   Pour un cœur que l'amour au vray triomphe appelle,
Une Prude adoucie est un friand ragoust,
Et je vous en voudrois plutost qu'à la plus belle.

Var :   v. 2545 : Malgré ton point d'honneur, tu n'es point si sauvage, (O).

FLORISE.

Si je n'ay pas ce vif éclat
Dont vostre jeunesse vous flate,
2560   Qu'il nous juge, & qu'il dise...

PALEMON.

                  Entre vous le debat,
La question est délicate,
Et c'est plus que vuider une affaire d'Etat.

ASTERIE.

Fay-nous donc part de ta Magie,
Et nous dy d'où ton Maistre en a pû tant sçavoir.

PALEMON.

2565   Si de le revéler j'avois fait la folie,
    Jamais il ne me voudroit voir,
J'ay la langue liée.

ASTERIE.

            Attens, j'ay tout pouvoir,
Il faut que je te la délie.
Viens çà.

PALEMON.

    Non.

ASTERIE.

          Viens, ou crains. Je puis quand il me plaist
2570   A tout mutin faire connoistre,
Qu'en ce que je souhaite on doit prendre intérest.

PALEMON.

Adieu, je vay trouver mon Maistre;
Juge par là de ce qu'il est.

       Palémon s'éleve en l'air tout-à-coup, & s'envole.

FLORISE.

Qu'en pensez-vous, ma Sœur?

ASTERIE.   [p. 122]

Je n'en fais aucun doute.

2575   Voicy de la Divinité.
Avec tant de legereté
Prendre par l'air ainsy sa route,
C'est l'effet d'un pouvoir qui n'est point limité.

SCENE IV.

DORINE, ASTERIE, FLORISE.

ASTERIE.

Ah, ma Sœur, sçavez-vous quelle est nostre surprise?

DORINE.

2580   J'en viens de voir assez pour me l'imaginer;
Mais apprenez qu'un Dieu parmy nous se déguise,
Et cessez de vous étonner.
Celuy qui passe icy pour le Prince de Thrace,
C'est Glaucus, à qui dans sa Cour
2585   Parmy les Dieux Marins Neptune a donné place.
Vous connoissez l'Objet de son amour;
Vous en a-t-on appris la funeste disgrace?

FLORISE.

Quoy, qu'est-il arrivé?

DORINE.

J'en tremble encor d'horreur.
Par un suplice épouvantable
2590   Sylla vient d'éprouver tout ce qu'en sa fureur
L'Amour qu'on brave trop, a de plus redoutable.

Var :   v. 2578 est suivi dans O par l'indication scénique 'a Dorine qui vient'.
Var :   v. 2579 : ASTERIE *à Dorine*. (D, E, F, I).
Var :   vv. 2579–80 : Dans O, la Scène 3 se termine avec v. 2579, qui est suivi de
'SCENE IV. / DORINE, ASTERIE, FLORISE.'

Glaucus dans le Jardin rendoit grace à Circé,
D'avoir fait que pour luy Sylla devinst sensible,
    Quand vers eux d'un pas empressé,   [p. 123]
2595   Avecque cette Nymphe autrefois infléxible,
    Mélicerte s'est avancé.
Sur Glaucus dont Sylla reçoit d'abord l'hommage,
    Il jette un regard furieux,
    Et tout remply de la secrete rage
2600   De les voir à l'envy l'un & l'autre à ses yeux
Se donner de leur flame un tendre témoignage,
Il s'emporte, il menace, il accuse les Dieux,
    Et demandant raison de cet outrage,
Rejette sur Circé le changement fatal
2605   Qui fait triompher son Rival.
Circé ne fait sur luy qu'étendre sa baguette,
    Il devient Arbre au mesme instant;
Dans le tronc qui l'enferme il murmure, on l'entend,
Sylla voit le prodige, & tremblante, inquiéte,
2610   Semble prévoir le malheur qui l'attend.
Circé, pour appaiser ce qu'elle prend d'alarmes,
Luy fait connoistre un Dieu caché dans son Amant,
    Et par un prompt éloignement
La laisse en liberté de goûter tous les charmes
2615   Que doit avoir pour elle un si doux changement.
Témoin du tendre amour qui possedoit leurs ames,
Des rigueurs de Circé je murmurois tout-bas
De n'estre favorable à de si belles flames,
Que pour livrer Glaucus à de plus durs combats,
2620   Quant tout-à-coup... Helas, comment vous dire
Ce que j'ay peine encor moy-mesme à concevoir?
Une Source s'éleve, & l'eau qu'elle fait choir
Ayant envelopé Sylla qui se retire,
A Glaucus, comme à moy, la rend hideuse à voir.
2625   Ce n'est plus cette Nymphe aimable
Sur qui le Ciel versa ses plus riches trésors,
Des Monstres par ce Charme attachez à son corps,
Font de leurs cris afreux un mélange effroyable   [p. 124]
Dont l'horreur à Sylla tient lieu de mille morts.
2630   Elle s'en desespere, & sa disgrace est telle,
Qu'en vain Glaucus s'efforce à luy prester secours;
Le Charme a commencé de faire effet sur elle,

Var :   vv. 2611–9 : sont biffés au crayon dans O.

Il n'en peut plus rompre le cours.
Il se plaint, il s'afflige, & si de sa vangeance
2635   Circé vouloit se rendre elle-méme témoin,
Sans doute elle auroit peine en ce pressant besoin
A ne pas... Mais vers nous je la voy qui s'avance.

SCENE V.

CIRCÉ, DORINE.

CIRCÉ *à Florise & Astérie.*

Laissez-nous l'une & l'autre. Hé bien, Dorine, enfin
Ay-je assez rétably ma gloire?

DORINE.

2640   Triompher du pouvoir Divin,
C'est emporter la plus haute victoire;
Mais, Madame, Sylla...

CIRCÉ.

Quoy, Sylla?

DORINE.

Dois-je croire
Que vous ne plaignez pas son malheureux destin?

CIRCÉ.

Elle méritoit peu ce que j'ay fait contr'elle;
2645   Mais alors qu'on se vange on n'examine rien,
Et fust sa peine encor mille fois plus cruelle,
Je doute que son cœur soufre autant que le mien.
Pour haïr, oublier un Ingrat qui m'outrage,   [p. 125]
J'ay beau de ses dédains me peindre la fierté,
2650   J'ay beau m'en faire une honteuse image,
Malgré tout l'indignité

Var :   v. 2643 : Que vous ne plaigniez pas son malheureux destin. (O).

Des refus où pour moy ma Rivale l'engage,
Mon cœur est plus à luy qu'il n'a jamais esté.
Je te l'ay déja dit, Vénus sur moy se vange
2655   De ses feux par mon Pere autrefois découverts;
Et puis que sous ses loix l'Amour exprés me range,
        Plus d'espoir que mon destin change,
Sans cesse malgré moy je traîneray mes fers.
Tout ce que je puis faire en l'état déplorable
2660   Où me réduit un feu dont j'ay trop crû l'appas,
C'est de cacher si bien le tourment qui m'accable,
        Que Glaucus n'en joüisse pas.
Le voicy qui vers moy précipite ses pas,
        Voyons dequoy sa douleur est capable.

SCENE VI.

GLAUCUS, CIRCÉ, DORINE.

GLAUCUS

2665   Venez, venez, Barbare, il manque à vos fureurs,
Pour goûter pleinement vostre lâche vangeance,
D'offrir à vos regards les indignes horreurs
        Qui confondent mon espérance.
Helas! c'est donc ainsy que l'orage est calmé?
2670   Sylla dont vous deviez m'assurer la tendresse,
        Sylla dont à mon cœur charmé
Vous promettiez...

CIRCÉ.   [p. 126]

        L'effet a suivy ma promesse;
Si vous aimez Sylla, n'estes-vous pas aimé?

GLAUCUS.

Je le suis, il est vray, mais c'est pour mon suplice,
2675   C'est pour la voir par de tendres soûpirs
Me demander la fin des cruels déplaisirs
Où de vostre rigueur l'expose l'injustice.

Devenir ce qu'elle est, quoy que sans rien soufrir,
A tous insuportable, odieuse à soy-mesme,
2680   C'est plus mille fois que mourir.
        Jugez si ma peine est extréme,
J'ay causé son malheur, je l'adore, elle m'aime,
        Et je ne puis la secourir.

CIRCÉ.

        Vous réduire à cette impuissance,
2685   C'est faire tort à la Divinité.
Mais vous n'ignorez pas ce qu'il faut que j'en pense,
De ce que vous pouvez j'ay fait l'expérience,
        Et sçay ce qu'il m'en a cousté.
J'ay veu deux fois mon Art contre vous inutile,
2690   Deux fois par vous mes projets avortez
De surprise à vos yeux m'ont laissé immobile;
        Et pour Sylla vous vous épouvantez?
Montrez dans sa disgrace une ame plus tranquille,
        Le prompt effet qui suit vos volontez,
2695   Pour changer son destin, vous rendra tout facile.

GLAUCUS.

Ah, cessez d'insulter aux ennuis d'un Amant
        Qui frémit de vostre vangeance.
Contre moy, contre un Dieu vous manquez de puissance,
Et je puis d'un seul mot détruire en un moment
2700   Ce qu'une crédule espérance
Offriroit pour me nuire à vostre emportement.
Mais le Destin vous rend maistresse de vos Charmes,   [p. 127]
Quand ce n'est qu'un Mortel qu'attaque leur pouvoir;
Et si dans le malheur où Sylla vient de choir
2705   Je puis soulager mes alarmes
        Par quelque foible ombre d'espoir,
        Il n'est plus qu'à vous émouvoir,
De la seule pitié j'emprunte icy les armes.
De grace, renoncez à vos transports jaloux,
2710   Et pour laisser calmer leur aveugle furie,
Songez que deux Amans n'esperent que par vous,
Qu'ils veulent vous devoir leur bonheur le plus doux,
        Et que c'est un Dieu qui vous prie.

Var :   vv. 2678–708 sont biffés au crayon dans O.
Var :   v. 2680 : C'est mille fois plus que mourir. (O).

CIRCÉ.

Il n'est rien qu'on ne doive aux Dieux,
2715　Et sur nos volontez leurs droits si loin s'étendent,
Qu'à leur moindre priere on se tient glorieux
　　D'accorder tout ce qu'ils demandent;
Mais comme entr'eux & moy l'amour rend tout pareil,
　　Quand vous m'avez refusé vostre hommage,
2720　　　Songiez-vous que par cet outrage
　　　C'estoit la Fille du Soleil
　　　Dont vous aigrissiez le courage?
Tout entier à Sylla, vous avez dédaigné
　　D'adoucir, de flater ma peine.
2725　Contre vous à mon tour toute entiere à ma haine,
J'ay suivy ses transports, & n'ay rien épargné
Pour rendre ma vengeance & sensible & certaine.
Mes vœux ont réüssy, vous soufrez, & pour moy
　　　C'est un plaisir que rien n'égale.
2730　　　Allez aux pieds de ma Rivale
Par de nouveaux sermens signaler vostre foy.
　　　Un temps si long perdu loin d'elle,
Ne se peut reparer que par un prompt retour;
Courez, on vous attend, faites bien vostre cour,
2735　Et recevez le prix de cette ardeur fidelle　　　　　[p. 128]
　　　Qui vous a fait dédaigner mon amour.

GLAUCUS.

D'un outrage forcé me faites-vous complice,
　　　Et connoissant l'Estre Divin,
　　　Aurez-vous toûjours l'injustice
2740　　　De m'imputer ce qu'a fait le Destin?
Quand d'Europe, d'Io, de Semelé, d'Alcméne,
L'amoureux Jupiter a chéry les appas,
Dépendoit-il de luy de ne soûpirer pas,
Et pour toucher leurs cœurs eust-il pris tant de peine,
2745　　　Si le sien libre à s'enflamer
　　　Eust pû se défendre d'aimer?
C'est de cet Ascendant la fatale puissance
　　Qui vers Sylla m'entraîne malgré moy.

Var :　　　　vv. 2732–60 : Dans O, v. 2732 est précédé par une ligne à l'encre tracée
　　　　à travers toute la page; v. 2760 est suivi par une ligne à l'encre également
　　　　tracée à travers toute la page, et le discours de Glaucus (vv. 2737–56) est
　　　　biffé au crayon. Ceci semble indiquer que toute la section fut supprimée.

Obeïr au Destin qui m'en fait une loy,
2750   Est-ce avoir oublié ce que vostre naissance
       Vous pouvoit faire attendre de ma foy?
Si j'ay par mes refus excité la colere
Qui contre ce que j'aime arme vostre rigueur,
Songez que ce n'est point un crime volontaire,
2755   Et que si je pouvois disposer de mon cœur,
       Ce cœur mettroit tous ses soins à vous plaire.

CIRCÉ.

     Non, Sylla les a méritez;
Et comme la raison éclaire enfin mon ame,
    J'estime trop une si belle flame,
2760   Pour vouloir mettre obstacle à vos félicitez.
Joüissez d'un amour qui ferme, inviolable,
      Ne finira qu'avec ses jours;
       Mon Art vous en est responsable,
     Et s'il ne faut qu'en prolonger le cours
2765   Pour rendre plus longtemps vostre bonheur durable,
      Vous estes seûr de mon secours.

GLAUCUS.   [p. 129]

Achevez, inhumaine, & par cette menace
Montrez qu'on peut braver les Dieux impunément;
D'un triomphe si fier je voy le fondement,
2770   Le Soleil est d'accord de tout ce qui se passe,
      Et ce fatal enchantement
Qui me fait de Sylla déplorer la disgrace,
A vostre cœur altier soufriroit moins d'audace,
      S'il n'appuyoit vostre ressentiment
2775   Mais tout change, & peut-estre ay-je sujet d'attendre
Apres une si lâche & noire trahison...
Ciel, qu'ay-je encor à craindre, & que vient-on m'apprendre?

Var :   v. 2761 : O donne par erreur 'Joüissez d'un amour qui ferme, involable,'.
Var :   vv. 2771–4 sont entourés de lignes au crayon, ce qui semble indiquer qu'ils
                 furent supprimés.

SCENE VII.

GLAUCUS, PALEMON, CIRCÉ, DORINE.

PALEMON.

Un malheur qui va vous surprendre;
Des fureurs de Circé Sylla s'est fait raison,
2780　Elle n'est plus.

GLAUCUS.

Sylla n'est plus!

PALEMON.

Desesperée
De l'affreux changement qui causoit ses soûpirs,
Sans me vouloir entendre, elle s'est retirée
Où la Mer qu'elle voit ofre à ses déplaisirs
　　L'heureux secours d'une mort assurée.
2785　Là, d'un fixe regard envisageant les flots,
Apres quelques moments d'un calme qui m'abuse,　　　　　[p. 130]
Fay-moy, dit-elle, *ô Mer, rencontrer le repos*
Que depuis si longtemps la Terre me refuse.
A ces mots tout-à-coup je la voy s'élancer,
2790　　L'onde s'entr'ouvre & frémit de sa chûte,
Et finissant les maux où sa vie est en bute,
Cache l'horreur du sort qui l'y fait renoncer.

GLAUCUS.

Hé bien, estes-vous satisfaite?
Vostre vangeance a-t-elle un succès assez doux?

CIRCÉ.

2795　Non, sa trop prompte mort l'a renduë imparfaite,
Je la voulois vivante, & que soufrant par vous,
Elle en fist mieux sentir à vostre ame inquiéte
L'ennuy d'avoir sur elle attiré mon couroux.
Vostre peine finit quand la mienne redouble,
2800　Sylla ne vivant plus, dégage vostre foy;

Var :　　　　　v. 2791 : Et finissant les maux où son ame est en bute, (O).

D'un calme heureux faites-vous une loy,
Et tâchez, pour n'avoir jamais rien qui le trouble,
A ne vous souvenir ny d'elle, ny de moy.

> *Circé disparoist ainsi que son Palais.*

> *Le Theatre change, & Glaucus se trouve*
> *sur le bord de la Mer.*

SCENE VIII.

GLAUCUS, PALEMON.

GLAUCUS.

Quel charme en un moment nous met sur ce rivage?
2805 Le Palais de Circé disparoist à nos yeux;
    Mais helas, pour changer de lieux,   [p. 131]
    En sentiray-je moins la rage,
  D'avoir perdu ce que j'aimois le mieux?
Toy qui vois ma douleur, si jamais, ô Neptune,
2810 De quelque aimable Objet ton cœur fut enflamé,
    Prens pitié de mon infortune,
Et me rends, s'il se peut, ce que j'ay tant aimé.
Il m'entend, sur les flots je le voy qui s'éleve,
Toute sa Cour le suit, j'en puis bien espérer.

SCENE IX.

NEPTUNE sur les flots, GLAUCUS.

NEPTUNE.

2815 Je plains les durs ennuis qui te font soûpirer;
J'ay commencé déja, si Jupiter acheve,
L'heureux sort de Sylla pourra les reparer.

Ce Rocher qui s'ofre à ta veuë,
Servira sous son nom d'eternel monument,
2820   Qu'en son sein la Mer l'a reçeuë,
Et c'est là qu'à jamais de cet évenemement
Mille Vaisseaux brisez par de fréquens naufrages,
Rendront d'éclatans témoignages.
Cependant si le Ciel qui lit dans le Destin,
2825   Soufre que de Sylla ma volonté décide,
Pour t'assurer un bien qui n'ait jamais de fin,
Je l'arrache à la Mort, & la fais Nereïde.

GLAUCUS.

Ah, je n'en doute point, le Ciel sera pour moy,
J'en voy la marque, il s'ouvre, & Jupiter luy-mesme
2830   Va prononcer l'Arrest supréme
Qui rendra justice à ma foy.

[p. 132]

On voit icy paroistre Jupiter dans son Palais, qui est d'une Architecture com-
posée. Elle forme de grands Piéds-d'estaux, sur lesquels sont en saillie des Aigles
tous rehaussez d'or fin, qui suportent une Corniche solide, dans la frize de laquelle
sont peintes des Pommes de Pin d'or fin cizelé. Au dessus de la Corniche se for-
ment des Cintres surbaissez, enrichis de quantité d'ornemens, avec des Festons d'or
qui pendent au dessous des Cintres, & s'attachent au milieu & aux angles. Toute
la masse du Palais est peinte de deux manieres diférentes, aussi-bien que les Cor-
niches & les Pieds-d'estaux; l'une est de Porphire, & l'autre de Lapis. Au milieu
des Pieds- d'estaux sont de gros Festons de feüilles de Chesne d'or fin cizelé. On
voit dans le fonds du Palais un Trône tout d'or, & orné de Pierres prétieuses.

Var :   vv. 2831–2 (indication scénique) : On voit icy paroistre Jupiter dans
son Palais, qui est d'une architecture composée, et dont les ornemens, les
richesses et l'éclat surpassent en beauté tous les autres Palais precedens.
(O).

SCENE X.

JUPITER dans son palais, NEPTUNE sur les flots, GLAUCUS.

JUPITER.

Le Destin pour Sylla permet tout à Neptune,
 Et touché de son desespoir,
 Luy donne par moy le pouvoir
2835 De la combler de gloire apres son infortune;
Mais dans l'estre nouveau qu'elle va recevoir,
Glaucus, contente-toy du plaisir de la voir,
Sans l'accabler encor d'une flame importune.
Quelques droits que Circé t'ait acquis sur son cœur,
2840 Le Charme dissipé te défend l'espérance,
Et tu croirois en vain par ta persevérance   [p. 133]
 Venir à bout de sa rigueur.

GLAUCUS.

Hé bien, je forceray mon amour au silence,
Qu'elle vive; la voir est l'unique douceur
2845 Que presse mon impatience.

NEPTUNE.

Viens luy prester la main pour la tirer des flots.

SCENE DERNIERE.

NEPTUNE, GLAUCUS, SYLLA.

GLAUCUS.

Enfin les Dieux, en vous sauvant la vie,
 Daignent assurer mon repos.

SYLLA.

A m'acquiter vers eux ce bienfait vous convie.
2850   La surprise où me met l'inesperé bonheur
De voir par leur bonté ma disgrace arrestée,
Me laisse peu capable...

NEPTUNE.

Ils connoissent ton cœur,
C'est assez, va, prens place aupres de Galatée,
Tandis que pour te faire honneur,
2855   Les Nymphes & les Dieux des Campagnes prochaines
Te viendront applaudir sur la fin de tes peines.
Avancez, Faunes & Sylvains,
Et par quelque brillant Spéctacle,
De ce jour fortuné celébrant le miracle,
2860   Honorer du Destin les Decrets souverains.

[p. 134]

Les Faunes, les Sylvains, les Dryades, & les autres Divintez Champestres, se meslent ensemble par diférentes figures qui sont accompagnées des Chansons suivantes, dont la premiere fait voir, par l'exemple de Glaucus, que la froideur des eaux est un vain obstacle contre les feux de l'Amour.

CHANSON D'UN SYLVAIN.

Tout aime
Sur la Terre & dans les Cieux;
L'Amour par un pouvoir supréme
Asservit Hommes & Dieux,
2865   *Tout aime;*
Jusque dans les eaux il échauffe les cœurs,
Et malgré leur froideur extrême
Il y fait ressentir ses plus vives ardeurs;
Rien n'échape à ses douces langueurs,
2870   *Tout aime.*

Var :   v. 2855 : Les nimphes & les Dieux des ondes prochaines (O).
Var :   vv. 2856–7 sont remplacés dans O par 'Vont sortir à l'envy, de leurs grottes profondes / Joignez vous avec eux Driades & Sylvains,'.
Var :   v. 2863 : *L'Amour par son pouvoir supreme* (M).

CHOEUR DES DIVINITEZ.

Les Plaisirs sont de tous les âges,
Les Plaisirs sont de toutes les saisons;
Pour les rendre permis, on sçait que les plus sages
Ont souvent trouvé des raisons.
2875
Rions, chantons,
Folâtrons, sautons;
Les Plaisirs sont de tous les âges,
Les Plaisirs sont de toutes les saisons.

Ce Chœur estant finy, les Faunes & les Sylvains témoignent leur joye par des sauts surprenans; & [p. 135] les Divinitez de la Mer, accompagnées de plusieurs Fleuves, donnent pareillement des marques de leur allégresse par plusieurs Figures extraordinaires; ce qu'ils font à diférentes reprises, & mesme apres les deux premiers Couplets de la Chanson suivante.

CHANSON D'UN SYLVAIN
ET D'UNE DRYADE ensemble.

Il n'est point de Plaisir veritable,
2880
Si l'Amour ne l'assaisonne pas.
On a beau dans le bien le plus stable
Rechercher de sensibles appas,
Il n'est point de Plaisir veritable,
Si l'Amour ne l'assaisonne pas.

2885
Ses langueurs n'ont rien que d'agreable,
On se perd dans ses tendres helas;
Il n'est point de Plaisir veritable,
Si l'Amour ne l'assaisonne pas.

A l'Amour il faut rendre les armes,
2890
Tost ou tard il triomphe de nous.
Plus on veut resister à ses charmes,
Plus on doit redouter son couroux;
A l'Amour on doit rendre les armes,
Tost ou tard il triomphe de nous.

2895
De ses maux ne prenons point d'alarmes;
S'ils sont grands, le remede en est doux.

Var : vv. 2878–9 (indication scénique) : ... les Divinitez de la Mer donnent pareillement ... (O).

Var : v. 2893 : *A l'Amour il fut rendre les armes,* (N).

A l'Amour il faut rendre les armes,
Tost ou tard il triomphe de nous.

[p. 136]

Les Faunes & les Sylvains recommencent leurs sauts, qui sont accompagnez de postures surprenantes; & pendant qu'un Chœur de Divinitez chante les Vers suivans, les Fleuves & les Divinitez de la Mer font plusieurs figures diférentes, en se meslant avec le Chœur.

CHŒUR DE DIVINITEZ.

Les Plaisirs sont de tous les âges,
2900   *Les Plaisirs sont de toutes les saisons;*
Pour les rendre permis, on sçait que les plus sages
Ont souvent trouvé des raisons.
Rions, chantons,
Folâtrons, sautons;
2905   *Les Plaisirs sont de tous les âges,*
Les Plaisirs sont de toutes les saisons.

FIN.

Var :   v. 2906 : Fin du cinquième & dernier Acte. (C, D, E, F, I).

APPENDICE 1

CIRCÉ,
TRAGEDIE
ORNÉE DE MACHINES,
de Changemens de Théatre,
& de Musique.
Represente par la Troupe du Roy,
établie au Fauxbourg S. Germain.
A PARIS,
Chez PIERRE BESSIN, au Palais, dans
la Salle Royale, à l'Image S. Loüis.
M. DC. LXXV.
AVEC PRIVILEGE DV ROY.

[p. iii] (1)

Les grandes Conquestes du Roy, & les importantes Victoires qu'il a remportées
sur ses Ennemis, ayant mis la gloire de la France au plus haut point où elle ait jamais
esté, tout le Monde a tâché à l'envy d'en témoigner sa joye en diférentes occasions,
ou par des Réjoüissances particulieres, ou par des Divertissemens publics. C'est
ce qui a donné lieu à ces admirables Feux d'Artifice qui ont attiré tout Paris les
années dernieres; & c'est ce qui le donne encor aujourd'huy aux Comédiens de la
Troupe du Roy, de tâcher à signaler leur zele par tout ce que la Scene est capable
de produire de merveilleux. L'honneur qu'il a plû à S. M. de leur faire, en donnant
ses ordres pour leur rétablissement, les mettoit dans une continuelle impatience de
faire voir qu'ils conservent toûjours la mesme ardeur de pouvoir estre jugez dignes
de contribuer à ses plaisirs; & c'est dans cette veuë qu'ils ont mis tous leurs soins à
rendre Circé le Spéctacle le plus pompeux qui ait paru jusqu'icy sur nos Théatres.
Tout y est grand, tout y est extraordinaire; & si j'avois pû répondre par la force des
Pensées & par la majesté des Vers, aux superbes ornemens qu'on m'a prestez, je
pourrois dire sans trop de présomption, qu'on n'auroit point encor veu d'Ouvrage
plus achevé. La diversité des Machines, & l'inconcevable mouvement des Vols qui
se font dans tous les Actes, ont quelque chose de si surprenant, qu'on sera aisément
convaincu que l'exécution n'en peut partir que du plus sublime Génie qui se soit
jamais appliqué à ces sortes de connoissances. Tout ce que j'en pourrois dire seroit
tellement au dessous de ce qu'on verra, que je ne diminüeray point le plaisir de la
surprise par l'inutile description des Merveilles qui paroîtront dans ce magnifique
Spéctacle. On n'a rien épargné pour le rendre tout-à-fait somptueux; & les riches
Décorations qui l'accompagnent, feront voir par dix Changemens de Théatre, la
gloire que méritent Messieurs de la Hire, de Lessos, & de [p. iv] S. Martin, pour
les embellissemens que leur Pinceau nous a fournis. Joignez à tant de beautez la

---

(1) Les numéros des pages indiqués ici par des chiffres romains minuscules n'apparaissent
pas dans le texte de 1675.

délicatesse de la Musique, où Monsieur Charpentier, qui s'est déja fait admirer dans
les Airs du *Malade Imaginaire*, s'est en quelque façon surpassé soy-mesme tant par
l'agrément de la Symphonie, que par la noble maniere dont il a relevé toutes les
Paroles qui se chantent. Avec de si grands avantages, il est difficile que Circé n'en
ait beaucoup à venir faire en France un nouvel essay de sa Magie. J'ay choisy pour
le Sujet de la Piece, ses Amours avec Glaucus, telles que nous les dépeint Ovide
dans le quatorziéme Livre de ses Métamorphoses.

Glaucus, de simple Pescheur qu'il estoit ... pour avoir lieu de finir la Piece par
un Spéctacle de rejoüissance (2).

PROLOGUE.   [pp. 1–19]

La Décoration du Prologue represente un Temple de riche Architecture... (3).

ACTE I.   [p. 20]

Le Theatre du Prologue fait place à une Décoration moins réguliere ... &
paroist naturelle aux yeux (4).

C'est dans cette Plaine que Glaucus s'entretenant avec Palémon de la passion
qu'il a pour Sylla, luy [p. 21] en découvre la délicatesse, qui l'engage à vouloir
estre aimé par luy-mesme, & ne devoir le cœur de sa Maistresse qu'à la force de son
amour. Palémon luy conseille en vain de se faire connoistre pour un Dieu, afin que
le rang qu'il tient parmy ceux de la Mer, luy serve à vaincre les froideurs de Sylla.
Il s'obstine à conserver le nom de Prince de Thrace, sous lequel il a esté d'abord
connu d'elle, & apprend avec surprise des Nymphes qui sont dans sa confidence,
la résolution qu'elle a prise d'aller trouver Circé dans son Palais, pour sçavoir la
cause de la retraite de Mélicerte, qui avoit disparu depuis quelques jours. Ce Prince
fortement aimé de Sylla, la rendoit insensible pour Glaucus, qui tâche inutilement
de luy faire un crime de la précipitation de son départ dont elle ignore les raisons:
Il n'en obtient que de nouveaux mépris, & la suivant apres qu'elle s'est lassée de
l'entendre, il fait place aux Nymphes de Circé, qui en attendant leur Maistresse qui
cüeille quelques herbes sur la Montagne pour des Enchantemens qu'elle prépare,
témoignent la crainte qu'elles ont qu'ils ne soient employez contre Mélicerte que

(2) Voir ARGUMENT.
(3) Voir ci-dessus, DECORATION DU PROLOGUE et vv. 1–292.
(4) Voir ci-dessus, DECORATION DU PREMIER ACTE.

Circé avoit enlevé, & pour qui elle avoit pris de l'amour, par la force de ce panchant qui luy faisoit mettre sa gloire dans le nombre de ses Conquestes. Ces Nymphes sont [p. 22] surprises par trois Satyres qu'elles écoutent pour se divertir, se tenant assurées du secours de Circé, s'ils osent venir à la violence. Ils acceptent le party qu'elles leur proposent, que celuy des trois qui chantera le mieux, choisira celle qui luy plaira davantage.

CHANSON
DU PREMIER SATYRE.

Deux beaux yeux me charment... (5).

CHANSON   [pp. 22–23]

DU SECOND SATYRE.

Un jour la jeune Lysette... (6).

Dans l'instant que le troisiéme Satyre s'appreste à chanter, deux autres Satyres surviennent, qui voulant partager le bonheur de la rencontre, forment une contestation qui se termine par l'arrivée de Circé descenduë de la Montagne. Ils quittent les Nymphes si-tost qu'ils l'apperçoivent; & pour les punir de leur insolence, elle commande à cinq Esprits de les emporter. Ce Vol de dix Personnes qui s'enlevent des quatre coins & du milieu du Theatre, fait un effet aussy surprenant qu'agreable, & donne lieu à Glaucus, qui a veu de loin la promptitude de cette vangeance, d'en venir congratuler Circé, qu'il reconnoist par cette grande marque pour estre la Fille [p. 24] du Soleil. Les plaintes qu'il luy fait de l'injustice de Sylla, luy découvrent qu'il est ce mesme Prince de Thrace dont Mélicerte l'avoit entretenuë comme d'un Rival à qui il a cedé toutes ses prétentions. Elle se sent touchée d'amour pour luy; & luy promettant de le rendre heureux par ses Charmes, sans luy expliquer si c'est en l'aimant, ou en le faisant aimer de Sylla, elle l'oblige à prendre place dans son Char qui descend de l'Air, traîné par des Dragons, & qui les emporte l'un & l'autre dans son Palais.

ACTE II.   [p. 25]

L'Art & la Nature ont également part au Jardin qui fait la Décoration de cet Acte. Il est remply de Berceaux ... & de Fleurs naturelles (7). Un Parterre s'éleve

---

(5) Voir ci-dessus, vv. 716–24.
(6) Voir ci-dessus, vv. 730–44.
(7) Voir ci-dessus, DECORATION DU SECOND ACTE.

au milieu de ce Jardin, & au devant de ce Parterre la veuë est agreablement divertie
par une maniere de Berceau, soûtenu par des Statuës de bronze qui le forment, &
en sont comme les suppôts. Ce Berceau est encor embelly d'un Bassin, avec un
Jet d'eau. Il est environné de plusieurs Grenoüilles, sur lesquelles il y a de petits
Enfans assis.

Apres quelques Scenes d'enjoüement entre Palémon & les Nymphes de Circé,
Circé paroist elle- [p. 26] mesme dans ce Jardin, & découvre à Dorine sa Confidente,
le déplaisir où elle est d'avoir essayé quelques Charmes pour se faire aimer de Glaucus, qu'elle ne connoist que comme Prince de Thrace, sans qu'ils ayent produit sur
luy le mesme effet qu'ils ont produit sur Mélicerte, à qui elle n'a eu besoin que de
se faire voir pour luy faire oublier Sylla. Mélicerte, que son absence du Palais avoit
alarmé, luy vient témoigner la joye qu'il a de son retour, & en est reçeu avec une
froideur qui luy fait connoistre le changement qui est arrivé dans la passion qu'elle
avoit pour luy. Il est obligé de la quitter sans qu'elle s'en soit expliquée; & apres
avoir assuré Dorine qu'elle ne songe plus à s'acquerir le cœur de Glaucus, qu'afin de
se vanger du mépris qu'il semble faire de son amour, elle voit arriver ce Dieu qui luy
est toûjours inconnu, & luy ofre tous les divertissemens qui le peuvent empescher de
s'ennuyer dans son Palais. Glaucus averty que Sylla s'y doit rendre par l'impatience
qu'elle a de sçavoir ce qu'est devenu Mélicerte, répond à Circé qu'un seul bien est
capable de satisfaire tous ses desirs; & l'assurant que tout ce qu'il espere dépend
d'elle, & qu'il peut vivre parfaitement heureux dans son Palais, il luy donne lieu de
douter que son Charme n'ait reüssy, & que ce ne soit elle qui soit devenuë l'objet de
sa [p. 27] passion: mais quand en la priant de retenir Sylla, qu'il a sçeu qui devoit
arriver, il luy fait connoistre qu'il n'a point changé de sentimens, Circé se trouble,
& pour cacher son desordre, se servant du prétexte de quelques Voix qu'elle est bien
aise d'entendre, elle laisse chanter le Dialogue suivant.

DIALOGUE DE TYRCIS   [pp. 27–31]

ET DE SYLVIE.

Pourquoy me fuyez-vous, ô beauté trop severe... (8).

Ce Dialogue qui exprime les douceurs qu'une parfaite union fait goûter en
aimant, donne occasion à Glaucus de redoubler ses prieres pour obtenir de Circé
qu'elle daigne changer le cœur de Sylla. Circé luy oppose le peu d'avantage qu'il auroit à ne devoir qu'à ses Charmes la récompense de son amour; & en l'assurant qu'il
trouveroit des Nymphes qui ne seroient pas insensibles pour luy, elle va si loin, qu'il
ne peut plus se déguiser qu'elle parle pour elle-mesme. Glaucus luy avoüe qu'il est de
sa destinée de ne prendre de l'attachement que pour Sylla seule; & cette déclaration
irrite tellement Circé, que faisant succeder la menace à la douceur, elle cherche à

---

(8) Voir ci-dessus, vv. 1204–36.

l'intimider, & d'un coup de Baguete fait paroistre des Serpens, des Lyons, des Tygres, & divers autre Animaux, comme autant d'Amans qu'elle a métamorphosez
pour de moindres outrages que celuy qu'il ose luy faire, en dédaignant de répondre
à sa passion. Glaucus qui, comme Dieu, n'a rien à craindre de ses emportemens,
écoute [p. 32] ses menaces avec froideur. Circé en redouble sa colere, & donnant
ordre à ces Animaux de fondre sur luy, dans le mesme instant qu'ils s'approchent,
Glaucus leur défend de se montrer davantage. La Terre s'ouvre, ils y sont engloutis;
& cet effet du pouvoir de Glaucus ne laissant plus de bornes à la fureur de Circé,
elle commande aux Statuës qui soûtiennent le Berceau du Jardin, de s'animer pour
prendre sa querelle. On est surpris de la promptitude de leur mouvement, qui ne
sert qu'à relever la gloire de Glaucus. Il ne leur a pas plutost ordonné de se perdre
en l'air, que toutes ces Statuës s'envolent dans tous les costez du Theatre. Les
Grenoüilles sautent hors du Bassin où on les a veuës, & s'enfonçant dans la terre,
laissent Circé dans une telle confusion d'avoir trouvé un pouvoir plus fort que le
sien, que pour se vanger de Glaucus, elle se résout de ne plus rien épargner, & sort
dans le dessein de se porter contre luy aux dernieres extrémitez.

ACTE III. [p. 33]

Le magnifique Jardin qui a servy de Décoration à l'Acte précedent, fait place
à un superbe Palais... avec ses ornemens d'Arbres, de Fleurs, de Jets d'eau, & de
Fontaines (9).

Mélicerte déplore son infortune sur le changement de Circé en présence d'Astérie,
la plus jeune de ses Nymphes, qui suivant son caractere enjoüé, luy propose l'oubly
pour remede. Il la prie de s'intéresser pour luy; ce qu'elle fait, en luy promettant
d'agir aupres de Palémon Confident du faux Prince de Thrace, pour découvrir les
sentimens de son Maistre, & l'engager avec adresse à le confirmer [p. 34] dans la
passion qui luy fait préferer Sylla à la gloire d'estre aimé de Circé. Palémon porte si
loin le mépris qu'il fait de ses menaces, qu'Astérie ne peut s'empescher de luy dire
qu'il doit prendre garde qu'on ne l'outrage pas impunément. Elle luy en donne pour
exemple un de ses Amans, qui paroist sous la figure d'un Singe, & qu'elle luy dit
n'avoir esté ainsy metamorphosé que parce qu'il l'avoit aimée au préjudice de Circé,
qui s'en estant apperçeuë, luy avoit imposée cette peine, aussi-bien qu'à quelques
Pages qu'il avoit amenez avec luy, pour le punir d'une passion dont elle s'estoit
offencée. Astérie adjoûte que ces Singes prenoient soin tous les jours de la venir
divertir par divers sauts où ils s'estoient étudiez pour luy plaire, & elle en donne
le plaisir à Palémon, qui se retire voyant arriver Circé. Cette Amante indignée de

---

(9) Voir ci-dessus, DECORATION DU TROISIEME ACTE.

la maniere dont elle a esté bravée par Glaucus, se résout de le perdre par la force du Poison, puis que ses Charmes ne peuvent rien pour changer son cœur; & afin de n'estre plus exposée aux importunes plaintes de Mélicerte, elle donne à Astérie un Anneau enchanté à luy porter, par le moyen duquel il doit oublier qu'il s'est veu aimé d'elle, & reprendre son premier amour pour Sylla. On reçoit en mesme temps la nouvelle que cette malheureuse Rivale demande à voir Circé. Elle en est favorablement écoutée; & [p. 35] non seulement elle l'assure de la fidelité de Mélicerte, mais elle s'ofre à le luy faire voir. Dans l'instant qu'elles se préparent à sortir pour l'aller chercher, Glaucus arreste Sylla, qui toute surprise de le voir dans un lieu où elle ne l'attendoit point, ne sçait que répondre aux tendres protestations qu'il luy renouvelle de son amour. C'est là que Circé, qui se voit entierement bravée, s'abandonne à tout ce que la fureur luy peut inspirer; & apres quelques inutiles souhaits qu'elle fait pour la perte de l'Amant de sa Rivale, elle voit descendre plusieurs Nuages, qui s'estant ramassez pour l'enfermer avec Sylla, leur donne lieu à l'une & à l'autre de se dérober aux yeux de Glaucus. Le Nuage s'ouvre apres qu'elles se sont échapées, & se dissipant des deux costez du Theatre, laisse Glaucus dans une extréme surprise de ce qui vient d'arriver. Il ne doute point que ce ne soit un secours que le Soleil a bien voulu prester à Circé; & pour en estre entierement éclaircy, il s'adresse à Vénus qui paroist dans son Palais, dont l'Architecture est composée & ornée de quantité d'Amours qui soûtiennent la Corniche.... [p. 36] ... on voit une Table de marbre blanc, remplie de Corbeilles de Fleurs, & de Vases(10).

Vénus n'a pas plutost ouvert ce magnifique Palais, que Glaucus la conjure de luy découvrir où Circé peut avoir enlevé Sylla. Vénus luy promet de le tirer au plutost de l'inquiétude qui le tourmente; & pour en venir à bout, elle commande à douze Amours de se séparer, & d'épier si bien tout ce que fera Circé, qu'ils puissent venir rendre compte à Glaucus du lieu où elle aura caché Sylla. Ces Amours partent dans le mesme instant; & la plûpart d'eux ayant volé presque jusque sur terre, se relevent tout d'un coup par un mouvement extraordinaire, pour se perdre dans les airs.

ACTE IV. [p. 37]

Cet Acte qui se passe dans le lieu le plus desert du Palais de Circé, a pour Décoration de grands Arbres toufus qui forment un Bois dont l'épaisseur semble estre inpénetrable à la clarté du Soleil. C'est là que Palémon fait une Scene d'enjoüement avec Astérie, qui vient y chercher Mélicerte, qu'elle n'a pû trouver ailleurs, pour luy donner l'Anneau qu'elle a reçeu de Circé. Cet Amant qui estoit

---

(10) Voir ci-dessus, vv. 1797-8 (indication scénique).

venu déplorer son infortune dans ce Bois, touche à peine cet Anneau enchanté, qu'il retombe dans sa première passion pour Sylla, sans se souvenir qu'il ait jamais offert des vœux à Circé; & dans l'empressement qu'il a de la voir, sur ce qu'il a sçeu qu'elle devoit arriver au Palais, il quitte Astérie qui raille Florise, autre Nymphe de Circé, sur son humeur prude, qui luy fait condamner l'entretien qu'elle vient d'avoir avec Mélicerte dans un lieu aussy inhabité que le Bois où elle l'a surprise avec luy. [p. 38] Toutes les deux reçoivent ordre de Circé d'amener cet Amant à Sylla, qui consent à la proposition que luy fait Circé de demeurer quelque temps dans ce lieu desert, pour se cacher à Glaucus, avec assurance qu'elle y sera la maistresse des divertissemens qu'elle voudra choisir. On entend dans le mesme temps la voix d'une Dryade, que Circé convie, aussi-bien que deux Faunes qui l'accompagnent, de donner à Sylla un essay du plaisir qu'elle se peut promettre de leurs Concerts.

CHANSON DE LA DRYADE.   [pp. 38–39]

Vous étonnez-vous... (11).

Cette Chanson est suivie de ces paroles, qui sont chantées par deux Faunes, & par la mesme Dryade.

Il n'est rien de si doux que de changer sans cesse... (12).   [pp. 39–40]

Les deux Faunes & la Dryade ont à peine cessé de chanter, que Circé se trouve exposée à de nouvelles alarmes du pouvoir de Glaucus, qu'elle ne connoist pas encor pour un Dieu. Elle apprend de [p. 41] Dorine qu'il a esté averty par les Amours du lieu où elle tient Sylla cachée, & que l'un d'eux s'est chargé du soin de l'y conduire. Sylla se trouble à cette nouvelle; & Circé qui en prend un nouveau sujet d'indignation, luy propose de soufrir qu'elle la fasse porter par les airs jusques dans Thebes, où Mélicerte qui en est Prince, la pourra aisément garantir des importunes poursuites d'un Amant qui ne luy plaist pas. Sylla y consent, & elle n'est pas sitost au milieu de l'air, soûtenuë de quatre Esprits qui l'emportent par l'ordre de Circé, que quatre des Amours que Vénus a dispersez autour du Palais, viennent à sa rencontre, & apres un combat en l'air où les Esprits sont forcez de ceder, ils font changer de route à Sylla, & l'enlevent aux yeux de Circé. C'est dans ce combat, où l'on ne sçauroit assez admirer l'incomparable Génie de celuy qui a daigné donner ses soins à trouver les moyens de l'executer: on l'avoit proposé d'abord comme impossible, & il a fait voir que rien ne le sçauroit estre à ses moindres applications. Circé surprise de ce qu'elle voit, entre dans une nouvelle fureur, qui luy fait évoquer des Enfers la Terreur, la Rage, le Desespoir, & tout ce qu'ils renferment de plus ennemy des Hommes. Il se fait icy une Scene toute extraordinaire: Ces

---

(11) Voir ci-dessus, vv. 2090–2105.
(12) Voir ci-dessus, vv. 2106–22.

noires Divinitez paroissent, & par leurs diférentes [p. 42] actions elles font voir qu'elles entrent dans tous les sentimens de Circé; mais quand elle leur commande d'aller répandre leurs plus mortels poisons dans le cœur du Prince de Thrace, elles demeurent immobiles, & luy font connoistre que le Ciel ne leur permet pas de l'en vanger. Circé, que cette impuissance irrite, ne sçauroit plus soufrir leur presence; & dans le mesme temps qu'elle les chasse, elle voit le Soleil qui se montre dans son Palais. Il est d'or, composé, avec des Colomnes torses d'or poly…. L'Optique de ce Palais est toute transparante, & jette un éclat qui ébloüit(13).

Circé écoute le Soleil, & apprend de luy que [p. 43] c'est en vain qu'elle luy reproche de n'estre point sensible aux outrages qu'elle reçoit, puis que celuy dont elle voudroit estre vangée est Glaucus, qui s'est caché sous le visage & le nom du Prince de Thrace. Cette nouvelle fait prendre d'autres mesures à Circé, qui déguise son ressentiment, & se contente de se plaindre à Glaucus qui survient, amené par un des Amours qui s'envole ensuite, de ce qu'il ne l'a pas assez estimée pour luy découvrir luy-mesme ce qu'il a falu que le Soleil luy ait appris. Les excuses qu'il luy en fait sont interrompuës par l'arrivée de Palémon, qui luy vient dire que les Amours ont ramené Sylla dans le Palais, & qu'ils retiennent Mélicerte qui fait tous ses efforts pour s'approcher d'elle. Glaucus y court apres que Circé luy a promis d'employer tous ses Charmes pour se faire aimer de cette Nymphe. Dorine s'étonne de ce changement, qui luy paroist trop prompt pour ne luy estre pas suspect. Circé s'explique, & luy découvre que ne pouvant faire soufrir Glaucus en luy-mesme, parce qu'il est Dieu, elle veut le faire soufrir en ce qu'il aime; & que la vangeance qu'elle prépare, ne le toucheroit pas assez, si elle ne le faisoit aimer de Sylla avant que de la réduire dans l'état épouvantable où elle doit la faire paroistre.

ACTE V. [p. 44]

La Décoration de cet Acte represente une longue Allée de Cyprés fort hauts, dont la perspective est tres-agreable à la veuë. Sylla s'y trouve avec Florise & Astérie; & par l'effet du Charme que Circé vient d'employer pour la rendre favorable à Glaucus, elle leur fait connoistre l'impatience qu'elle a de revoir ce nouvel Amant à qui elle a déja découvert le changement qui est arrivé pour luy dans son cœur. Mélicerte survient, qui tâche inutilement, par ses reproches, à l'obliger de se repentir de son infidelité: Elle s'en justifie sur le conseil que luy ont donné les Amours de renoncer à sa premiere passion; & ayant appris de Palémon que Glaucus entretient Circé dans celuy de ses Jardins dont les murs sont batus des flots de la Mer, elle sort avec précipitation pour l'aller rejoindre. Mélicerte la suit, & laisse Florise &

---

(13) Voir ci-dessus, vv. 2238–9 (indication scénique).

Astérie raisonner avec Palémon sur la prétenduë Magie de son Maistre, dont [p. 45] elles ne sçauroient assez admirer le pouvoir qui a toûjours esté plus fort que tous les Charmes que Circé a mis en usage contre luy. Palémon s'élance tout-à-coup dans les airs, & par ce vol inopiné se dérobant à leurs yeux, les confirme dans la pensée où elles estoient déja qu'il y avoit de la Divinité dans cette avanture. Dorine leur en vient expliquer le secret, & apres leur avoir appris le déguisement de Glaucus, elle leur raconte la vangeance que Circé a prise de ses dédains par le changement effroyable qui vient d'arriver dans la personne de Sylla, apres qu'elle a métamorphosé Mélicerte en Arbre, pour le punir des plaintes qu'il osoit luy faire de ses injustices. La Fable nous represente cette Sylla environnée de Chiens qui l'effrayoient par des aboyemens épouvantables: Ce terme de *Chien*, est si rude & si mal-propre à nostre Poësie, que j'ay crû le pouvoir changer en celuy de *Monstres*. Circé s'applaudit avec Dorine du triomphe qu'elle a enfin remporté sur Glaucus, qui fait d'inutiles efforts pour adoucir la colere de Circé en faveur de cette déplorable Nymphe dont le changement luy fait horreur. Circé demeure inéxorable; & ravie d'avoir trouvé les moyens de faire soufrir Glaucus, elle sent redoubler sa joye par le plaisir qu'elle a de joüir de la peine de ce Dieu, [p. 46] quand Palémon leur vient apprendre le desespoir de Sylla, qui l'a portée à se précipiter dans la Mer pour se délivrer d'un suplice qui luy estoit insuportable. Circé ne peut cacher la douleur qu'elle a de voir si-tost finir sa vangeance; & faisant disparoistre son Palais, elle disparoist elle-mesme aux yeux de Glaucus. La Décoration du Theatre change en cet endroit, & on en voit une nouvelle qui represente la Mer & son rivage. Il y a quelques Arbres peints sur les Chassis du devant, & des Rochers sur les derniers. Glaucus touché sensiblement de la disgrace de Sylla, s'adresse à Neptune pour le prier de la luy rendre. Ce Dieu paroist sur les Flots accompagné de Tritons, de Nereïdes, & d'autres Divinitez de la Mer; & apres avoir fait voir à Glaucus un Rocher qui s'éleve pour marque eternelle de la métamorphose de Sylla, il l'assure qu'il est prest de la changer en Nereïde, pourveu que Jupiter luy fasse connoistre que le Destin en est d'accord.

Le Ciel s'ouvre à la priere de Glaucus, & Jupiter paroist dans son Palais, qui est d'une Architecture composée.... [p. 47] ...On voit dans le fonds du Palais un Trône tout d'or, & orné de Pierres prétieuses(14). Jupiter accorde à Glaucus le changement de Sylla en Nereïde, mais à condition qu'il ne l'accablera plus des témoignages d'un amour qu'elle a toûjours rejetté: En mesme temps elle sort des flots pour aller prendre place aupres de la Nymphe Galatée par l'ordre de Neptune, qui invite les Faunes, les Sylvains, les Dryades, & les autres Divinitez Champestres, aussi-bien que celles de la Mer, à former quelque grand Spéctacle digne de la solemnité de ce jour. Ce qu'ils font en se meslant ensemble par diférentes figures qui sont accompagnées des Chansons suivantes, dont la premiere fait voir, par l'exemple de Glaucus, que la froideur des eaux est un vain obstacle contre les

---

(14) Voir ci-dessus, vv. 2831-2.

feux de l'Amour.

CHANSON D'UN SYLVAIN.

[p. 48]

Tout aime... (15).

CHŒUR DE DIVINITEZ.

Les Plaisirs sont de tous les âges... (16).

[p. 49]

Ce Chœur estant finy, les Faunes & les Sylvains témoignent leur joye ... & mesme apres les deux premiers Couplets de la Chanson suivante(17).

CHANSON D'UN SYLVAIN

ET D'UNE DRYADE ensemble.

[pp. 49–50]

Il n'est point de Plaisir veritable... (18).

Les Faunes & les Sylvains recommencent leurs sauts, qui sont accompagnez de postures surprenantes; & pendant qu'un Chœur de Divinitez chante les Vers suivans, les Fleuves et les Divinitez de la Mer font plusieurs figures diférentes, en se meslant avec le Chœur.

CHŒUR DE DIVINITEZ.

Les Plaisirs sont de tous les âges... (19).

FIN.

---

(15) Voir ci-dessus, vv. 2861–70.
(16) Voir ci-dessus, vv. 2871–8.
(17) Voir ci-dessus, vv. 2878–9.
(18) Voir ci-dessus, vv. 2879–98.
(19) Voir ci-dessus, vv. 2899–906.

Extrait du Privilege du Roy.

Par Grace & Privilege du Roy, Donné à S. Germain en Laye le 28. jour de Fevrier 1675. Signé, par le Roy en son Conseil, DESVIEUX. Il est permis à T. de Corneille, Escuyer, Sieur de l'Isle, de faire imprimer, vendre & debiter une Piece de Theatre de sa composition, intitulée *CIRCÉ, avec le Dessein,* & ce pendant le temps & espace de vingt années entieres & accomplies, à compter du jour que lesdits Ouvrages seront achevez d'imprimer pour la premiere fois: Pendant lequel temps defences sont faites à tous Imprimeurs & Libraires, autres que ceux choisis par ledit Exposant, & à toutes autres Personnes de quelque qualité & condition qu'elle soient, d'imprimer, faire imprimer, vendre, ny debiter lesdits Ouvrages, sans le consentement de l'Exposant, ou de ceux qui auront droit de luy, à peine de mil livres d'amende, confiscation des Exemplaires contrefaits, & de tous despens, dommages & interests, ainsy que plus au long il est porté aud. Privilege.

Achevé d'imprimer pour la premiere fois, le 14. Mars 1675.

---

(20) Cette page n'est pas numérotée dans les editions de 1675.

APPENDICE 2

[p. 283](1)

NOUVEAU
PROLOGUE
ET NOUVEAUX
DIVERTISSEMENS
POUR LA TRAGEDIE
DE CIRCÉ,
Remise au Theatre en 1705.

[p. 284]

ACTEURS DU PROLOGUE.

MARS.
LA FORTUNE.
LA GLOIRE.
LA RENOMMÉE.
Troupes de Peuples differens.

DECORATION DU PROLOGUE.

Le Theatre represente un Temple élevé par la Vertu à la gloire du Roi; l'ordre en est Ionique, les Colomnes sont de marbre blanc, les bases, les chapiteaux, les ornemens des frises & des corniches sont d'or, aussi-bien que les bas-reliefs dont sont enrichis les pié-d'estaux; entre les Colomnes sont plusieurs Statuës de même métail, au milieu desquelles est celle du Roi, ayant à ses côtez la Victoire & la Gloire. Mars descend dans ce Temple du plus haut des nuës, au bruit des Tymbales & des Trompettes, son Char est orné de tout ce qui convient au Dieu de la Guerre; il trouve la Fortune arrivée dans le Temple avant lui. Ils commencent ensemble le Prologue.

---

(1)   La pagination est celle du vol. V des *Poëmes dramatiques de T. Corneille* de 1706 (I).

[p. 285]

PROLOGUE
DE
CIRCÉ,
TRAGEDIE EN MACHINES.

SCENE PREMIERE.

MARS, LA FORTUNE.

MARS.

    Quoy, la Fortune dans ces lieux?
En vous voyant ici ma surprise est extrême,
Dans un Temple à l'honneur du Favori des Dieux,
    Elevé par la Vertu même,
5   Avec elle aujourd'hui d'accord,
    A ce Heros venez-vous rendre hommage?
    Ou tenter quelque vain effort
    Pour détruire un si bel ouvrage?

LA FORTUNE.

    J'en ai jetté les fondemens,
10   Et le Dieu Mars pourroit en rendre témoignage.

MARS.

    Vous n'avez pas seule tout l'avantage
    De ces heureux commencemens.

[p. 286]

LA FORTUNE.

    De ce Héros les premieres années
    Ont eu besoin de mes attachemens;
15   C'est moi qui préparai ces belles Destinées
    Qui de toute sa vie ont marqué les momens;
    La Victoire, la Gloire à son Char enchaînées,
    Ont été les témoins de mes empressemens;
    Et pour prix de mes soins, pour tout fruit de mon zéle,
20   J'entens publier même à la Troupe immortelle
    Que cet éclat pompeux dont il est revêtu,
        Il ne le doit qu'à la Vertu.

MARS.

Ne tentez pas d'empêcher de le croire,
Vous y feriez des efforts superflus;
25   Les hommes & les Dieux pour ce Roi plein de gloire
            Sont également prévenus,
Et l'avenir un jour le doit être encor plus.
Pour tout autre Mortel les Destins immuables,
      Sont pour lui seul sujets aux changemens.
30   Les plus tristes évenemens
            De vos coups les plus redoutables,
            Par les sages arrangemens
            De ses vertus incomparables,
            Changent de face en peu de temps,
35   Et par des retours éclatans
Servent à sa grandeur, & lui sont favorables.

LA FORTUNE.

Oüi, de ses Envieux à lui nuire impuissans,
Dont depuis si long-temps une foule importune
      Sur mes Autels fait fumer tant d'encens,
40   J'ai voulu seconder les efforts menaçans;
      De mille fois je les favorise une:
Mais contre ce Heros que leur sert mon appui?
      Quand ils ont pour eux la Fortune,
      Tous les autres Dieux sont pour lui.

MARS.

45   A le proteger tous Jupiter nous engage,
De ce Dieu tout-puissant il est ici l'image.
      Jupiter est Maître des Cieux,   [p. 287]
Et pour rendre LOUIS le Maître de la Terre,
Jupiter en ses mains contre ses Envieux
50   Remettra le même tonnerre
            Qui des Titans audacieux
            Termina la sanglante guerre,
Et Mars suivra par tout ce Heros glorieux.

LA FORTUNE.

      Est-ce donc le Dieu de la Thrace
55   Qui parle ainsi du plus Grand des Mortels,
Et qui peut-être un jour occupera sa place?

Voyez ces superbes Autels,
Où la foule a déja l'audace
De venir rendre à ses vertus
60   Les hommages qui vous sont dûs.

MARS.

C'est moi qui prétens qu'on le fasse.
Au rang des Dieux ce Heros peut monter,
Aux honneurs immortels il a droit de prétendre:
Mais content de les meriter,
65   Il n'a point pour objet de se les faire rendre;
Enfin de ces honneurs je ne suis point jaloux,
Et du faîte des Cieux nous voyons sans courroux,
Que les plus grands d'entre les hommes,
Dignes d'être ce que nous sommes,
70   Partagent les Autels & l'encens avec nous.

LA FORTUNE.

La complaisance est grande.

MARS.

Et n'est pas sans exemples,
Cesar, Auguste, ont eu des Temples.

LA FORTUNE.

Il est vrai, mais jamais monumens si pompeux,
Jamais Temples si beaux élevez à leur gloire,
75   De leurs faits les plus glorieux
A leurs Neveux n'ont transmis la memoire.

MARS.

Ce Heros est au-dessus d'eux
De ses hauts faits qui dans l'Histoire
Paroîtront un jour fabuleux,   [p. 288]
80   Puisqu'en les voyant même on a peine à les croire,
Il faut que la Posterité
Contre le doute rassurée,
Dans ce beau Monument d'éternelle durée,
Sur le marbre & l'airain lise la verité.
85   D'aucun terme flateur elle n'est alterée:
Voyez, examinez.

LA FORTUNE.

Mon nom n'est point ici,
Je vois briller par-tout celui de la Sagesse.

MARS.

Tâchez de mériter, Déesse,
Que vôtre nom y soit aussi.
90   Dans tous ces ornemens que vous voyez paroître,
Il est encor des places à remplir;
Prenez soin de les embellir
Des succés que vous ferez naître:
Mais à la grandeur de LOUIS,
95   Ainsi que moi la Gloire s'interesse,
Et tous les yeux sont éblouïs
De l'éclat qu'en ces lieux elle répand sans cesse:
Elle vient, je la vois.

SCENE II.

MARS, LA FORTUNE, LA GLOIRE.

LA GLOIRE.

Pourquoi, Dieu des Combats,
100   De la Fortune excitez-vous le zéle
En faveur d'un Héros qui n'a pas besoin d'elle,
Puisque la Gloire & Mars accompagnent ses pas?
Que vagabonde elle aille où le hazard l'appelle,
Que contre la Sagesse elle ose encor lutter:
105   Mars, la Sagesse & moi nous triompherons d'elle.

LA FORTUNE.   [p. 289]

A triompher de moi vous aurez peu d'honneur.
Oüi, je vous livre une victoire aisée,
Et vous me voyez disposée
A suivre les conseils du Dieu de la Valeur.

MARS.

110   Suivez-les donc sans inconstance,
        N'exercez plus vôtre foible puissance
A vouloir pour un temps suspendre le bonheur
D'un Heros que le Ciel sur les traces d'Alcide
        Veut élever d'un vol rapide
115   Au plus haut point de la grandeur.
Au cours de ses Destins vainement on s'oppose,
        Tôt ou tard ils seront remplis,
Et le Ciel Protecteur du Monarque des Lis,
De l'Empire du Monde en sa faveur dispose,
120   Quand vous osez flatter ses Ennemis.
        De vos bienfaits, que faut-il qu'ils esperent?
        C'est leur bonheur, c'est la Paix qu'ils different
        En differant d'être soumis.
        Qu'à nos desirs vôtre zéle réponde.
125 Que ceux de qui l'espoir sur vos faveurs se fonde,
        De leurs projets sentent la vanité,
Et qu'aux pieds de LOUIS leur orgueil se confonde,
        Son Thrône des temps respecté,
Ne peut être sujet à l'instabilité.
130   Par une faveur sans seconde
        Dans leurs Conseils les Dieux l'ont arrêté.
        Au milieu d'une Paix profonde
        Son heureuse posterité
        Dominera la Terre & l'Onde;
135   Et sa tige en Heros feconde,
Comme un bel arbre au bords d'un clair ruisseau planté,
De ses rameaux un jour couvrira tout le monde.
        Quel bruit se répand dans les airs?

LA GLOIRE.

C'est la Renommée.

LA FORTUNE.

Oüi, c'est elle.

SCENE III. [p. 290]

MARS, LA FORTUNE, LA GLOIRE, LA RENOMMÉE.

LA RENOMMÉE.

140   Je viens des bouts de l'Univers
Publier de LOUIS la grandeur immortelle,
   Et rendre compte à cent Peuples divers
Du haut degré de gloire où la Vertu l'appelle.
Ce Temple à ce Heros par ses soins élevé,
145   A peine encor est achevé,
      Et des plus reculez rivages
Déja les Habitans sur ces bords fortunez,
Par l'ardeur de le voir, de lui plaire entraînez,
      Viennent lui rendre leurs hommages,
150   De tant d'éclat leurs yeux sont étonnez,
Et leurs cœurs enyvrez de l'heureuse assurance
      Que les Dieux les ont destinez
      A vivre un jour sous sa puissance.

LA GLOIRE.

     Venez vous unir avec eux,
155   Tranquilles Habitans des rives de la Seine,
Par les plus doux concerts, les plus aimables jeux,
     Les spectacles les plus pompeux
     Qu'on ait jamais étalé sur la Scene,
     Que le reste du monde apprenne
160   Combien dans ces climats les Peuples sont heureux.

DIVERTISSEMENT   [p. 291]
DU PROLOGUE.

Les Nations les plus éloignées viennent au
Temple que la Vertu a fait élever à la gloire du Roi.

Mr SALLÉ Indien chante.

Pour venir admirer le plus grand Roi du Monde,
Nous avons traversé les Mers,
Contre nous vainemt les fiers Tyrans des Airs
Ont émû le courroux de l'Onde,
165   *Thetis a nommé ce Heros,*
Son nom seul a calmé les flots.

MARS.

Unissez-vous avec Mars & la Gloire,
Chantez ce Heros glorieux,
La Vertu lui consacre un Temple dans ces lieux
170 *Pour éterniser sa memoire.*

DUO.

Unissons-nous avec Mars & la Gloire,
Chantons ce Heros glorieux.
Jamais Regne plus heureux
N'aura place dans l'Histoire.

MARS.

175 *Il faut de ses exploits fameux*
Etre les témoins pour les croire.

DUO.

Il faut de ses exploits fameux, &c.
Chantons, unissons-nous, &c.

MARS.

Ici toujours dans l'abondance
180 *Parmi les jeux & les plaisirs,*   [p. 292]
Rendez grace au Heros dont l'auguste puissance
Vous assure d'heureux loisirs.

Mademoiselle SALLÉ Indienne.

Pour cet Empire
Tous les Astres aiment à luire.
185 *Quel air on respire*
Dans cette charmante Cour!
Le Dieu brillant qui nous éclaire,
Dans le cours de sa carriere
Répand également le jour:
190 *Mais de sa plus vive lumiere*
Il brille dans ce beau séjour.

DUO.

Chantons ce héros glorieux.
Jamais, &c.

Fin du Divertissement du Prologue.

[p. 293]

NOUVEAUX
DIVERTISSEMENS
DE CIRCÉ,
TRAGEDIE EN MACHINES.

DÉCORATION
DU I. ACTE.

Elle represente une Plaine, où diverses ruines marquent les restes de quelques Palais démolis: au bout de cette Plaine paroît une Montagne fort haute; elle est fertile dans le bas en plantes & en fleurs bâtardes; c'est en ce lieu que Circé vient ordinairement chercher les herbes dont les sucs servent à ses enchantemens; pendant qu'elle est occupé à les choisir, trois de ses Nymphes sont surprises par des Satyres, qui leur chantent les paroles suivantes.

I. SATYRE.

Vous êtes faite pour l'Amour,
195 *Et je suis fait pour la Bouteille;*
Je vous aimerai tout un jour,
Et nous passerons l'autre ensemble sous la Treille.
Avec un Yvrogne parfait
On est sûre du secret,
200 *Et ses chaînes sont éternelles.*
Le vin le rend & fidelle & discret,   [p. 294]
Il oublie en buvant les plaisirs qu'on lui fait,
Et les faveurs du même objet
Lui paroissent toujours nouvelles.

II. SATYRE.

205 *De la Bergere*
La plus fiere
L'Amour est toujours vainqueur.
Quand un cœur
Long-tems differe

210   *Le bonheur*
        D'un tendre Amant qui sçait plaire,
            C'est la peur
        Qu'il n'en fasse pas mystere.
        Pour nous qui sçavons nous taire,
215   *D'ordinaire*
            L'on n'a guére
            De rigueur.
        De l'Amour en assurance
        Avec nous on suit les loix;
220   *Nous sommes les Dieux des bois,*
    Et les bois sont le séjour du silence.

D'autres Satyres surviennent encore; Circé arrive, & pour les punir de leur insolence elle les fait tous enlever dans les airs de tous les côtez du Theatre, ce qui forme un spectacle surprenant & à la vûë & à l'imagination même.

DÉCORATION

DU II. ACTE.

Le Theatre represente un des plus beaux endroits des Jardins de Circé; c'est une Allée de palissades, ornée de Statuës de Faunes de marbre blanc: elles portent sur leurs épaules des Consoles qui servent d'enta- [p. 295] blement, & sur chacune des Consoles il y a des Vases de bronze doré, dans lesquels sont des Orangers. Cette Allée se termine à une Terrasse, aux deux côtez de laquelle sont des Escaliers de marbre blanc, qui conduisent à un Bâtiment leger, aussi de marbre blanc, d'ordre Corinthien. La Terrasse est soutenuë par des Statuës de Faunes, comme celles qui sont aux deux côtez de l'Allée, & du haut tombent plusieurs nappes dans des bassins enrichis de Statuës de bronze doré. C'est-là que Circé attend Glaucus, qu'elle ne connoît que sous le nom du Prince de Thrace, pour tâcher de s'en faire aimer. A peine est-il arrivé, que pour augmenter la beauté de ce magnifique Jardin, elle y fait naître des Berceaux soutenus par dix Figures de bronze. Glaucus ne répond pas à la tendresse de Circé, comme elle le souhaite; & pour avoir le temps de moderer & de cacher son dépit, elle fait chanter le Dialogue suivant.

DIALOGUE.

SCENE I.

DAPHNÉ seule.

Lieux charmans, Arbres toujours verds,
Jardins respectez des hyvers,
Qu'en ces rochers inaccessibles
225 *L'art de Circé fit naître au milieu des déserts;*
A mes peines soyez sensibles,
Et dans vos retraites paisibles
Cachez la honte de mes fers.

[Coridon paroît sans être vû de Daphné.]

Pour un Amant qu'une autre engage,
230 *Un Dieu cruel me fait brûler,*
Est-il un plus sensible outrage?
A mes malheurs rien ne peut s'égaler.
Ai-je si peu de charmes en partage
Qu'ils ne puissent le dégager?   [p. 296]
235 *Qu'il m'aime un jour, dût-il aprés changer.*
Il n'est qu'ingrat, je le voudrois volage.
Il vient, cachons-lui mon tourment,
Et que du moins il n'ait pas l'avantage
De voir tout mon amour dans mon ressentiment.

SCENE II.

DAPHNÉ, CORIDON.

DAPHNÉ.

240 *Seul en ces lieux, quel dessein vous attire?*

CORIDON.

Je vous y trouve seule aussi;
Mêmes raisons peuvent nous y conduire.

DAPHNÉ.

Je me plais à rêver ici.

CORIDON.

La solitude
245   *Est le remede le meilleur*
De l'amoureuse inquiétude.
Quand l'amour regne dans un cœur,
On se fait de rêver une douce habitude,
Et l'on cherche avec soin pour cacher sa langueur
250   *La solitude.*

DAPHNÉ.

Aux cœurs vainement enflammez
La solitude a de quoi plaire:
Mais les Amans ne l'aiment guére
Si tôt qu'ils sont sûrs d'être aimez.

CORIDON.

255   *Qu'elle me sera toujours chére!*

DAPHNÉ.

N'êtes-vous pas content de l'objet de vos vœux?
Cloris vous fait un sort heureux.

CORIDON.   [p. 297]

Vous seule avez droit de le faire.

DAPHNÉ.

Moi?

CORIDON.

Vous. N'affectez point une vaine colére,
260   *J'ai lû dans vos soupçons jaloux*
Le destin qu'il faut que j'espére;
J'abandonne mon cœur aux transports les plus doux;
Vous me croyez ingrat, & je suis temeraire.
Vous m'aimez, belle Nymphe, & je brûle pour vous.

DAPHNÉ.

265   *A vos regards Cloris a paru belle,*
        Et vous avez été sensible à ses attraits.

CORIDON.

        D'un cœur à l'Amour rebelle,
        Vous seule avez troublé la paix,
        Je sens pour vous ses premiers traits;
270   *Vous me vouliez infidelle,*
           Je ne le serai jamais.

Ensemble.

        Brûlons tous deux d'une ardeur éternelle.
        Quelle autre pourroit m'enflâmer?
        Quand vous cesseriez de m'aimer,
275   *Je ne cesserois point de vous être fidelle.*

Glaucus continuë de ne pas répondre à l'amour de Circé, elle fait paroître devant lui plusieurs de ses Amans, que pour de moindres offenses elle a transformez en Animaux; elle leur commande de la vanger de Glaucus, qui d'un seul mot les fait disparoître. Les dix Statuës de bronze qui soutiennent les Berceaux que Circé vient de faire naître, s'animent à sa voix, & semblent se disposer à prendre pour elle vangeance des mépris de Glaucus. Il leur commande de se perdre dans les airs, & toutes sont enlevées & disparoissent dans le moment. C'est de l'aveu de tout le monde, une des plus belles machines qui ait jamais paru sur aucun Theatre.

DÉCORATION   [p. 298]
DU III. ACTE.

C'est un magnifique Palais, d'ordre Corinthien, dont les Colomnes sont torses, entourées de lauriers d'or, & les pié d'estaux de marbre rouge composé, avec des bas-reliefs de bronze doré, representans des jeux d'enfans; il se termine par trois grands Portiques avec de semblables Colonnes; la Corniche & l'Architrave sont ornez de Modillons d'or, autour regne une Balustrade qui sert d'Attique, & qui porte d'espace en espace des Vases dorez remplis de fleurs. Glaucus surprend Sylla dans ce Palais avec Circé, qui pour dérober sa Rivale aux yeux de son Amant, rassemble en l'air plusieurs nuages qui les envelopent l'une & l'autre, & qui se dissipant ensuite, laissent Glaucus dans le desespoir. Il implore le secours de Venus, & pendant qu'elle descend du Ciel, on chante les paroles suivantes.

> *Al bel lume*
> *Del tuo Nume,*
> *Vagha Dea, il Ciel piu bel fi fa.*

> *E nel cuore*
> 280   *Il dio d'amore*
> *Volando va.*

> *Vaghe piante,*
> *Herbette liete,*
> *Deh godete;*
> 285   *Ogni fronda*
> *Sia gioconda.*

> *Al bel lume, &c.*

[p. 299]

Venus ordonne à plusieurs Amours de sa suite de chercher avec soin Sylla dans tous les lieux des environs. Ils se détachent de sa machine, & vont les uns d'un côté, les autres d'un autre, executer les ordres de la Déesse.

DÉCORATION

DU IV. ACTE.

Il se passe dans le lieu le plus sombre d'un bois, que des arbres tres grands & un ombrage tres-épais rendent presque impenetrable aux rayons du Soleil. Circé y amene Sylla comme dans un azyle assuré contre les persécutions de Glaucus, & pour lui rendre cette retraite plus greable, plusieurs Nymphes & Pastres viennent y celebrer les nôces d'une Bergere des environs.

AMINTE.

> *Quand à l'hymen on s'engage,*
> *Faut-il rompre avec l'Amour?*

DAMON.

> 290   *C'est la loi de ce Bocage.*

AMINTE.

> *Quittons en donc le séjour.*
> *Quand à l'hymen, &c.*
> *Je porte un cœur trop volage*
> *Pour n'y pas manquer un jour.*
> 295   *Quand à l'hymen, &c.*

DAMON.

Cette loi n'est point d'usage
Dans tous les lieux d'alentour.
Quand à l'hymen, &c.

AMINTE.

La plus belle de nos Compagnes
300   *A l'hymen vient de s'engager*
      Je ne crains plus que mon Berger
      Trouve d'objet dans ses Campagnes
      Qui puisse le faire changer.
      La plus belle, &c.
305   *Pour elle cette Fête est belle,*
      Elle l'est encor plus pour nous.
      Dans l'espoir d'être son Epoux,
      Aucun Berger n'étoit fidelle,
      A present ils le seront tous.
310   *Pour elle cette Fête, &c.*

[p. 300]

DAMON.

De l'hymen, jeunes Bergeres,
Ne craignez point l'engagement,
      Ses loix severes
      Ne les sont guéres
315   *Quand l'Epoux est toujours Amant.*

[AMINTE.]

Sous d'autres loix s'il se range,
Il est aisé d'en faire autant.
      C'est par le change
      Que l'on se vange
320   *D'un Epoux qui n'est pas constant.(2)*

[DAMON.]

Dans ces deux azyles
Nous vivons tranquilles,
Avec les Amours
Nous passons nos jours;
325   *Ni soins, ni tristesse,*

---

(2)   Vv. 316–20 attribués à Damon dans le texte (I).

Ni trop de sagesse
N'en troublent le cours.(3)

[AMINTE.]

la paix, l'innocence,
Et l'indépendance
330   *Font nôtre tresor.*
Nous vivons encor
Parmi l'abondance
Sans magnificence,
Comme au siecle d'or.(4)

[p. 301]

On vient avertir Circé que par l'ordre de Venus les Amours ont découvert
à Glaucus la retraite de Sylla. Circé la fait enlever par plusieurs Genies; & quand ils
sont au milieu de l'air, quatre amours les surprennent, les combattent, les obligent
à prendre la fuite & ils enlevent Sylla dans le Palais de Venus. Circé surprise &
irrité de cet évenement, a recours aux Enfers; les Furies paroissent suivies des plus
terribles Divinitez, & aprés avoir répondu aux divers mouvemens du cœur de Circé
par des actions differentes, elles lui font enfin connoître que le Ciel les met dans
l'impuissance de la vanger.

DÉCORATION
DU V. ACTE.

Le lieu solitaire qui a paru dans l'Acte précédent, fait place à un très-beau
Sallon du Palais de Circé. Ce Sallon est orné de Colomnes de Lapis & de Statuës
d'or; il est ouvert par un seul Portique, qui laisse découvrir dans l'enfoncement
un fort beau morceau de jardinage d'un côté, & le rivage de la Mer de l'autre; &
lorsque Circé quitte Glaucus pour ne le plus revoir, le Sallon disparoît, & Glaucus se
trouve sur les bords de la Mer, où Neptune paroît avec plusieurs Tritons. Il promet
à Glaucus que si Jupiter y consent, il recevra Sylla au rang des Nereïdes. Jupiter
du plus haut des nuës, donne son aveu au dessein de Neptune, & les Divinitez de la
Mer en témoignent leur joie par des Danses & par les Chansons qui suivent.

UNE NEREIDE.

335   *Que Glaucus est heureux,*
D'une Nereïde nouvelle
Autant aimé qu'amoureux!   [p. 302]
Rien n'éteindra jamais une flâme si belle,

---

(3)   Vv. 321–7 attribués à Aminte dans le texte (I).
(4)   Vv. 328–34 attribués à Damon dans le texte (I).

340   *Les Dieux ne l'ont faite immortelle*
       Que pour éterniser leurs feux.

UN TRITON.

       Jeunes Beautez, goûtez bien les douceurs
       D'un calme heureux qui succede aux orages.
       Regnez toujours sur nos rivages,
       Vous y verrez moins de naufrages
345   *Que vous n'embraserez de cœurs.*

LA NEREIDE.

       Dans nos Grottes profondes
       L'amour brûle nos cœurs,
       Et la froideur des Ondes
       N'éteint point ses ardeurs.
350   *L'Amour ne quitte guere*
       Cet aimable séjour.
       Il fut le berceau de sa Mere,
       Il se plaît d'y tenir sa Cour.

LE TRITON.

       Sur la Plaine liquide
355   *Craint-on de s'engager.*
       Pour les cœurs qu'Amour guide
       Il n'est point de danger,
       Quand on vogue à Cythere
       Au Printemps de ses jours,
360   *Le voyage est facile à faire,*
       Et jamais il n'est de long cours.

Fin des Nouveaux Divertissements de la
Tragedie de Circé.

NOTES

Nous utilisons, au cours de ces notes, les abréviations suivantes:

Académie – *Dictionnnaire de l'Académie Française*, 2 vols, Paris, 1694.

Arts et sciences – Thomas Corneille, *Le Dictionnaire des arts et des sciences*, 2 vols, Paris, 1694.

Cent ans – Madeleine Jurgens et Elizabeth Maxfield-Miller, *Cent ans de recherches sur Molière, sur sa famille et sur les comédiens de sa troupe*, Paris, 1963.

Clément – *Lettres, instructions et mémoires de Colbert*, éd. Pierre Clément, 8 vols, Paris, 1868; réimpression Nendeln, 1979.

Dessein – Thomas Corneille, *Circé, tragédie ornée de machines, de changemens de théâtre & de musique. Representée par la Troupe du Roy établie au Fauxbourg S. Germain*, Paris, 1675.

Eloge – Jean Racine, *Eloge historique du Roi sur ses conquêtes depuis l'année 1672 jusqu'en 1678*, dans *Œuvres complètes*, vol. II, éd. Raymond Ricard, Paris, 1966, pp. 207–38.

Fameuse Comédienne – *La Fameuse Comédienne ou Histoire de la Guérin auparavant femme et veuve de Molière*, Francfort, 1688, éd. Jules Bonnassies, Paris, 1870.

Furetière – Antoine Furetière, *Le Dictionnaire universel*, 3 vols, La Haye et Rotterdam, 1690; réimpression Paris, 1978.

Géographique – Thomas Corneille, *Dictionnaire universel géographique et historique*, 3 vols, Paris, 1708.

Métamorphoses – *Les Métamorphoses d'Ovide en vers françois par T. Corneille de l'Académie Françoise*, 3 vols, Paris, 1697, vol. III.

Mongrédien et Robert – Georges Mongrédien et Jean Robert, *Les Comédiens français du XVIIᵉ siècle: dictionnaire biographique*, Paris, 1981.

Partition – *Circé*, dans Marc-Antoine Charpentier, Mélanges Autographes, cahier XVIII–XIX, vol. XVII, pp. 1–17.

Pougin – Arthur Pougin, *Dictionnaire historique et pittoresque du théâtre*, Paris, 1885.

Richelet – Pierre Richelet, *Dictionnaire français contenant les mots et les choses*, 2 vols, Genève, 1680; réimpression Genève, 1970.

Siècle – Voltaire, *Le Siècle de Louis XIV*, 2 vols, éd. Antoine Adam, Paris, 1966.

Sunset – Henry Carrington Lancaster, *Sunset: a history of Parisian drama in the last years of Louis XIV (1701–1715)*, Baltimore, 1945.

NOTES SUR L'EDITION DE CIRCÉ DE 1675
ARGUMENT

14. Livre : Voir *Métamorphoses*, pp. 259–67.

Glaucus : Pauvre pêcheur de Boétie, Glaucus mangea de l'herbe magique et se trouva forcé de plonger dans la mer où il fut transformé en un dieu marin. Cette légende se trouve dans le Livre XIII de l'œuvre d'Ovide, précédant immédiatement celle de 'Scilla changée en rocher' (*Métamorphoses*, pp. 252–8). — 'BEOTIE. Ancienne Province de Grece .... Ses deux villes les plus renommées ont été Thebes & Platée' (*Géographique*).

Phorcus : Dieu marin. De son union avec sa sœur, Céto naquirent un certain nombre de monstres, parmi lesquels Sylla et les Gorgones.

Circé : Fille de Hélios (le Soleil) et Perséis, Circé était célèbre pour son pouvoir de changer les hommes en animaux par sorcellerie. Elle est surtout connue pour son rôle dans la légende d'Ulysse dont elle changea les compagnons en pourceaux. Ulysse échappa à ce sort grâce à l'aide d'Hermès, et Circé restitua à ses hommes leur forme humaine, et devint sa maîtresse, lui donnant un fils.

Mélicerte : Fils d'Athamas et d'Ino, petit-fils de Cadmos, fondateur de Thèbes, Mélicerte fut métamorphosé en un dieu marin sous le nom de Palémon quand son père, rendu fou par Héra, essaya de le tuer. Thomas Corneille a donc donné les deux noms d'un même personnage mythique à deux personnages différents dans sa pièce.

Je n'ay rien adjoûté : Voir l'Introduction sur d'autres changements non reconnus apportés au mythe par Thomas Corneille.

EXTRAIT DU PRIVILEGE DU ROI

Escuyer : 'Se disoit autrefois d'un Gentilhomme qui suivoit, qui accompagnoit un Chevalier & portoit son escu, luy aidoit à prendre ses armes & à se désarmer .... Aujourd'huy *Escuyer*, est le titre que portent les simples Gentilshommes' (*Académie*).

Exposant : 'Celuy ou celle qui expose un fait, qui expose ses pretentions dans une requeste, ou dans un acte semblable' (*Académie*).

Syndic : 'Celuy qui est esleu pour prendre soin des affaires d'une Communauté, d'un Corps dont il est membre' (*Académie*).

ACTEURS DU PROLOGUE

LA FORTUNE : 'Déesse à qui les Paiens donnoient la disposition de toutes les choses du monde' (Richelet).

LA RENOMMEE : 'Sorte de Déesse à qui les poëtes donnent des ailes, une trompette & plusieurs bouches pour publier par tout la valeur des héros & le mérite des grans hommes' (Richelet).

L'AMOUR : 'Dieu qu'on peint avec des aîles, un carquois, des fléches, & un bandeau sur les yeux' (Richelet).

LA GLOIRE : Personnage allégorique représentant 'l'Honneur, loüange, estime, reputation qui procede du merite d'une personne, de l'excellence de ses actions ou de ses ouvrages (*Académie*).

ACTEURS DE LA TRAGEDIE

PALEMON : Voir ci-dessus, Notes sur l'Argument.

CIRCÉ : Bien que la distribution de *Circé* ne soit pas connue, il est probable que ce rôle fut joué par Mlle Molière, qui est décrite dans ce rôle dans les pages de *La Fameuse Comédienne* (p. 48).

DECORATION DU PROLOGUE

La Toile qui cache le Theatre estant levée : Preuve importante de l'existence d'un rideau de scène au Théâtre Guénégaud à cette époque.

L'Ordre en est Composite : 'Composite ... Terme d'Architecture, qui se dit de l'un des cinq ordres d'Architecture ainsi nommé, parce qu'il est composé du Corinthien & de l'Ionique. ... On appelle aussi, *Ordre composite*, Tout ordre qui est composé de plusieurs ordres, soit Dorique, Corinthien, ou Ionique' (*Académie*).

Jaspe d'Orient : 'Jaspe. Pierre precieuse dont le fond est ordinairement verd, marqueté de diverses couleurs' (*Académie*). 'En général, le Jaspe est divisé en Oriental, apporté du Perse, Syrie, Phrygie, Cappadoce, & autres lieux

BIRKBECK LIBRARY COLLEGE

de l'Asie, & en Occidental qui se trouve aux Indes, & en divers lieux de l'Amerique, & mesme en Bohemie' (*Arts et sciences*).

Modillons : 'On appelle *modillons*, en termes d'Architecture, de petites consoles posées sous le plafond des corniches, & qui servent à soustenir la saillie' (*Arts et sciences*).

Atique : 'Terme d'Architecture. On appelle ainsi dans les bastiments un petit ordre qu'on met sur un plus grand' (*Académie*).

isolées : 'On appelle ... *Une colonne isolée, une statuë isolée*, Une colomne, une statuë qui ne tient point au mur du bastiment' (*Académie*).

La Victoire : 'Les Anciens Payens faisoient une Divinité de la Victoire, & la representoient sous la figure d'une femme qui avoit des ailes, & qui tenoit une couronne d'une main, & une palme de l'autre' (*Académie*).

marbre serpentin : 'une sorte de marbre dont le fond est verd avec des taches rouges & blanches' (*Académie*).

nuës : 'Eau eslevée de la terre en vapeurs dans la moyenne region de l'air, qui retombe en pluie. ... Les Payens faisoient descendre leurs fausses Divinitez sur terre dans des *nuës*' (Furetière).

PROLOGUE

Le Prologue était précédé de l'Ouverture (Partition).

Scène 1

v. 1   *la Fortune sans bandeau* : En général, c'est l'Amour qui est représenté portant un bandeau (voir ci-dessus, Notes sur les Acteurs du Prologue). Ici il semblerait que ce soit une allusion au dicton 'La Fortune est aveugle' (Académie).

Scène 2

v. 59   *Le Monarque des Lys* : 'Fleur de lis. ... Armes des Rois de France' (Richelet). 'On appelle la France, Le Royaume, l'Empire des lis' (Académie).

vv. 71-7   Référence au soutien des princes de l'Empire aux Hollandais contre les Français (1673); voir *Eloge*, pp. 213-4:

Alors l'Empereur crut qu'il était temps d'éclater; il ne se souvient plus des engagements qu'il avait faits avec le Roi, ni du traité qu'il avait signé. Il oublie que les Français, quelques années auparavant, sur les bords du Raab, avaient sauvé l'Empire de la fureur des infidèles. Il

fait des plaintes et des manifestes remplis d'injures, et publie partout
que le roi de France veut usurper la couronne impériale, et aspirer à la
monarchie universelle. Il emploie enfin, pour le rendre odieux, tout ce
que la passion peut inspirer de plus violent et de plus aigre.... Les
plaintes de l'Empereur, toutes frivoles qu'elles étaient, ne laissèrent
pas de faire impression sur l'esprit des Allemands, naturellement envieux des Français. Le duc de Bavière et le duc de Hanover furent
les seuls qui demeurèrent neutres; tous les autres se déclarèrent peu
à peu contre la France. Ni les raisons d'intérêt, ni les plus étroites
alliances, ne purent les retenir; et la plupart de ces mêmes princes
qu'on avait vus si tardifs et si paresseux à secourir l'Empire contre
les Turcs, se hâtèrent de rassembler leurs forces pour s'opposer aux
progrès des Français, qu'ils ne pouvaient souffrir pour voisins, et dont
la prospérité commençait à leur donner trop d'ombrage.

Les troupes de l'Empereur furent battues par Turenne à Sintzheim
(juin 1674), Ladenbourg (juillet 1674), Ensheim (octobre 1674), Mul-
hausen et Colmar (décembre 1674), et Turkeim (janvier 1675); et par
Condé à Seneffe (août 1674).

v. 81   *Mes cent bouches* : Voir ci-dessus, Notes sur les Acteurs du Prologue.

v. 85   *contes en l'air* : 'On appelle, Conte en l'air, Un conte qui n'a aucun
fondement, ni aucune apparence de verité' (Académie).

vv. 105–8   Louis XIV envahit avec succès la Franche-Comté à deux reprises —
en 1668 pendant la Guerre de Dévolution, quand cette province fut
rendue à l'Espagne aux termes du traité d'Aix-la-Chapelle, et en 1674.
En ces deux occasions, la conquête fut très facile, ne durant que trois
semaines en 1668 et six semaines en 1674 (*Siècle*, I, 123, 149).

v. 111   *Estre Chef & Soldat* : Voir *Siècle*, p. 119: 'La délicatesse des officiers
ne les empêchait point alors d'aller à la tranchée avec le pot en tête
et la cuirasse sur le dos. Le roi en donnait l'exemple: il alla ainsi à
la tranchée devant Douai et devant Lille'; et p. 123: 'On ne lui voyait
point, dans les travaux de la guerre, ce courage emporté de François
Iᵉʳ et de Henri IV, qui cherchaient toutes les espèces de dangers. Il
se contentait de ne les pas craindre, et d'engager tout le monde à s'y
précipiter pour lui avec ardeur'.

v. 116   *forcer de superbes Murailles* : De récents sièges victorieux de la Guerre
de Hollande comprenaient ceux de Rhinberg, Orsoy, Vésel, Burick,
Doesbourg, Zutphen, Arnheim, Nosembourg, Nimègue, Schenck, Bom-
mel, Crèvecœur, Utrecht, Naerden (reconquise en septembre 1673 par
le prince d'Orange) et Mastricht, et Besançon dans la Franche-Comté.

BIRKBECK LIBRARY COLLEGE

vv. 118–9   Voir ci-dessus, note sur vv. 71–7.

v. 124   'On dit, par une façon de parler proverbiale, *Vous m'en donnez bien
              à garder*, pour dire, Vous m'en faites bien accroire' (*Académie*).

v. 136   *compte* : 'Contentement, satisfaction, prétension, dessein' (Richelet).

v. 145   *prend garde* : 'On dit ... *Prendre garde*, pour dire, Considerer, faire
              attention. ... *Il prend garde à un sol, à un denier*, pour dire, Il y
              fait attention, il s'en soucie' (*Académie*).

v. 148   *Passe* : 'Passer. Obmettre quelque chose, n'en parler point' (*Académie*).

v. 170   *C'est un Enfant qui parle* : L'Amour, fils de Vénus, est souvent repré-
              senté comme un jeune garçon. Il est probable qu'au Guénégaud ce
              rôle fut joué par François, le fils de l'acteur Du Croisy, âgé de treize
              ans (Mongrédien et Robert).

Scène 3

v. 191   *de légitimes Droits* : Probablement une référence à la Guerre de Dévo-
              lution, par laquelle Louis XIV essaya de faire valoir une prétension
              douteuse sur la Flandre, le Brabant et la Franche-Comté, considérant
              que ces provinces faisaient partie de l'héritage de sa femme, fille de
              Philippe IV, Roi d'Espagne.

vv. 192–3   Référence, peut-être, aux Hollandais; voir *Eloge*, pp. 207–8:

              Cette petite république, si faible dans ses commencements, s'étant
              un peu accrue par le secours de la France et par la valeur des princes
              de la maison de Nassau, était montée à un excès d'abondance et de
              richesse qui la rendaient formidable à tous ses voisins. Elle avait
              plusieurs fois envahi leurs terres, pris leurs villes et ravagé leurs fron-
              tières; ... enfin, aveuglée de sa prospérité, elle commença à méconnaître
              la main qui l'avait tant de fois affermie et soutenue. Elle prétendit
              faire la loi à l'Europe; elle se ligua avec les ennemis de la France, et se
              vanta de ce qu'elle seule avait mis des bornes aux conquêtes du Roi.
              Elle opprima les catholiques dans tous les pays de sa domination, et
              s'opposa au commerce des Français dans les Indes. En un mot, elle
              n'oublia rien de tout ce qui pouvait attirer sur elle l'orage qui la vint
              inonder.

vv. 255–6   (indication scénique) *Libéraux* : 'On appelle *Arts Liberaux*, par op-
              position aux *Mechaniques*, ceux qui participent plus de l'esprit que
              du travail de la main, qui consistent plus en la connaissance qu'en
              l'operation, qui regardent plus le divertissement & la curiosité que
              les œuvres serviles & mechaniques: tels sont la Rhetorique, la Gram-
              maire, la Poesie, la Peinture, la Sculpture, l'Architecture, la Musique,
              qu'on appelle *les sept Arts Liberaux*' (Furetière).

Mécaniques : 'Se dit … des Arts serviles, & qui sont opposez aux Arts Liberaux, tels que ceux que pratiquent les Ouvriers qui travaillent non seulement à la construction des machines, mais encore à toutes les manufactures, & aux choses qui servent aux necessitez ou commoditez de la vie, comme les Maçons, les Tailleurs, les Cordonniers. On dit que ces gens exercent des arts *mechaniques*' (Furetière).

Plaisirs : 'lorsque l'on dit absolument *Les plaisirs* au pluriel, on entend parler de tous les divertissements de la vie' (*Académie*). 'On dit poëtiquement, les Ris, les Jeux & *les Plaisirs*, quand on en fait des personnages, comme on fait des Graces & des Amours' (Furetière).

Flacon : 'Sorte de gros vase de métal qu'on prend pour parer quelque bufet, & qui sert à mettre rafraichir de l'eau' (Richelet).

Poche : 'Petit violon…. On l'appelle ainsi à cause que les maistres à danser qui vont en ville donner leçon à leurs ecoliers, le portent dans leur poche' (*Arts et sciences*).

figures : 'en termes de Danses & de Balets, se dit des pas differens que font les danseurs en ordre & cadence, qui marquent diverses *figures* sur le plancher' (Furetière).

L'entrée des Arts et Plaisirs était accompagnée d'un Prélude (Partition).

Dialogue de la Musique et de la Comedie

vv. 262–3   Référence à la prédilection de Louis XIV pour le théâtre.

v. 265   Référence à la limitation sur le nombre de chanteurs pouvant être employés par les compagnies de théâtre dans leurs productions, limitation faite en faveur de Lully à la suite de l'obtention par ce dernier du privilège sur la production d'opéras (voir l'Introduction).

v. 266   Référence à l'emploi de membres de la compagnie du Guénégaud pour compléter les musiciens professionnels permis par les termes de l'ordonnance prise en faveur de Lully. Ce passage, chanté par trois acteurs, est décrit dans la partition comme le 'petit trio des suivants de la commedie'.

v. 271   Ici la partition a une note en marge: 'Voix Bast[onnet] Pous[sin] Des Tri[ché] La g[range] hub[ert] vern[euil] de gaye clav[ecin]'. Quatre membres de la compagnie furent donc employés à différents moments pour compléter les chanteurs professionnels: Guérin d'Estriché, La Grange, Hubert et Verneuil. A propos de ces derniers et des professionnels, voir l'Introduction.

vv. 272–4   Ceci est décrit dans la partition comme le 'chœur', et fut chanté par Hubert, Verneuil et De Gaye ensemble (Partition).

v. 275   *nos Neveux* : 'On dit, *Nos neveux*, dans le genre sublime, & poësie, pour dire, La posterité, ceux qui viendront aprés nous' (*Académie*).

vv. 275–6   Ces vers furent chantés par Bastonnet, Poussin et De Gaye (Partition).

v. 277   Ici, d'après la partition, De Gaye chante son rôle seul (c'est-à-dire sans Hubert et Verneuil). Ce chœur fut suivi d'un interlude instrumental permettant aux Arts et aux Plaisirs d'exécuter leurs figures.

vv. 278–83   'La Musique venant du fond' (Partition). Dans la partition ces vers sont suivis par l'indication scénique suivante: 'Les arts et plaisirs recommencent à figurer sur l'air de viollons cy devant'.

vv. 284–6   Dans la partition, ces vers sont attribués à 'Un des arts', et sont suivis du 'chœur cy devant puis l'ouverture fin du prologue'. Une note en marge stipule: 'chœur vantons ce grand nom comme eux'. Charpentier, cependant, fait la suggestion suivante qui semble avoir été exécutée: 'au lieu du dernier recit du basse on chante le duo de la comedie et de la musique'.

v. 283   *la Fable* : 'Fable, se prend aussi dans un sens collectif, pour signifier Toutes les Fables de l'Antiquité Payenne' (*Académie*).

ACTE I

Scène 1

v. 300   *la Thrace* : Ancien pays dans le sud-est de la Péninsule des Balkans.

v. 302   *Borée* : Vent du Nord, personnifié comme un vieillard barbu et ailé, qui souffle de la Thrace, où il demeure dans une caverne du mont Hæmos.

v. 303   *Cantons* : 'Coin, certain endroit d'un pays ou d'une ville, séparé & différent du reste' (*Académie*).

v. 307   *Le Destin* : 'Fatalité. Les Philosophes payens appelloient ainsi un enchaisnement necessaire de causes subordonnées les unes aux autres qui produisoit infailliblement son effet; & les Poëtes entendoient par là une puissance à laquelle les Dieux mêmes estoient sousmis' (*Académie*).

v. 335   *Orithie* : Fille d'Erecthée, roi d'Athènes; elle fut enlevée par Borée et transportée en Thrace, où elle lui donna quatre enfants.

v. 346   *Thébain* : Capitale de la Béotie, Thèbes, la plus célèbre des villes de la mythologie, fut fondée par le héros Cadmos.

v. 362   *Galatée* : Néréide, fille de Nérée et de Doris. Quand le Cyclope, Polyphème, tua le jeune berger, Acis, par jalousie, Galatée transforma son amant en rivière. Son histoire précède celle de Glaucus dans le Livre XIII des *Métamorphoses*.

v. 376   *Daphné* : Fille vierge d'un dieu de rivière Thessalien, Pénée, elle fut poursuivie par les assiduités d'Apollon qui, au moment de la saisir, la vit se transformer en laurier.

v. 379   *flame* : '*Flamme* sign. fig. & poët. La passion de l'amour' (*Académie*).

v. 387   *Sort* : 'Il se prend aussi, pour La Destinée, dans le sens des Anciens: Et pour l'enchainement & la suite des bonnes ou mauvaises avantures des hommes' (*Académie*).

v. 394   Guère compatible avec les nombreuses histoires d'enlèvements et de séductions dont la mythologie grecque et romaine abonde, mais nécessaire ici pour justifier l'attitude galante de Glaucus envers Sylla.

v. 404   *Objet* : 'On dit poëtiquement, *L'objet de ma flamme, l'objet de mes desirs &c.* pour dire, La personne qu'on aime' (*Académie*).

v. 414   *je ne fais le radoucy* : 'On dit, *Se radoucir pour une femme, auprés d'une femme*, pour dire, En faire l'amoureux' (*Académie*).

Scène 2

v. 425   *soûpirer* : 'On dit, qu'*Un homme soupire pour une fille, pour une femme*, pour dire, qu'Il en est amoureux' (*Académie*).

v. 428   *gloire* : Voir ci-dessus, Notes sur les Acteurs du Prologue.

v. 435   *dépit* : 'Fascherie, chagrin meslé de colere' (*Académie*).

v. 444   En fait, Ovide fait décrire à Glaucus les résultats de sa métamorphose ainsi:

> Ma barbe verte & jaune en mesme temps parut,
> J'eus les cheveux plus longs, & leur nombre s'accrut.
> Sur la mer aprés moy je les vis qui floterent.
> Mes épaules d'ailleurs en grandeur augmenterent,
> Mes bras devinrent bleus, & dans ce changement
> Mes cuisses d'un Poisson prirent le mouvement.
>
>   (*Métamorphoses*, p. 257)

Et c'est son apparence qui pousse Sylla à rejeter l'amour qu'il lui offre et à fuir.

v. 458   *grimace* : 'signifie fig. Feinte, dissimulation' (*Académie*).

v. 477   *feu* : 'se dit poët. pour sig. La passion de l'amour' (*Académie*).

v. 479   Chez Ovide, Sylla n'a aucun rapport avec Circé, et c'est Glaucus qui '... dans le vif couroux dont son cœur est pressé, / ... resout de se rendre au Palais de Circé' (*Métamorphoses*, p. 258).

Scène 3

v. 488   *vœux* : '*Vœu*. ... Ce mot se dit *en parlant d'amour*, & signifie *hommage*' (Richelet).

v. 495   *foy* : 'se prend aussi, pour l'Asseurance donnée de garder sa parole, sa promesse' (*Académie*).

v. 500   *orgüeil* : 'Vanité, presomption, opinion trop avantageuse de soy-mesme, par laquelle on se prefere aux autres. Orgueil, se prend quelquefois en bonne part, comme en cette phrase. *Un noble orgueil*, pour dire, Un sentiment noble & eslevé, qui fait qu'on ne voudroit faire aucune bassesse' (*Académie*).

v. 536   *empressement* : 'Action d'une personne qui s'empresse, mouvement que se donne celuy qui recherche une chose avec ardeur' (*Académie*).

v. 552   *Clytie* : Nymphe aimée puis abandonnée par Apollon pour Leucothoé. Selon une version de la légende, elle fixa le Soleil jusqu'à ce qu'elle fût changée en héliotrope. D'après une autre version, sa métamorphose était une punition d'Apollon pour avoir révélé au père de sa rivale les amours de cette dernière.

vv. 578–82   Ainsi Glaucus menace Scylla de l'enlèvement qu'il avait rejeté avec horreur quand Palémon le lui suggéra.

Scène 4

v. 597   *Tout-de-bon* : 'Sérieusement. En vérité. Sans raillerie' (Richelet).

v. 598   *Tygresse* : 'On dit fig. d'une femme qui maltraite ses amans, que *C'est une vraye tigresse*' (*Académie*).

v. 612   *qualité* : 'Naissance noble & illustre. Titre considérable & glorieux' (Richelet).

v. 617   *fleurettes* : 'Il signifie fig. Cajeolerie que l'on dit à une femme' (*Académie*).

v. 619   *soins* : 'On dit, *Rendre des soins à quelqu'un*, pour dire, Le voir avec assiduité, & luy faire sa cour. Et, *Rendre de petits soins à une Dame*, pour dire, S'attacher à luy rendre beaucoup de petits services qui luy soient agreables' (*Académie*).

v. 620   'On dit, *Faire affaire*, pour dire, conclure, terminer un affaire' (*Académie*).

v. 629   *coqueter* : 'Se plaire à cajoler, ou à être cajeolée, faire l'amour en divers endroits' (Furetière).

Scène 5

v. 638   *foy* : 'Fidelité' (Richelet).

v. 648   *endosser* : 'Ce mot pour dire mettre sur son dos est burlesque. Y voit-on des savans en Droit, en Médecine endosser l'écarlate. *Dépreaux, Satire 8.* Il s'habille en berger, endosse un hoqueton. *La Fontaine, Fables, L.3* Quand il se dit sérieusement, il est vieux & poétique' (Richelet).

v. 655   *faire les yeux doux* : 'On dit, *Faire les doux yeux, les yeux doux à une personne*, pour dire, Luy témoigner de l'amour' (*Académie*).

v. 656   *mouvement* : 'se dit ... des differentes impulsions, passions, ou affections de l'ame' (Richelet).

v. 660   *attachement* : 'Liaison, engagement, soit d'affection, soit d'interest' (*Académie*). 'Passion, ardeur, zele' (Richelet).

v. 664   *douceurs* : 'des cajeoleries amoureuses, des paroles galantes de quelque amant' (Richelet).

v. 666   *tendre* : 'Tendresse. Penchant. Pante & inclination qui porte à aimer' (Richelet). 'Tendre, se dit figurément en choses spirituelles & morales. ... [Il] se dit aussi au subst.' (Furetière).

v. 675   *Satyres* : 'Sorte de demi-dieu qui à ce que content les poëtes, habite dans les forêts, qui est fort velus, qui a la figure de l'homme hormis qu'il a des cornes à la tête & des piez de chevres. Les Satires sont lacifs & chauds en amour' (Richelet).

Scène 6

v. 689   *emportement* : 'Mouvement déreglé, violent, causé par quelque passion' (*Académie*).

v. 694   *affaire* : 'Ce qu'on à faire, Sujet d'occupation, de travail, d'application' (*Académie*). 'Se dit aussi des choses qui nous conviennent' (Furetière).

v. 699   *Bagatelle* : 'Bagatelles.... Ce mot signifie *point du tout*. [Par exemple si on dit à quelqu'un, cela sera, & qu'il témoigne qu'il ne le croit pas, il répondra, *bagatelles*. Voiez *Moliere fourberies de Scapin, a. 1. s. 4.*]' (Richelet).

v. 701   *Arrest* : '*Terme de Palais.* Jugement souverain contre lequel il y a nul appel' (Richelet). — 'On appelle, *Palais* en plusieurs villes de France,

Le lieu où l'on rend la justice' (*Académie*). 'Ce mot est un peu figuré dans plusieurs façons de parler' (Richelet).

retour : 'en termes de Palais, se dit de ce qui est sujet à réversion' (Furetière).

J'en appelle : 'Apeller. *Terme de palais.* Reclamer le secours d'un juge superieur contre quelque sentence renduë' (Richelet).

v. 706   *Mal figuré* : Peut-être une adaptation du terme 'Figure' qui 'se dit encore ironiquement d'un homme laid, mal basti & mal habillé. Voilà une vilaine *figure*, une estrange *figure*' (Furetière).

courtaut : 'Qui est de taille courte, grosse, & entassée. Il ne se dit en ce sens que des hommes & des femmes' (*Académie*).

v. 707   *le porter haut* : 'On dit, qu'un homme le porte *haut*, pour dire, qu'il fait l'homme de qualité' (Furetière). Il y a donc ici un jeu de mots.

v. 709   *mettre le cœur en défaut* : 'Cœur se prend quelquefois pour l'estomac, ou la partie ou se fait la digestion, qui donne des forces au *cœur*' (Furetière). On peut donc comprendre par cette phrase: donner envie de vomir.

v. 716   'Premier Satyre Mr Guerin' (Partition).

v. 717   *traits* : 'on dit fig. Des yeux d'une belle personne, que, *Ses yeux lancent mille traits*' (*Académie*).

v. 719   *Nargue* : 'Mot dont on se sert lorsqu'on veut marquer du mépris pour une personne, ou pour quelque autre chose' (Richelet).

v. 722   *Fy* : 'Sorte d'interjection qui marque qu'une chose est dégoutante & vilaine. Qui marque qu'on ne veut point d'une chose' (Richelet).

rudesse : 'Rigueur. Cruauté' (Richelet).

v. 730   La partition donne deux noms en ce qui concerne cette chanson: 'Second Satyre Mr de Verneuil Mr Marchand'. Il est presque certain que Verneuil joua le rôle en question. Pierre Marchand était un violoniste avec la compagnie du Guénégaud, comme il le fut chez Molière (*Cent ans*, pp. 549–50), et il se peut qu'on ait fait appel à lui pour jouer un accompagnement particulier.

Lysette : 'Nom de femme dont on se sert dans les chansons & dans les épigrammes' (Richelet).

v. 733   *seulete* : 'diminutif de seul. Il n'est guere en usage que dans les Poësies pastorales, & principalement dans les chansons' (*Académie*). 'Ce mot est vieux & ne put entrer que dans le comique' (Richelet).

v. 735   *herbete* : 'Diminutif. L'herbe courte & menuë de la campagne. Il ne se dit guere qu'en Poësie & en stile pastoral' (*Académie*). 'Mot burlesque pour dire *l'herbe*' (Richelet).

v. 738   *douce* : 'Doux, douce. ... Galant, amoureux' (Richelet).

v. 741   *contes* : 'Médisances, railleries. On fait d'estranges *contes* de cette femme-là' (Furetière).

Scène 7

v. 748   *il fait bon avec vous* : 'On dit, *Il fait bon avec une personne*, pour dire, qu'il est avantageux d'estre avec elle' (*Académie*).

v. 750   *décomptez* : 'signifie aussi, Rabattre de la bonne opinion qu'on avait de quelque chose. On m'avoit donné une grand opinion de cet Ouvrage, mais aprés la lecture j'ay trouvé qu'il y avoit beaucoup à *décompter*' (Furetière). 'Ce mot est bas, & d'un usage fort borné. Il semble qu'il ne se dise, qu'en cette phrase & autre pareille, il y a bien à décompter. Ces mots signifie il y a bien à dire de ce qu'on croioit' (Richelet).

v. 754   *pactions* : 'Ce mot aujourdhui ne se dit ordinairement qu'en parlant d'affaires, & il signifie *acord & convention* qui se se fait entre quelques personnes' (Richelet).

Scène 8

v. 769   Ce vers a peut-être été omis des éditions suivantes parce que l'honneur était une qualité sans grand rapport avec les satyres.

v. 770   *biens* : 'Bien. en termes de jurisprudence, signifie. Toutes sortes de possessions & de richesses' (Furetière).

v. 771   *invisibles* : En fait, ces Esprits étaient apparemment visibles pour le public puisque le Dessein (p. 23) décrit comment 'ce vol de dix personnes qui s'enlevent des quatre coins & du milieu du Theatre, fait un effet aussy surprenant qu'agreable'.

vv. 773–4   (indication scénique) *Cintre* : 'La partie supérieure d'un théâtre, celle qui s'étend au-dessus de la scène, sur toute la surface de celle-ci, jusqu'aux combles de l'édifice' (Pougin).

v. 774   *affaires* : 'Afaire. ... Querelle, déplaisir, embaras' (Richelet).

Scène 9

v. 786   *ce grand Art* : La magie.

vv. 799–801 Ironique. Certes, Glaucus occupe un rang distingué dans une illustre cour, mais pas celui dont il se présente à Circé comme membre.

vv. 828-30   Comme le Dessein le précise, Circé incite Glaucus à l'accompagner, 'luy promettant de le rendre heureux par ses Charmes, sans luy expliquer si c'est en l'aimant, ou en le faisant aimer de Sylla' (p. 24).

v. 834   *Dragons emplumez* : 'Dragon. ... Sorte de serpent de couleur noire, rousse, ou cendrée, excepté que sous le ventre il est d'une couleur tirant sur le verd. Le dragon est grand selon les païs. ... Il naît dans les Indes & dans l'Afrique. Il sifle fort, il a l'ouïe subtile, la vuë bonne, beaucoup de vigilance, & suporte longtemps la faim. ... Il y a des dragons ailez, d'autres qui ont 2 piez seulement, quelques uns plusieurs, qui sont faits comme les piez des oies. Il s'en trouvent d'autres qui ont des crêtes & d'autres qui ont l'air du visage de l'homme, & quelques uns qui tiennent des cochons' (Richelet).

v. 840   Charpentier donne un Rondeau à jouer pendant l'entr'acte entre les premier et deuxième actes. Cependant, il suggère comme autre possibilité: 'au lieu du rondeau precedent l'on peut joüer les deux airs suivants', c'est-à-dire les chansons des deux Satyres: *Deux beaux yeux me charment* et *Un jour la jeune Lysette* (Partition). — 'Rondeau, en Musique, est une espece de refrain, quand à la fin d'un couplet on en repete le commencement' (Furetière).

DECORATION DU SECOND ACTE

s'abysme d'une maniere aussi surprenante qu'elle s'estoit élevée : 'Abysmer. ... Tomber dans un abysme. *Cette ville abysma en une nuit.* ... Se dit souvent avec le pronom personnel' (*Académie*). Cette phrase est la preuve, peut-être, que ce qui s'est passé était un changement à vue — une des caractéristiques les plus populaires de la pièce à machines pour le public de l'époque. Cela semble indiquer aussi que le décor du Prologue s'est transformé en celui du premier acte au moyen d'un changement à vue semblable.

Berceaux : '*Terme de Jardinier.* Couverture en forme de voute, faite avec des perches de charpente, ou de fer, qui régne le long d'une alée de Jardin, où l'on joüe à la boule, & où l'on se promeine au frais' (Richelet).

ACTE II

Scène 1

v. 870   *folets* : 'adj. diminutif. qui s'amuse par gayeté à de petites badineries' (Richelet).

v. 872   *voiture* : 'Carosse, chariot, coche, ou autre chose dans quoi on est mené' (Richelet).

v. 882   *quartier* : 'Ce mot se dit en *terme de guerre*. [Donner quartier. C'est
à dire, donner la vie.] ... Ce mot se dit dans le figuré & assez souvent
en riant *Ne donner point de quartier* signifie ne point pardonner, ne
rien acorder de ce qu'on nous demande. Obliger les gens à faire ce
qu'on veut d'eux. Pousser à toute outrance (Richelet).

Scène 2

v. 898   *ombre* : 'se dit figurément de ce qui est opposé à *effectif, réel &
corporel.* Beaucoup de personnes prennent *l'ombre* pour le corps,
l'apparence pour la réalité' (Furetière).

v. 903   Peut-être une allusion à *L'Ecole des femmes* et au *Misanthrope* de
Molière, qui connurent toutes deux un certain succès lors de leur
reprise au Guénégaud.

v. 908   Après tout, si l'on veut y regarder de près,

v. 909   *C'est bien* : Employé ironiquement.

         effacez : 'Effacer. ... se dit aussi des personnes, & principalement
des femmes. *Cette femme estoit belle, mais le temps a fort effacé
sa beauté, elle avoit belle couleur, mais la maladie l'a fort effacée*'
(*Académie*).

v. 929   *n'est pas bonne marchande* : 'On dit prov. d'Un homme à qui il doit
prendre mal de quelque chose, qu'*Il s'en trouvera mauvais marchand*,
qu'*il n'en fera pas bon marchand* (*Académie*).

v. 937   *Fée* : 'adj. Chose enchantée par quelque puissance superieure. des
armes *fées* qui ne pouvoient estre percées. on fait un conte du lievre
fée qui ne pouvoit estre pris' (Furetière).

Scène 3

v. 956   *touchante* : 'Toucher. ... Emouvoir. Exciter quelque passion dans
l'ame' (Richelet).

v. 982   Ici, on ne peut savoir avec certitude si Mélicerte fut conquis par les
charmes naturels de Circé, ou si, pour les accroître, Circé eut recours
à son art de la magie, comme elle le fit plus tard avec Glaucus. Dans
le Dessein, il est suggéré plus clairement que la magie a joué un rôle
dans l'infidélité de Mélicerte's (p. 26).

v. 1003 *fers* : 'se prend aussi fig. & poëtiquement pour L'estat de l'esclavage,
& pour l'engagement dans une passion amoureuse'.

Scène 4

v. 1091   Des jeux de mots sur les deux sens des termes 'charmes' et 'charmer'
               figurent constamment tout au long de la pièce.

Scène 6

vv. 1155–6   (indication scénique) *Suposts* : 'ce qui sert de base & de fondement à
               quelque chose' (Furetière).

Scène 7

vv. 1227–30   Charpentier suggère que ce dialogue pourrait être écourté en enlevant
               ces vers qu'il décrit comme 'Seconde partie du dialogue qu'on laisse
               si l'on veut', ajoutant, 'on reprend icy si l'on juge que l'autre reprise
               soit trop longue' (Partition).

vv. 1253–9   Voir *Métamorphoses*, p. 262:

               Glaucus ayant fini; J'admire, luy dit-elle,
               Que vous perdiez du temps auprés d'une cruelle.
               Il vous seroit plus doux de donner vostre cœur
               A qui du mesme feu partageroit l'ardeur,
               A quelque autre Beauté, qui de vos soins charmée
               Feroit tout son bonheur d'aimer & d'estre aimée.
               . . . .
               D'un triompe éclatant vous meritez la gloire . . . .

vv. 1264–5   Cet aveu soudain ne correspond guère à la description que Thomas
               nous en donne dans son Dessein (p. 31), beaucoup plus proche de
               celui de Phèdre de Racine '. . .   elle va si loin, qu'il ne peut plus se
               déguiser qu'elle parle pour elle-mesme'.

vv. 1295–6   C'est là, chose ironique, la tactique même utilisée contre Sylla par
               Glaucus quand ce dernier la menaçait d'enlèvement.

v. 1311   *Ciel* : 'Toutes les divinitez que les fables des Poëtes ont placées dans
               le ciel' (Richelet). 'Il se prend aussi pour Dieu mesme, pour la Prov-
               idence, & pour la volonté divine' (*Académie*).

               l'avanture : 'Evénement. Chose arrivée à une personne' (Richelet).

v. 1359   Charpentier fournit une Passecaille à jouer pendant l'entracte en-
               tre les deuxième et troisième actes (Partition). — 'PASSECAILLE
               . . .   Composition de Musique, air qui se commence en frappant, qui
               a trois temps lents, & quatre mesures redoublées' (Furetière).

Scène 2

vv. 1525–32 Comparer ces vers avec les remarques suivantes de Thomas Corneille dans son Dessein: 'La Fable nous represente cette Sylla environnée de Chiens qui l'effrayoient par des aboyemens épouvantables: Ce terme de *Chien*, est si rude & si mal-propre à nostre Poësie, que j'ay crû le pouvoir changer en celuy de *Monstres*' (p. 45). Il est également difficile de réconcilier ces lignes avec l'opinion que Thomas donne de son œuvre dans le Dessein: 'Tout y est grand, tout y est extraordinaire' (p. iii).

v. 1528 *Flateur* : 'sign. aussi, Caressant .... le chien est un animal flateur' (*Académie*).

v. 1536 *léger* : 'signifie aussi, Dispos & agile' (*Académie*). Charpentier remarque que 'dans le troisieme acte on joüe les airs suivants': un 'menuet' décrit comme 'les singes' et une 'bourrée'. En toute probabilité, menuet et bourrée furent, tous deux, employés pour cet épisode, l'un pour accompagner l'entrée en scène des singes et l'autre pour leurs acrobaties. — 'MENUET .... Air à danser dont le mouvement est fort viste' (*Académie*); '*Bourée* ... Danse gaïe qui, à ce qu'on croit, vient d'Auvergne' (Richelet).

v. 1542 *Magot* : 'Espece de gros singe' (*Académie*).

Scène 4

v. 1580 *Ascendant* : 'Signe qui paroit sur l'horison au moment qu'on vient au monde, & qui nous donne une pente pour de certaines choses plutôt que pour d'autres' (Richelet).

vv. 1581–2 Voir *Métamorphoses* (p. 264):

Mais Glaucus estant Dieu, l'excés de son ennuy
Malgré tout son couroux ne peut rien contre luy;
Et quand elle en pourroit croire la violence,
L'amour l'adoucissant, retiendroit sa vangeance.

vv. 1583–90 Voir la description suivante de Circé dans *Les Métamorphoses* (p. 262):

... comme son panchant estoit de s'enflamer
Si-tost qu'elle trouvoit occasion d'aimer,
Soit que de cet amour la source fust en elle,
Soit que pour se vanger de l'injure mortelle,
Qu'autrefois le Soleil avoit faite à Venus
Lors que ses feux pour Mars par luy furent connus,
La Déesse irritée eust versé dans son ame
L'aveugle emportement d'une amoureuse flame ....

La situation de Circé, telle qu'elle la perçoit elle-même fait beaucoup penser à la *Phèdre* de Racine, même jusqu'à l'emploi du terme, 'Implacable Vénus'. La pièce de Thomas, créée tout juste deux ans avant celle de Racine, a pu, en fait, fournir une source d'inspiration à ce dernier.

Scène 7

v. 1717   *rentrez en vous-mesme* : 'On dit aussi fig. *Rentrer en soy-mesme*, pour dire, Faire reflexion sur soy-mesme' (*Académie*).

v. 1718   Dans *Les Métamorphoses* (p. 263), c'est Circé qui dit ces vers à Glaucus:

Méprisez qui vous fuit, & recevez les vœux
De celle qui n'en fait que pour vous rendre heureux.

vv. 1766–7 Que Glaucus marchande avec Sylla avant d'essayer de la protéger d'un danger apparent n'est guère un comportement auquel on s'attendrait de la part d'un héros tragique.

Scène 8

v. 1781   Prémonition évidente de ce qui doit se passer, et, peut-être, signe que Glaucus n'est pas complètement ignorant des conséquences possibles de ses actions.

v. 1787   *Tant-pis* : '*Tant mieux, tant pis*. Autres façons de parler adv. dont on se sert pour marquer, qu'Une chose est avantageuse ou desavantageuse, qu'on est bien aise, ou fasché de quelque chose' (*Académie*).

v. 1794   *Amours* : 'Ce mot au pluriel veut dire les jeux & les ris qu'on fait compagnons de Vénus' (Richelet).

v. 1796   *Vous* : Le texte ne donne pas l'identité des chanteurs; ce sont, peut-être, des membres de la suite de Glaucus.

vv. 1797–8 (indication scénique) *composée* : 'On appelle *Ordre composé*, Toute composition arbitraire qui est differente de celles qu'ont reglées les cinq ordres' (*Arts et sciences*).

Fleurons : 'Feüille ou Fleur imaginaire dont on fait des ornemens d'Architecture, sans qu'il y ait rien imité de fleurs naturelles' (*Arts et sciences*).

Optique : Ce terme apparaît deux fois dans *Circé* à propos des palais de Vénus et du Soleil. Il se rapporte, sans aucun doute, à un élément de décoration, mais, dans ce contexte, il ne se trouve dans aucun des dictionnaires contemporains consultés.

Termes : 'Statuë d'homme ou de femme, dont la partie inferieure se termine en gaine, & qu'on met ordinairement dans les jardins, au bout des allées & des palissades' (*Arts et sciences*). — '*Gaine*, en termes d'Architecture, signifie la partie inferieure d'un Terme qui va en diminuant du haut en bas. On l'appelle ainsi à cause qu'il semble que la demi-figure qui est en haut sorte du bas comme d'une gaine' (*Arts et sciences*).

Tandis que Vénus descend : Il est probable que Vénus n'est pas, en fait, descendue dans ce palais, mais que ce dernier fut révélé sur la scène supérieure; voir Dessein (p. 36): 'Vénus n'a pas plutost ouvert ce magnifique Palais, que Glaucus la conjure de luy découvrir où Circé peut avoir enlevé Sylla'.

vv. 1798–803 Charpentier indique que le morceau, *Viens, ô Mere d'Amour* a été joué dans l'acte IV. Il omet ce morceau de sa partition, mais il renvoie le lecteur au Livre D de ses œuvres qui, malheureusement, a été perdu.

Scène 9

vv. 1803–4 (indication scénique) *sur le Globe* : 'Globe' semble être synonyme de 'gloire', comme le laisse entendre l'indication scénique suivante, extraite du Prologue de la piéce de Donneau De Visé, *Les Amours de Vénus et d'Adonis* (Paris, 1670): 'Tout le Théatre represente un Ciel, & rien ne s'offre à la veuë, que des amas de nuages. Une Gloire paroist dans le fonds, & le haut represente des nuées diferentes de celles du bas. Les Graces paroissent dans ce Globe, acompagnées de l'Amour assis sur un amas de nuages ...'. En fait, De Visé emploie ce terme à plusieurs reprises. — 'On appelle aussi, *Gloire*, Dans les Comedies & dans les autres spectacles, l'endroit élevé, & illuminé où l'on represente le ciel ouvert & les divinitez fabuleuses' (*Académie*).

v. 1807 Référence à la légende selon laquelle Vénus (Aphrodite) serait née de l'écume de la mer.

vv. 1828–9 (indication scénique) *Vénus remonte dans son Globe* : Sans doute des châssis se refermaient devant la scène masquant Vénus et son palais.

v. 1841 Un divertissement d'entracte entre les troisième et quatrième actes était fourni par le menuet et la bourrée joués pendant l'acte précédent (Partition).

ACTE IV

Scène 1

v. 1880 *moins indiscret* : C'est à dire, d'être plus âgée. Ces fréquentes allusions au jeune âge d'Astérie semblent indiquer que ce rôle fut joué par le plus jeune membre de la compagnie du Guénégaud, Angélique Du Croisy, âgée de seize ans, et fille de l'acteur Du Croisy.

v. 1885   *faillir* : 'Faire quelque chose contre son devoir, contre les loix' (*Académie*).

v. 1886   '*Tenir pour quelqu'un* : Façon de parler dont on se sert, pour dire, Estre dans les interests, Dans le parti de quelqu'un, Estre de l'opinion, du sentiment de quelqu'un' (*Académie*).

v. 1908   Si tu n'as rien d'autre à faire, aime-moi.

Scène 3

vv. 1990–5   Cette scène en particulier, et, à un moindre degré, les scènes 2 et 5 de l'acte I, font nettement penser à la célèbre conversation entre Arsinoé et Célimène à la scène 4 de l'acte III du *Misanthrope*.

v. 2004   *Mercuriale* : 'Assemblée du Parlement qui se tient le premier Mercredi d'aprés la saint Martin & le premier Mercredi d'aprés la semaine de Pasque, & dans laquelle le premier President, & l'un des Avocats Generaux parlent contre les abus & les desordres qu'ils ont remarquez dans l'administration de la Justice. Il se prend aussi pour les discours que le premier President, & l'Avocat General font ces jours-là sur ce sujet. Il signifie fig. Reprimende qu'on fait à quelqu'un' (*Académie*).

Scène 4

v. 2101   Charpentier propose comme autre possibilité, '*Glace les desirs*'. Cet air fournit aussi la base de la 'ritornelle de *Vous étonnez-vous*', bien que le compositeur suggère aussi qu' 'au lieu de cette ritornelle on peut jouer celle qui suit à quatre parties' (Partition). — 'RITORNELLE .... Reprise de chant que font les violons' (Richelet).

vv. 2106–21   Encore une fois, Charpentier omet ce morceau de sa partition, renvoyant le lecteur au Livre D perdu (Partition). On trouve, cependant, ce morceau dans les *Airs de la Comédie de Circé* publiés par Christophe Ballard.

Scène 5

v. 2188   *l'Achéron* : Une des cinq rivières d'Hadès, à travers laquelle les morts étaient transportés par Charon avant d'arriver à leur lieu de repos final. Eschyle attribue la paternité des Erinyes (Furies) à l'Achéron, qui s'était uni à la Nuit.

vv. 2193–230   L'apparition des Furies était accompagnée par un morceau de musique décrit par Charpentier comme 'les pantomimes'. Ce dernier remarque que 'c'est Circé qui lancent [*sic*] toutes les fois qu'on trouve deux barres dans cette air on s'arreste pour laisser parler Circé', et il ajoute des indications détaillées sur les actions et les émotions des Furies. Ces indications apparaissent dans l'ordre suivant: 'marque de baissances', 'joye', 'complaisance', 'colere et tendresse', 'rage et pitié', 'fureur et promptitude', 'estonnement', 'marques d'impuissance', 'elles marquent que le ciel les empesche', 'marques d'impuissance et reffus', 'fureur et desespoir', 'elles s'enfuyent' (Partition).

vv. 2238–9   (indication scénique) *massif* : 'Terme de Maçonnerie. Le plein, le solide d'un mur fort épais' (*Arts et sciences*).

L'Optique de ce Palais est toute transparante, & jette un éclat qui éblouït : Voir la note sur vv. 1797–8 ci-dessus. Cet effet aurait été créé en fabriquant l'optique avec une très fine toile derrière laquelle on plaçait de puissantes lampes; preuve de l'ingéniosité des effets d'éclairage possibles sur la scène du dix-septième siècle.

Scène 10

v. 2368   Charpentier écrit dans sa partition que 'cet air de pantomime se joüe pour intermede entre le quatrieme et le cinquieme acte sans interruption et l'on repette deux fois chaque partie si l'on n'ayme mieux joüer la ritornelle a quatre parties de *Vous étonnez-vous* mais je suis pour les pantomimes'.

ACTE V

Scène 3

v. 2496   Préparation du suicide ultérieur de Sylla par noyade.

v. 2498   *J'approfondiray mon Destin* : 'Approfondir .... Penetrer bien avant. Il ne se dit qu'au figuré'.

v. 2524   *abus* : 'sign. aussi Erreur .... Il sign. aussi quelquefois, Tromperie' (*Académie*).

v. 2546   Qu'on ne pourrait pas t'obliger de ne plus être farouche.

ragoust : 'Mets appresté pour irriter le goust, pour exciter l'appetit ... se fit fig. de ce qui excite, qui irrite le désir' (*Académie*).

v. 2560   *Entre vous le debat* : On dit prov. *A eux le debat, entre eux le debat*, pour dire, qu'On ne se veut point mettre en peine de leur differend' (*Académie*).

v. 2571   *prendre intérêt* : 'On dit encore, *Prendre interest à une affaire*, à une personne, pour dire, L'affectionner, en prendre soin, se mettre en peine de la faire reussir'.

Scène 4

v. 2607   Mélicerte n'est pas le premier des personnages de Thomas Corneille à être métamorphosé en arbre. Ce sort fut aussi celui de Lysis dans *Le Berger extravagant* de 1653.

Scène 5

v. 2741   *Europe* : Sœur de Cadmos, séduite par Zeus à l'aspect d'un taureau et à qui elle donna trois fils, dont Minos, Roi de Crète.

           Io : Aimée par Zeus, qui la changea en génisse pour la protéger de la jalousie d'Héra. Cette dernière découvrit le subterfuge et envoya un taon pour la persécutor.

           Semelé : Fille de Cadmos et d'Harmonie. Poussée par Héra à douter de l'identité de son amant, Zeus, elle demanda que ce dernier lui apparaisse dans toute sa gloire avec foudre et éclair. Elle fut brûlée et Zeus n'a pu que sauver de son corps leur enfant, Dionysos.

           Alcméne : Femme d'Amphitryon et mère d'Héraclès par Zeus, qui afin de la séduire, fut obligé de prendre l'aspect de son mari.

v. 2762   Comme cela sera le cas en effet.

Scène 7

v. 2779   *raison* : 'Ce mot sert à marquer le ressentiment qu'on a d'une injure reçuë, & il signifie une sorte de vangeance, une sorte de réparation & de satisfaction à cause de l'injure qu'on a reçuë' (Richelet); 'On dit, *Se faire raison*, pour dire, Se faire rendre justice par force, par authorité' (*Académie*).

vv. 2803–4   (indication scénique). Voir Dessein (p. 46) : 'La Décoration du Theatre change en cet endroit, & on en voit une nouvelle qui represente la Mer & son rivage. Il y a quelques Arbres peints sur les Chassis du devant, & des Rochers sur les derniers'. — 'Les châssis sont les feuilles de dècoration latérale, qu'on désigne généralement sous le nom de coulisses, et qui sont placées de chaque côté de la scène dans le sens de sa largeur' (Pougin).

Scène 9

v. 2818   *Ce Rocher* : Selon la légende, Sylla fut, finalement, transformée en un rocher situé face au tourbillon, Charybde, dans le Détroit de Messine, sur la côte de Sicile (*Géographique*). Voir *Métamorphoses* (pp. 266–7):

           Elle est fixe en ces mers, toûjours au mesme lieu.
           Et le temps ne faisant qu'accroistre son supplice,

Un jour qu'elle apperçoit les Compagnons d'Ulysse,
En haine de Circé qui l'a fait trop souffrir,
Elle ordonne à ses chiens de les faire périr.
Leur rage en vient à bout, & les vaisseaux d'Enée
Auroient bien-tost subi la mesme destinée,
Si des cris de Scilla s'estant laissé toucher,
Le Ciel ne l'eust enfin transformée en Rocher.
Qui s'en approche trop, voit sa perte certaine,
Et comme on ne sçauroit l'éviter qu'avec peine
Cet écueil qui paroist à moitié hors des flots
Est encore aujourd'huy l'effroy des Matelots.

v. 2829   *il s'ouvre* : Indication selon laquelle, comme le palais de Vénus, celui de Jupiter apparut sur la scène supérieure.

vv. 2831–2   (indication scénique) *Cintres surbaissez* : 'Cintre .... Toute piece de bois courbé qui a la figure d'un arc, & qui sert tant aux combles qu'aux planchers. On appelle ... *Cintre surbaissé*, celuy dont le trait est une demie-ellipse; ce qui le rend plus bas que le demi-cercle' (*Arts et sciences*).

Scène dernière

vv. 2860–1   Charpentier remarque, chose étonnante, que pour ce qui est de la musique, 'il n'y a rien dans le cinquieme acte'. Ceci est la conséquence de sa description du divertissement, par lequel se termine *Circé*, comme un 'Epilogue'. Ce divertissement commence avec un 'prelude pour faire entrer Les divinitez des forets', suivi du 'recit d'un des dieux des forets', *Tout ayme*, chanté par Poussin (Partition).

v. 2871   La partition donne dans une note en marge l'identité des membres de ce 'chœur des divinitez des forets' comme suit: 'Bast[onnet] Pous[sin] Des Trich[e] La Grang[e] de gaye seul'.

vv. 2878–9   (indication scénique) : En fait, dans la partition de Charpentier, des instructions sont données pour que les danseurs commencent à évoluer après les deux premiers vers du chœur précédent. D'autres indications scéniques données par Charpentier comprennent: 'icy les sauteurs entrent et se placent', et 'icy les danceurs figurent sur la fin de ce chœur'. Dans la partition, le chœur est suivi d'un air, pendant lequel 'les sauteurs ont quatre figures à faire sçavoir deux dans la premiere partie et deux dans la 2de aux mesmes endroits ou elles sont marquees'. Puis suivent des indications détaillées quant à la synchronisation de ces figures: 'les sauteurs courent ... figure placee ... elle se deffait ... les sauteurs courent ... la seconde fois faite la blanche entiere avec la noire lice ... + figure placee ... elle se deffait ... faite la ronde et la noire lice la premiere fois et finissez par la ronde seule'.

vv. 2879–98 On ne trouve pas cette chanson dans la partition de Charpentier. Au lieu de cela, il y a un trio chanté par Bastonnet, Poussin et De Gaye, dont les paroles sont les suivantes:

Mes soupirs vous le font trop entendre,
Je languis pour vos divins appas.
Si brulant de l'amour le plus tendre,
Chaque jour je ne vous le dis pas,
Mes soupirs vous le font trop entendre,
Je languis pour vos divins appas.
Rendez-vous; pourquoy vous en deffendre?
Je suis prest de souffrir le trepas.
Mes soupirs vous le font trop entendre,
Je languis pour vos divins appas.

Charpentier indique que ce trio peut être changé en duo 'en ne faisant point chanter la basse'. Le premier couplet du trio est suivi, dans la partition, d'un rondeau, destiné à tenir compte de la danse et de l'exécution de trois figures par les sauteurs. D'après les instructions données, le second couplet du trio devrait commencer 'sur la fin du rondeau sans interruption':

Craignez-vous de paroistre moins belle
Pour vouloir adoucir mon tourment?
La fierté qui vous rend si cruelle
Peut souffrir un heureux changement.
Craignez-vous &c.
Rendez-vous; l'amour le plus fidelle
N'a jamais aymé si tendrement.
Craignez-vous &c.

vv. 2899–906 Plutôt que de finir avec cette reprise du chœur, *les plaisirs sont de tous les âges*, Charpentier voulait que *Circé* se termine de la manière suivante: 'apres ce second couplet [du trio] on rejoue le rondeau ou les sauteurs font trois autres figures apres quoy on finit la piece par le chœur mesle de danses et des sauts perilleux. fin' (Partition).

NOTES SUR LE DESSEIN DE CIRCÉ (APPENDICE 1)

l. 7 *Feux d'Artifice* : Voir la lettre suivante de Colbert à Louis XIV:

Paris, 4 juillet 1673.

Toutes les campagnes de Vostre Majesté ont un caractère de surprise et d'étonnement qui saisit les esprits et leur donne seulement la liberté d'admirer, sans jouir du plaisir de pouvoir trouver quelque exemple.

La première, de 1667, douze ou quinze places fortes, avec une bonne partie de trois provinces.

En douze jours de l'hyver de 1668, une province entière.

En 1672, trois provinces et quarante-cinq places fortes.

Mais, Sire, toutes ces grandes et extraordinaires actions cèdent à ce que Vostre Majesté vient de faire. Forcer 6,000 hommes dans une des meilleures places de l'Europe avec 20,000 hommes de pied, les attaquer par un seul endroit et ne pas employer toutes ses forces, pour donner plus de matière à la vertu de Vostre Majesté, il faut avouer qu'un moyen aussy extraordinaire d'acquérir de la gloire n'a jamais esté pensé que par Vostre Majesté.

Nous n'avons qu'à prier Dieu pour la conservation de Vostre Majesté. Pour le surplus, sa volonté sera la seule règle de son pouvoir.

Jamais Paris n'a tesmoigné tant de joye. Dès dimanche au soir, les bourgeois, de leur propre mouvement, sans ordre, ont fait partout des feux de joye, qui seront recommencés ce soir après le *Te Deum.* (Clément, IV, 312–3).

ll. 12–3   *ses ordres pour leur rétablissement* : L'ancienne troupe du Palais-Royal reçut l'autorisation de transférer ses activités au Théâtre Guénégaud aux termes d'une ordonnace royale de 23 juin 1673 (voir l'Introduction).

ll. 26–9   *plus sublime Génie qui se soit jamais appliqué à ces sortes de connoissances* : Les machines de théâtre pour *Circé* étaient, en partie du moins, l'œuvre du Marquis de Sourdéac, qui avait mis en scène *La Toison d'or* de Pierre Corneille à son château du Neufbourg en Normandie en 1660, et qui avait été aussi responsable des machines à l'Académie de Musique de Perrin. Anciens propriétaires du Théâtre Guénégaud, lui et son associé, Champeron, étaient alors des membres-sociétaires de la compagnie du Guénégaud (voir l'Introduction).

ll. 34–6   *Messieurs de la Hire, de Lessos, & de S. Martin* : Dalaiseau, comme il est plus souvent connu, et Saint-Martin, créèrent aussi les décors de deux autres pièces à machines de Thomas Corneille au Guénégaud: *L'Inconnu* de novembre 1675 et *Le Triomphe des dames* de 1676. Il n'y a aucune mention de De la Hire dans les Registres de la compagnie du Guénégaud.

l. 38   *Monsieur Charpentier* : Marc-Antoine Charpentier (1645-50? – 1704). A la suite de la rupture entre Molière et Lully, Charpentier fut contacté par le dramaturge pour créer la musique de *La Comtesse d'Escarbagnas* et du *Malade imaginaire*. Après la mort de Molière, il continua à être associé à la compagnie du Guénégaud, et plus tard à la Comédie-Française jusqu'aux environs de 1688. On lui demanda de remplacer l'ancienne musique de pièces de Molière et d'autres dramaturges par de nouvelles mises en musique qui respectaient les termes des diverses ordonnances royales obtenues par Lully et limitant l'emploi de musiciens. Il composa aussi la musique originale pour la création de sept autres pièces, y compris toutes les pièces à machines de Thomas Corneille.

ACTE II

l. 112   *une maniere de Berceau* : Ici le berceau est décrit comme étant sur scène dès le début de l'acte, alors que dans le texte de la pièce, le berceau n'apparaît qu'à l'ordre de Circé à la scène 6 de l'acte II.

ACTE IV

ll. 298–9 *celuy qui a daigné donner ses soins à trouver les moyens de l'executer* : Voir ci-dessus, Notes sur le Dessein de *Circé*, ll. 26–7.

l. 325   *amené par un des Amours qui s'envole ensuite* : Dans le texte de *Circé*, il n'y a aucune mention de Glaucus arrivant sur scène de cette manière.

l. 397   *le Ciel s'ouvre* : Voir ci-dessus, note sur le v. 2829.

NOTES SUR LE NOUVEAU PROLOGUE
ET NOUVEAUX DIVERTISSEMENTS DE CIRCÉ
(APPENDICE 2)

Remise au Theatre en 1705 : *Circé* fut reprise à la Comédie-Française le 6 août 1705, à la suite des reprises de *Psyché* de Molière et de Pierre Corneille, et de *L'Inconnu* de Thomas Corneille. Le nouveau Prologue et les nouveaux divertissements étaient l'œuvre de Dancourt et du compositeur, Gilliers. Ceux-ci apparaissent aussi dans les éditions des œuvres complètes de Dancourt. La reprise de *Circé* ne fut pas un succès, et la pièce fut retirée après huit représentations seulement et ne fut plus jamais reprise (*Sunset*). Voir l'Introduction à propos des différences entre ce Prologue et celui de 1675.

DECORATION DU PROLOGUE

Tymbales : 'Espece de tambour, dont la caisse est de cuivre, faite en demi globe & couverte de peau par en haut, & dont on se sert dans la cavalerie' (*Académie*).

PROLOGUE

v. 41   *je les favorise une* : Allusion, peut-être, à la récente défaite des Françaises par Marlborough à la Bataille de Blenheim.

v. 51   *Titans* : Ici Dancourt compare la lutte de Zeus contre les Titans à celle de Louis et de ses alliés contre l'Angleterre, la Hollande et l'Empire.

v. 54   *le Dieu de la Thrace* : Le culte d'Arès, que les Romains confondirent plus tard avec leur dieu Mars, tout en n'étant pas particulièrement répandu dans toute la Grèce, était très suivi en Thrace.

v. 113   *Alcide* : Autre nom d'Héraclès, petit-fils d'Alcée, et fils de Zeus et de la mortelle, Alcmène. Après de nombreuses aventures et épreuves, y compris les Douze Travaux, Héraclès, à sa mort, fut transporté sur l'Olympe par Zeus qui lui accorda l'apothéose et l'immortalité.

Divertissement du Prologue

Les nations les plus éloignées : Allusion, peut-être, à l'accroissement du commerce extérieur au cours de la dernière partie du règne de Louis XIV.

v. 161   *Mr Sallé* : Débuta à l'Opéra de Rouen, fut avec l'Opéra de Paris en 1698 et 1701, joua entre-temps avec une troupe d'acteurs français en Pologne, passa à la Comédie-Française en 1704, et mourut en 1706 (Mongrédien and Robert).

v. 165   *Thetis* : Fille de Nérée et de Doris et la plus célèbre des Néréides; elle fut la femme de Pélée et la mère du héros, Achille.

v. 183   *Mademoiselle Sallé* : Françoise-Jaquette Thoury, femme de M. Sallé (voir note ci-dessus). Elle avait, comme son mari, chanté à l'Opéra. Elle fit ses débuts à la Comédie-Française en 1704 et devint membre de la compagnie en 1706 (*Sunset*).

DECORATION DU TROISIEME ACTE

des bas reliefs de bronze doré, representans des jeux d'enfans : Ce décor aurait-il pu être influencé par la nouvelle décoration à Versailles en 1701 de ce qui devait devenir l'Antichambre de l'Œil de Bœuf, et qui possédait une corniche 'aux jeux d'enfant' due aux sculpteurs Hardy, Poulletier, Poirier, Van Clève, Hurtrelle et Flamien?

ACTE III

vv. 276–87

         A la lumière
         De ta divinité,
   O belle déesse, le ciel paraît encore plus beau.

> Et le dieu de l'amour
> Entre dans les cœurs
> En volant.

> O belles plantes,
> O petites herbes heureuses,
> Réjouissez-vous;
> Et vous, branches,
> Soyez toutes heureuses.

> A la lumière, etc.

ACTE V

vv. 335–41   Ainsi, dans cette version, Jupiter ne stipule plus que si Sylla est sauvé
de l'océan, Glaucus devra accepter de renoncer à toute prétention à
son amour.

v. 358   *Cythere* : Ile qui est censée être le lieu de naissance de Vénus.

TABLE DES MATIERES

jc